트라우마를 넘어선

가족치료 이야기

CONNECTED FATES, SEPARATE DESTINIES by Marine Selenee

Originally published in 2021 by Hay House LLC

This Korean edition is published by arrangement with Hay House LLC through KL Management

가족세우기 기법 활용

트라우마를 넘어선

대물림된 가족이야기와
트라우마 회복을 위한
가족세우기

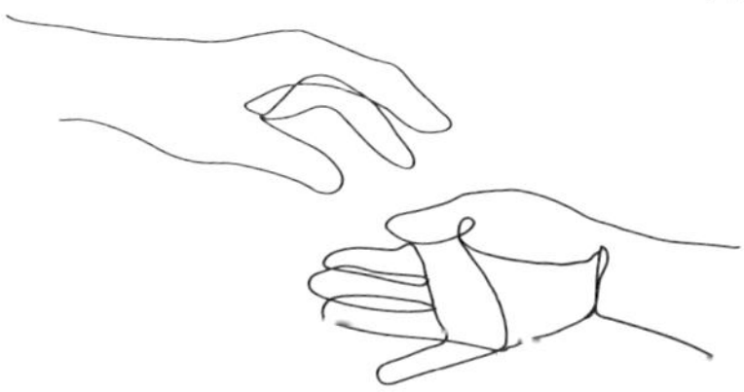

가족치료 이야기

마린 세레네(Marine Sélénée) 지음

박도경 옮김

국학자료원

역자 서문

물리학에서 얽힘(Quantum Entanglement)은 과거에 상호작용했던 두 개 이상의 작은 양자 입자(전자, 광자)들이 서로 아무리 멀리 떨어져 있어도, 한쪽의 상태가 변하면 즉시 다른 입자도 그 상태를 공유하는 특성을 갖는다고 한다(벨의 부등식). 마찬가지로 한 가족 체계 내에서 상처 입은 누군가를 대신해, 특히 사망한 사람을 대신해 속죄하기 위해 얽힌 사람은 자신도 알지 못하는 사이에 그 사람의 운명을 대신 살아가게 된다. 일상에서 자기에게 별 도움이 되지 않는 행동을 반복하거나 자신이 부족하다는 생각을 아무리 바꾸려고 노력해도 여전히 그대로라고 느낀다면 얽힘에 갇힌 것일 수 있다. 얽힌 사람은 온전한 자기 운명을 살아가지 못한다.

우리는 현재를 떠나서는 단 1초도 과거나 미래에 존재하지 못한다. 지나간 일을 아무리 후회한다 해도 바꿀 수 없다. 과거는 다시 쓸 수 없다. 미래의 일은 지금 걱정한다고 해결되지 않는다. 미래는 예정되어 있지 않다. 우리는 지금 이곳에서 다만 이 순간을 살 뿐이다. 그럼에도 과거의 실수와 상처를 고치려 하거나 누군가에 대한 비난으로 현재를 희생하며 사는 사람들이 있다. 이 책은 과거 조상이든, 부모든, 사랑하는 사람이든, 가해자이든 이미 지나간 그들과의 관계에서 있었던 상처를 버리지 못하고 사는 많은 사람들에게 강렬한 통찰을 줄 것이라 믿는다. 아무리 회복탄력성이 좋은 사람일지라도 우리 대부분 어느 정도는 과거에 있었던 트라우마나 조상의 트라우마에 얽힐 가능성이 있다. 이 책의 원저자 마린 세레네(Marine Sélénée)는 있었던 그대로 지난 과거를 인정하고 보내주기를 강력히 요구한다. 있었던 그대로 그리고 지금 있는 그대로를 인정할 때 비로소 치유는 시작된다.

나 역시 상담 수련과 가족세우기 인턴 과정에서 다양한 세우기 작업과 대리인 경험으로 많은 통찰을 얻었고, 보다 체계적이고 객관적인 시각으로 현상을 바라보는 눈을 키울 수 있었다. 가족 구성원 각자가 올바른 자신의 자리를 가질 때 가족 체계의 질서는 유지된다. 소속과 균형이 흐트러진 체계의 무질서를 찾아내어 사랑의 질서를 완성하는 일이 가족세우기 치유 작업의 핵심이다.

프랑스에서 태어난 마린 세레네(Marine Sélénée)는 13세가 되던 해, 부모님이 마련해주신 영국 유학생활 중 트라우마를 겪게 된다. 하지만 부모님에 대한 자녀의 충성심으로 그 누구에게도 그 사실을 비밀로 한 채 트라우마의 닫힌 굴레 속에서 15년을 살게 된다. 이 책에는 가족세우기를 통해 그녀가 겪은 생생한 체험은 물론, 지난 10여 년간 가족세우기 촉진자로 활동하며 축적해 온 귀중한 경험들이 고스란히 담겨 있다. 책을 읽다 보면 가족세우기의 핵심 원리를 통해 대물림되는 가족 트라우마를 인식하고 치유할 수 있기를 바라는 저자의 마음이 곳곳에 담겨 있음을 발견할 수 있을 것이다. 각 장을 반드시 순서대로 읽지 않더라도 곳곳에 들어있는 삶의 지혜와 치유의 문구들을 천천히 읽다 보면, 크고 작은 긍정적인 변화를 이루어낼 수 있을 것이라 생각한다.

번역은 단순히 언어를 옮기는 일이 아니라, 문맥과 어감 그리고 문화까지 함께 전달하는 섬세한 작업이라는 사실을 알게 되었다. 한 단어나 한 문장을 놓고도 적절한 우리말 찾기가 얼마나 어려운지 고민할 수밖에 없었고, 용어 선택에도 많은 망설임이 있었다. 예를 들면, 가족세우기에서 주로 마지막(항상 그렇지는 않다)에 내담자에게 주는 문장이 있다. 치유의 메시지가 든 문장이다. 치유 문장이나 해결 문장이란 말은 이미 상담 분야에서 광범위하게 쓰이고 있어서 여기에서는 '세우기 문장'으로 번역했다. 또 기존의 가족세우기 관련 서적에서 우리보다 앞서 살았던 가족원을 지칭할 때 선대나 선조보다는 조상이라는 단어를 주로 사용하고 있어 조상으로 번역하였다. 원문의 뜻을 온전히 살리지 못해 우리말로 자연스럽게 읽히지 못하거나, 또 미처 살피지 못한 오역이 있을 수 있음을 겸허히 인정한다. 이는 전적으로 역자의 부족함에서 비롯된 것이니 너그러운 마음으로 읽어주기를 바라마지 않는다. 부족한 점에 대한 조언과 지적은 언제든 겸허히 감사한 마음으로 받고자 한다.

처음으로 번역을 해보고자 마음먹었지만, 도저히 풀어낼 수 없는 몇몇 구절들로 마음을 졸일 때였다. 태백의 한 도서관에서 젊은 외국인 청년을 만났다. 답답한 마음에 다짜고짜 도움을 청한 것이 인연이 되어 내게 많은 시간을 할애한 착한 청년 토마스. 어디에서 무엇을 하든 하나님의 가호가 함께 하길 진심으로 기원한다. 그리고 로드 엔드 카페에서 본문을 함께 읽어가며 많은 도움을 주신 사라 선생님까지 처음을 함께 열어준 분들에게 감사를 전한다.

첫 번역 작업이다. 그동안 수없이 많은 수정 보완을 거쳤다. 일천한 내 실력 가지고는 안되는가보다 실망도 했었다. 그러나 꺾일 만하면 힘과 자극을 주는 사람들이 나타났다. 가족세우기를 함께 연구하는 동기인턴 선생님들과 원고를 읽으며 어색한 문장을 다듬었다. 비평을 제공해 주신 서정, 윤정, 보정, 성희, 주영 선생님께 감사를 전한다. 그 중 특별히 많은 시간을 함께 해주신 진현 선생님께는 더욱 고마운 마음이다.

그리고 무엇보다 가족세우기 학회장이시자 인턴 과정을 지도해주신 오규영 교수님께 진심으로 감사드린다. 모두 고마운 분들이다. 마지막으로 첫 번역인데도 책을 내주시겠다는 용기 있는 결단과 함께 좋은 책이 나오도록 편집에 여러모로 애써주신 출판사 정구형 대표님께 특별히 감사의 인사를 올린다.

이 책 『트라우마를 넘어선 가족치료 이야기』를 읽는 모든 독자가 자신의 자리에서 잔잔한 기쁨으로 지금 이 순간을 맞이하길 기대하며….

역자 박도경 씀

추천의 글

『트라우마를 넘어선 가족치료 이야기』[1]는 뉴욕/마이애미에서 가족세우기(Family Constellation) 촉진자로 활동하고 있는 마린 세레네(Marine Sélénée)의 작품이다.

나는 가족세우기학회 학회장으로서 이 책을 읽으면서 독자들이 가족세우기 심리치료를 이해할 수 있게 도움이 될 수 있을 것이라 여겨졌다. 저자가 버트 헬링거의 정신을 그대로 담아서 가족치료, 심리치료 현장에서 가족세우기를 적용하여 변화와 성장을 이끌어낸 증언을 담고 있기 때문이다.

나는 대학에서 가족치료와 상담을 교육하는 교수로서 재직하던 중에 1995년 5월 가족세우기를 만나 공부하기 시작하였다. 한국에서 스바기토, 박이호 선생들을 만나 10여 년간 가족세우기 지도자 과정을 한 후

1 『연결된 숙명, 분리된 운명』(원제 CONNECTED FATES, SEPARATE DESTINIES)

현재까지 30년간 가족세우기 촉진자로 활동하고 있다. 가족치료와 상담을 전공하는 대학생과 대학원생을 대상으로 한국에서는 널리 알려지지 않는 가족세우기를 교육하였다. 또한 일본, 러시아, 필리핀 등 해외에서도 가족세우기를 적용한 집단 상담을 진행하였으며, 현재까지 국내의 많은 지역에서 가족세우기를 통해 가정의 문제를 해결하고 변화와 성장으로 나아갈 수 있도록 워크숍을 진행하고 있다. 그 과정에서 원저자가 주요하게 다루는 "트라우마를 넘어선 가족치료 이야기"에 대한 주제를 다양하게 목격할 수 있었다.

마린 세레네(Marine Sélénée)는 오랫동안 전통적인 심리치료를 받아오던 중 가족세우기를 만나 깊은 변화를 경험했고, 이후 촉진자의 길을 걷게 되었다. 가족세우기를 통해 자신의 가족사에서 대물림된 패턴과 상처를 인식하고 치료하여 삶의 전환점을 맞이했으며, 그 경험을 바탕으로 전문성을 갖추기 위해 지속적인 수련을 보완해 왔다. 현재는 촉진자로서 가족세우기 장에서 가족원이 갖는 숙명과 치료 작업을 통해 운명을 새롭게 쓰도록 사람들을 돕고 있다. 그녀는 가족세우기 장을 통해서 내담자가 가진 문제가 숙명적으로 다가온 대물림된 트라우마임을 파악하고 근원적인 해결책을 찾으면 치유가 일어난다고 서술하고 있다. 결국 가족세우기는 내담자 스스로가 조상과 동일시되어 살아가는 입장이 아니라 분리된 자신만의 삶을 살아야 하는 운명의 길을 가도록 돕게 된다. 이 책은 가족세우기를 통해 가족사와 연결된 트라우마와 깊은 고통, 아픔들을 해결할 수 있도록 희망의 메시지를 전할 수 있음을 밝힌다.

가족세우기는 독일의 신부였던 버트 헬링거(Bert Hellinger)가 독일의 심리치료, 집단역동을 공부하고 체계적 가족치료, 게슈탈트, NLP(Neuro Lingustic Program), Somatic Experience, 사티어 가족치료 등 다양한 심리치료 기법을 연구하여 발전시킨 우수한 치료 기법이다.

가족세우기의 철학적 기반은 "현상학적 관점"과 남아프리카의 "우분투(Ubuntu: 우리가 있기에 내가 있다) 철학"에서 기인하였다. 이는 개인을 고립된 존재로 보지 않고 세대를 잇는 가족 체계 속 일부로 바라보는 철학적 접근이다. 버트 헬링거는 현상학을 다음과 같이 기술했다. "그것은 이해할 필요 없이 더 큰 맥락과 연결에 자신을 노출하는 것입니다. 저는 어떤 도움이나 증명하려는 의도 없이 그것을 받아들입니다." 이와 같은 관점으로 세대를 통해 전수되는 트라우마와 얽힘을 드러내고, 이를 해소해 자유와 통합을 이루게 된다. 즉 가족세우기는 개인의 문제를 가족과 세대의 맥락에서 바라보고, 얽힘을 풀어 자유롭고 온전한 자기 삶을 살아가도록 돕는 철학적·치유적 접근이다. 이 책은 그 여정으로 독자를 초대하며, "트라우마를 넘어선 가족치료 이야기"를 발견하게 할 것이다.

이 책은 가족세우기의 철학, 핵심 원리, 일상 응용에 대한 현장 가이드로 '영혼을 위한 안내서'이다. 총 6장으로 구성된 이 책은 우리가 생활하면서 마주할 수 있는 다양한 어려움을 가족세우기로 어떻게 풀어내는지 내담자 사례들을 통해 매우 경험적이고 실용적이면서 영감을 얻도록 기술하고 있다. 이 책의 뛰어난 부분은 가족세우기의 주요 개념에 대해 '명상하기', '연습하기', '세우기 문장'을 제시해 줌으로써 독자 스스로가 숙명으로 느끼던 것을 분리하여 자신의 운명을 개척할 수 있는 삶을 살 수 있도록 돕고 있다는 점이다. 그러므로 이 책을 읽다보면 자신의 가족에 관하여 머리로만이 아닌 가슴으로 느끼며 가족 체계 안에서 자신의 자리를 새롭게 발견하게 될 것이다.

이 책을 통해서 가족세우기를 처음 접하는 사람에게는 사례 중심으로 비교적 쉽게 쓰여 있어 이해하기 쉬울 것이고, 가족세우기를 전문적으로 배우고자 하는 사람들에게는 도움이 되는 정보들이 들어 있어 현장에서 체득할 수 있는 교재로도 손색이 없다. 기회가 된다면 가족세우기장에 참여해 직접 경험해보기를 권한다.

이 책의 역자 박도경은 가족세우기를 꾸준히 공부하며 이를 자신의 삶에 적용하고 있다. 현재 선문대학교 일반대학원 가족상담치료학과 박사

과정 중에 있으며, 동시에 한국가족세우기학회 이사로서 가족세우기를 연구하고 상담 현장에서 꾸준히 내담자를 돕는 상담을 이어가고 있다. 일찍부터 뛰어난 능력으로 헌신과 노력을 다해온 역자는 학구파로서 가족세우기의 핵심을 충실히 전달하였다.

한국가족세우기 학회장

(가족세우기치유상담센터장, 한국상담학회수련감독) 오규영

CONTENTS

트라우마를 넘어선 가족치료 이야기

Chapter 02
소속감, 질서, 얽힘

Chapter 03
유일하게 올바른 부모

Chapter 04
성숙한 사랑

Chapter 05
예, 예, 예

Chapter 06
조각에서 전체로

행복은 영혼의 성취물

가족세우기를 통해 치유에 참여하는 많은 내담자와 친구들 그리고 가족들처럼 나도 여러 해 동안 수많은 시간을 치유에 쏟아왔다. 나는 20대의 대부분을 마치 깜깜한 어둠 속에서 목표를 찾아 헤매는 사람처럼 깊은 좌절감 속에 헤매며 보냈다. 적어도 희미한 황혼 아래 표적을 겨냥하는 사람처럼 왠지 막연하기만 했다. 그래서 상담을 받기 시작했다. 상담하면서 부모님의 이혼과 그것으로 인해 아버지와 떨어져 살게 된 것, 경솔하고 불행했던 결혼과 뒤를 이은 이혼, 미국이라는 낯선 나라에서 프랑스인이라는 낯선 사람으로 살게 된 것까지 결국 모든 것을 털어놓았다. 이 모든 경험은 내가 바라던 진정한 내가 되려는 과정이었고, 내가 희망하던 삶으로 이끄는 과정이었으며, 나에게는 모두 가치 있는 경험이었다. 그렇지만 정작 성장의 속도는 고통스러울 정도로 더디기만 했다. 시간은 멈춘 듯 느리게만 흘러갔고, 그조차도 당시의 나에게는 당연한 것처럼 느껴졌다. 평생 치료를 받으며 살아가는 많은 사람들을 알고 있었기에 치유란 원래 그런 것이려니 하면서 위안을 삼기도 했다. 하지만 나는 그런 변화를 원하지 않았다. 그것보다 훨씬 더 크고 뚜렷한 변화를 간절히 원했다.

2012년 어느 날 예상치 못한 만남이 있었다. 그 만남은 나에 대한 개념과 세상 속에서의 내 위치와 주변 세계에 대한 인식을 근본적으로 바꾸어 놓았다. 단 하루만이었다. 이전부터 있었던 트라우마 치료법 중 안전한 방식으로 촉발 기억(triggering memory)에 노출해 트라우마를 치료하던 안구운동둔감화 및 재처리기법(EMDR)으로는 3년이 지나야만 얻을 수 있었던 감정적 해소와 깊은 통찰을 단 하루 만에 경험했다.

당시 나는 마이애미에 살면서 명상을 깊이 있게 수행하고자 애를 쓰고 있었다. 명상을 가르치던 미셸 블렉너 선생님은 인생에서 내가 만난 가장 현명한 여인 중 하나였다. 나는 그녀의 명료함과 우아함을 조금이라도 닮고 싶어서 열심히 수행에 매진하고 있었다. 그러던 어느 날 오후였다. 함께 차를 마시던 중 미셸이 나에게 최근 뉴욕에 다녀온 이야기를 들려주었다. 그녀는 그곳에서 통찰한 내용에 대해 믿을 수 없을 정도로 흥분해 있었다. 가족세우기라고 불리는 새로 알게 된 심리치료법에 관한 것이었다. 주말 동안 자기 집에서 가족세우기를 진행할 계획이라며 나에게 참여하고 싶은지 물었다. 그녀는 이미 나탈리 버톨드라는 가족세우기 촉진자에게 가족세우기 세션(session, 상담 회기)을 열어달라고 초대까지 해놓은 상태였다.

나는 단지 그것이 집단으로 이루어진다는 사실 외에 가족세우기가 무엇인지 전혀 알지 못했다. 미셸은 그것이 너무나 경험적이어서 묘사할 수 없다고 했다. 가족세우기에 대한 그녀의 열정은 정말 대단했다. 그녀의 열의가 너무나 강력히 전달되어서 나를 사로잡기에 충분했다. 나는 상담 치료사에게 가족에 관해 이야기하는 데는 노련했다. 하지만 이번에는 얼마나 다를까? 경험하고 보니 너무나 다른 경험이었다. 정말, 정말 달랐다. 내 인생이 영원히 바뀌는 순간이었다. 나는 2년 이내에 뉴욕에서 인정받는 가족세우기 치료사가 되겠다고 결심했다.

그렇다면 가족세우기란 무엇인가? 왜 관심을 가져야 하는가?

가족세우기는 치료법이라고 하기보다는 철학에 가깝다. 가족세우기는 개인을 독립된 행위자로 보는 대신, '가족 체계'라고 불리는 여러 세대에 걸쳐 이어져 내려오는, 더 큰 전체 가족 속의 일부로 보려는 치료적 접근이라고 말하는 것이 합당할 것 같다. 가족세우기는 가족 체계 저변에 숨겨진 가족 역동을 드러내기 위해 고안되었다. 가족세우기는 우리가 전혀 알지 못했던 가족구성원을 포함해서 우리보다 먼저 살았던 조상들의 삶이 어떻게 오늘을 살고 있는 우리의 삶에 영향을 미치는지를 확연하게 보여준다. 비록 우리 눈에는 분명하지 않은 방식일지라도 세대를 통해 대물림되는 가족 트라우마의 유산을 통해 그것을 보여준다.

많은 전통적 치료법은 어린 시절 갈등에 초점이 맞춰져 있다. 그러나 가족세우기는 그렇지 않다. 가족세우기는 부모나 형제자매 그리고 어린아이의 상실, 전쟁 경험, 성폭행과 같은 역사적 사건들이 우리가 알아차리지 못하는 사이에 어떻게 가족 체계 전반에 파급되어 후대에까지 그 강력한 힘을 행사하는가에 초점이 맞춰져 있다. 가족세우기는 세대를 통해 전수되는 이러한 트라우마의 영향으로 많은 사람들이 먼저 온 조상들의 불행에 '얽히게' 된다고 주장한다. 얽히게 된 이들은 불안, 우울, 실패, 심지어 질병이나 중독과 같은 파괴적인 가족 패턴을 무의식적으로 받아들여 지난 과거를 '되돌리고' 가족을 '고치려' 애를 쓰며 살아간다.

세우기(constellation)라고 부르는 치유 작업이 진행되면 이러한 숨겨진 역동들이 가시화된다. 세우기는 집단 또는 개인(대면 또는 원격) 형식으로 촉진자와 함께 진행된다. 먼저 내담자가 가족 내에서 자신이 다루고 싶은 주제를 이야기한다. 이어서 집단 구성원들(또는 피규어 같은 상징적 대체물)을 방 중앙에 서로의 관계에 따라 직관적으로 위치시킨다. 모든 사람이 자리에 세워진 후 '밤하늘의 별자리처럼' 서로의 관계 속에서 구성원들이 움직인 위치에 의해 패턴이 만들어진다. 이 패턴은 가족 체계의 본질을 반영하는 것으로써 말 그대로 실제 대리인들이 움직이면서 만든 자리를 통해 얽힘을 드러낸다.

우리가 가족 체계의 일부라는 것을 인식하게 되면 개인의 행동에서 가족 전체의 역동으로 초점이 전환된다. 이러한 전환이 일어나면 빠른 속도로 속이 뻥 뚫리는 듯한 명료한 인식을 경험할 수 있다. 가족세우기는 편향된 주체에서 중립적인 관찰자로 나아가게 하는 사심없는 관찰 능력을 키운다. 가족세우기는 '나에게 해를 끼친 사람이 누구인가'에 대한 집착적인 태도에서 '어떻게 해서 이 사건이 우리 가족 체계에 해로운 패턴을 반영하게 되었는가?' 하는 보다 냉철한 관점으로 전환하도록 우리를 돕는다. 그러한 관점 전환은 건강하지 못한 행동이나 관계에 가두는 기존의 이야기(narrative)[2]에서 우리를 벗어나게 한다. 자기 삶에 책임지고 싶지 않은 사람들이나 자신의 이야기에 갇힌 채 비난에 집착하는 사람들은 가족세우기 내담자로 적합하지 않다.

가족세우기를 개발한 독일의 심리치료사 버트 헬링거(Bert Hellinger)[3]는

---

2 이야기(narrative)는 객관적 사실 그대로가 아닌 특정한 관점이나 해석이 담긴 이야기로 재구성한 것을 말한다.

3 Bert Hellinger(1925~2019)는 철학, 신학, 교육학을 전공하고 종교적 신념에 따라 수도회에 들어간 후 선교사로 남아프리카에 파견되었다. 1970년대 초에 수도회를 떠나

'현상학적' 치유 방법의 기초로서 우리의 시각을 개인에서 가족 체계로 전환하는 사심 없는 관찰의 필요성을 다음과 같이 이야기했다.

"현상학은 철학적 접근 방법입니다. 치료사인 저에게 그것은 이해할 필요 없이 더 큰 맥락과 연결에 자신을 노출하는 것입니다. 저는 어떤 도움이나 증명하려는 의도 없이 그것을 받아들입니다."

여러모로 볼 때, 상식적으로는 도저히 이해하기 어려운 비인간적인 피에 젖은 역사와 직면한 전후 독일에서 몇십 년에 걸쳐 가족세우기가 등장했다는 것은 놀라운 일이 아니다. 버트 헬링거는 나치즘에 저항했으나 독일 육군에 징집되어 서부전선 전투에 참전했고, 결국은 연합군에 의해 포로로 붙잡혔다. 전쟁 이후 헬링거는 가톨릭 종교 교단인 예수회에 들어갔으며, 수임 과정의 일부로 대학에서 철학과 신학을 공부했다.

헬링거는 1950년 초반 가톨릭 수도회인 예수회 신부로 16년 동안 남아프리카에서 선교 활동을 하면서 가족세우기에 대한 그의 철학을 형성하기 시작했다. 그는 그곳에서 '우리가 있기에 내가 있다.'라는 뜻으로 알려진 줄루족 인사말 우분투(Ubuntu)를 알게 되었다. 줄루족과 함께 일하는 기간 동안 우분투는 그의 세계관을 매우 깊이 있게 바꾸어 놓았다. 동시에 그는 성공회 성직자들이 이끄는 인종 간, 종교 간 그룹 다이

심리치료를 시작한 후 독특한 자신의 조직적 가족치료인 가족세우기를 창시하였다.

내믹스 훈련을 통해 주관적 경험 연구인 현상학에도 관심을 가지게 되었다. 추상적인 이상보다 사람이 더 중요하다는 깨달음을 받아들이면서 헬링거는 1960년대 말, 사제직을 떠나 빈(Vienna)으로 건너가 그곳에서 고전 정신분석학을 배우고 실천했다. 그 무렵 독일은 전쟁 중 자국민들에게 자행되었던 대량 학살을 받아들이기 위한 힘든 과정을 겪고 있었다. 그동안 민족적 종교적 정체성에 기반한 독일 시민들의 인간성은 '이단화'되고 박탈당해 왔다. 전쟁으로 인한 트라우마를 치유하는 일뿐만 아니라, 그것이 다음 세대로 전수되고 반복되는 것을 막기 위한 도구를 찾는 독일 시민들의 부름에 헬링거는 직관적으로 응했다.

가족세우기 접근법의 장점은 단순히 증상만을 치유하는 것이 아니라 고통의 근본 원인을 치유하도록 우리를 강화한다는 네 있다. 가족세우기에서 일단 가족의 역동이 드러나면, 대물림된 패턴을 깨고 세대 간 트라우마에서 벗어나 우리가 통제할 수 없는 과거를 더 이상 통제하려 하지 않게 된다. 그렇게 되면 가족 체계에서 조상들의 자리를 인정하고 그들에게 소속권을 부여할 수 있다. 또한 묶여 있던 얽힘의 끈을 풀어내고 조상들이 속한 곳에 그들의 운명을 맡기고 그 운명을 존중할 수 있다. 우리가 얽혀있다는 사실을 모른 채 과거의 일을 되돌리려 하는데 더 이상 에너지를 쓰지 않는다면 조상들을 위한 삶을 살려고 했던 우리의 부담은 가벼워질 것이다. 그러면 자유롭게 우리의 운명을 회복하고 자신이 만들어 가는 미래를 향해 나아갈 수 있다. 가족세우기는 우리에게 '내가 겪고 있는 갈등이 곧 나는 아니다.'라는 사실을 떠올리게 한다. 과거를 이해하고, 현재를 소유하며, 미래를 창조하는 것, 이것이 바로 가족세우기의 본질이다.

가족세우기는 보다 넓고 체계적인 '네트워크화'된 새롭고 혁신적인 시각을 제공한다. 또한 자기중심에서 벗어나 가족 그리고 가족 간 상호연결을 강조한다. 그것은 더 큰 체계 내에서 우리가 어떠한 역할을 하고 있는지를 보여준다. 그리고 트라우마와 그것과 싸우는 우리의 방식 모두가 상속된 유산의 일부라는 것을 알려준다. 우리의 숙명(우주에 의해 우리에게 주어진 카드)은 조상들의 운명과 연결되어 있지만, 우리의 운명(우리가 그 카드를 펼치는 방식)은 분리되어 있음을 상기시켜 준다. 그 운명은 온전한 우리 것이다.

가족의 과거와 역사를 이해할 때 자기 자신과 조화를 이룰 수 있다. 우리의 상처를 치유하는 열쇠는 내가 경험한 삶보다 우리 부모님, 조부모님, 심지어 증조부모님 삶 속에 더 많이 들어있다는 것을 우리는 안다. 조상들의 고난을 인식할 때 비로소 우리의 아픔이 아물지 못한 집단적 상처임을 알 수 있다. 이러한 통합은 치유 과정에 새로운 차원을 더해 깊은 회복의 길로 나아가게 한다. 이렇게 될 때 우리는 더 가벼워지고 더 온전해지며 진정한 우리 자신이 되어간다는 느낌을 받는다. 전통적인 치료법처럼 가족세우기도 과거로 시선을 돌린다. 그러나 가족세우기는 끝없이 과거를 되짚어 보게 하는 대신 오히려 과거의 속박으로부터 풀려나게 한다. 자신을 따라다니는 과거 이야기의 무거운 짐에서 벗어나 새로운 이야기를 쓰게 한다. 자신의 가장 고귀한 운명의 길에서 자기만의 온전한 삶의 이야기를 쓰는 작가가 되게 한다.

2012년 어느 날 오후, 나의 첫 가족세우기에 참여한 사람들은 단 4명이었다. 작은 비공개 집단이라서 다행이었다. 나는 무엇을 기대하고 어떻게 행동해야 할지 몰라 긴장되었다. 그러나 촉진자 나탈리의 평온함과 전문적인 태도로 인해 내 불안은 금세 진정되었다. 우리는 미셸 집 거실에서 작은 원으로 둘러앉아 시작했다. 나탈리는 나에게 어떤 주제를 다루고 싶은지 물었다. 나는 왜 아직 진정으로 사랑하는 남자가 나타나지 않는지 그 이유를 알아내고 싶다고 말하면서 내 인생의 사랑을 다루고 싶다고 말했다.

나탈리는 나의 가족력과 가족 역동에 대해 몇 가지 더 질문한 후에 집단에 참여한 사람 중에서 어머니를 대신할 사람과 아버지를 대신할 사람을 나에게 선택하라고 했다. 나는 '어머니'를 방 중앙으로 안내했다. 그곳에서 어머니는 놀랍게도 척추를 곧게 펴고 서 있었다. 어떻게든 가능한 한 더 많은 공간을 차지하려는 것 같았다. '아버지'는 어머니 옆에 앉혔다. 대리인 찰리는 내가 지금까지 만났던 가장 다정한 사람 중 한 명이었다. 비록 단기 기억력이 손상되기는 했으나 그는 훌륭한 대리인이었다. 찰리가 아버지로서 자리를 잡았을 때 나는 그의 눈을 통해 아버지의 영혼을 볼 수 있었다. 이 깊은 연결은 전혀 예상치 못한 것이었다. 찰리는 나의 아버지나 아버지의 배경도 모르면서 어떻게 그렇게 아버지를 잘 대리할 수 있었을까? 그는 어떻게 그의 에너지를 그렇게 섬세하게 표현할 수 있었을까? 나는 할 말을 잃었다.

그 후 나탈리는 그 집단에서 세 번째 대리인으로 내가 간절히 바라던 '운명의 남자'를 추가했다. 그녀(가족세우기에서 대리인의 성별은 중요하지 않다)는 망설임 없이 곧장 방 한가운데를 향해 걸어갔다. 우리는 세우기를 원활히 하기 위해 커피 테이블이 옆으로 치워진 작은 거실에 있었다. 나는 도망치고 싶은 커다란 충동을 느꼈다. 내 '운명의 남자'는 나와 출구 사이에 있었기 때문에 나는 구석으로 가서 벽을 향해 돌아섰다. 그 남자와 가까워지고 싶지 않았다. 피부 위로 무언가 기어오르는 것 같은 커다란 두려움을 느꼈다.

나의 첫 번째 가족세우기 세션(session, 회기)은 40분 동안 지속되었다. 처음에는 자신을 단순하게 느끼도록 내버려두었다. 하지만 보고 싶지 않은 진실이 드러나고 뚜렷해지면서 나는 저항하기 시작했다. 사랑이 두려웠고, 미래의 내 연인도 두려웠다. 자리에 앉은 아버지의 자세는 부모님 역동인 힘의 불균형을 보여주고 있었다. 아버지는 수동적이었고 어머니는 강했다. 가족세우기에서 대리인이 자리에 앉는 경우는 종종 피곤하고 서 있을 수 없는 상태를 나타낸다. 그것은 그들이 약하다는 의미이다. 어머니의 강함은 필요보다 더 많은 공간을 차지하는 방식으로 두드러지게 나타났다.

어머니처럼 나도 약한 남자와 결혼했고 그를 변화시키려 했었다. 사실 나는 연달아 약한 남자와 만났다. 그것은 부모님이 바로 잡지 못했던 것을 바로잡으려는 시도였다. 물론 이것은 효과가 없었다. 내가 어머니와 아버지의 결혼생활을 다시 하게 할 수도 없었고, 우리 가족 체계를 수정할 수도 없었다. 돌보는 사람 역할로는 행복해질 수 없었다. 더구나 부모님의 운명을 대신 짊어지려 했던 탓에 내 운명을 온진히 살지 못했다. 하지만 보호가 필요 없는 강하고 무게감 있는 남자가 나타났을 때 나는 도망쳤을 뿐 아니라 등을 보이고 돌아섰으며, 그를 똑바로 바라볼 수도 없었다. 동등한 연인 관계를 원하노라고 공개적으로 선언했음에도 불구하고 준비가 되어 있지 않았다. 상처 입은 또 다른 연인을 원한 것은 아니었지만 다른 관계를 맺는 방법을 알지 못했다.

그러나 이러한 관계 역동을 인정하지 않으려는 나의 저항이 흔들리면서 있었던 그대로를 받아들였을 때, 나는 엄청난 안도감과 함께 이전에 경험하지 못했던 낙관적인 기분을 느낄 수 있었다. 내 인생의 사랑을 찾아야 한다는 절박함과 부정적인 생각들이 갑자기 사라졌다. 가족세우기는 나에게 내 마음속 상처를 보여주었고, 더 이상 다른 관계를 찾기 전에 그 마음부터 치유해야 한다는 것을 알려주었다. 나는 내 운명의 남자를 찾기 전에 나 자신에게 집중하고 과거를 치유해야 했다. 이것은 오로지 나만의 책임이었다. 가족세우기는 나에게 계속 앞으로 나아갈 힘을 주었다.

그 드러남으로부터 얻은 자유와 그것이 준 힘의 감각이 사라질 것이라 예상했지만, 며칠, 몇 주, 몇 달 동안 단호하고 확고하게 나의 일부가 될 때까지 그 자리에 머물러 있었다. 반면에 나는 가족세우기 이후 전 남편에게 어떠한 기대도 하지 않게 되었고, 그 상황을 평온하게 맞이할 수 있었다. 그전까지는 그렇게 명백하고 구체적인 변화를 경험해 본 적이 없었다.

가족세우기에 조금 과하게 빠져들었다고 말할 수도 있겠다. 그 처음 세우기 경험 이후 1년 반 동안 나는 거의 매주 가족세우기에 참여했다. 그 시간이 내게는 매우 의미 있는 시기였다. 내 감정을 어지럽히던 가시 같은 매듭들을 풀기 위해서뿐만 아니라 다른 이들의 가족세우기 대리인 역할을 위해서도 지속적으로 참여했다. 그 과정이 가족세우기가 지닌 힘과 아름다움, 섬세함, 심오한 인간미를 직접 목격하고 체험했던 시간이었다. 그 모든 경험들이 나에게 끝없는 호기심과 감사한 마음을 불러일으켰을 뿐만 아니라 나 자신과 다른 사람들에게 나타난 긍정적인 변화와 성장은 부정할 수가 없다.

나는 점점 다니고 있던 출판 홍보 분야의 일을 더 이상 하고 싶지 않았다. 스스로 가족세우기 촉진자가 되어 다른 사람들을 위해 봉사하는 길이 나에게 더 맞다고 생각했다. 그 첫 단계는 마이애미의 가족세우기 연구소 소장인 마크 월린(Mark Wolynn)과 함께 공식적인 훈련 과정을 이수한 것이었다. 그는 가족세우기 연구소와 유전 트라우마 연구소의 소장이면서 북캘리포니아에 있는 버트 헬링거 연구소의 공동 설립자이기도 했다. 그는 『그것은 나에게서 시작되지 않았다: 어떻게 대물림된 가족 트라우마가 우리를 형성하고 어떻게 그 순환을 끝내는가』[4]의 저자로서 가족세우기 분야에서 가장 유명하고 권위 있는 전문가 중 한 사람이었다. 두 번째 단계로는 직장을 완전히 그만두고 가족세우기 전문가로 믿음의 도약을 시작한 일이었다. 전문가 과정을 이수하고 마이애미를 떠나 가족세우기 교육을 좀 더 깊이 있게 배우기 위해 뉴욕으로 향했다. 나의 결심은 이미 확고했기 때문에 과거 경력은 더 이상 돌아보지 않았다.

4 Mark Wolynn, 『It didn't start with you: How Inherited Family Trauma Shapes Who We Are and How to End the Cycle』. 『트라우마는 어떻게 유전되는가』로 번역되었다(정지인(2016), 심심).

나는 뉴욕에서 진정한 내 안식처를 찾았다. 그곳에서 또 다른 유명한 가족세우기 치료사인 수지 터커(Suzi Tucker)[5]에게 교육을 받았다. 수지 터커는 뉴욕 버트 헬링거 연구소의 공동 설립자이자 주로 버트 헬링거 작품을 영문으로 출판하는 자이그 터커와 쎄이젠(Zeig, Tucker & Theisen) 출판사의 편집장이었다. 나는 그곳에서 수지 선생님의 열정적인 마음과 강인하면서도 온화한 지도 아래 나의 가장 고통스러우면서도 누구에게 말하지 못했던 비밀을 인정하고 말할 수 있었다. 단 한 사람, 이 선생님을 제외하고는 그 누구에게도 말하기를 거부해 왔었던 13세에 내가 겪었던 성폭행을 말이다.

가족세우기를 만나기 전, 나는 어릴 적 성폭행에 대해 전혀 생각조차 하지 않으려고 애를 썼다. 그러나 그것을 생각하지 않으려 애를 쓰면 쓸수록 트라우마는 항상 나를 따라다녔다. 나는 그 성폭행을 나에게 일어난 그저 우연한 사건이라고 생각했다. 가족 문제와 그것은 별개의 일이라고 생각했다. 그러나 가족세우기를 통해 그 아픔을 내 삶에 통합시키면서 드디어 그것이 가족을 따라다니는 트라우마 패턴의 일부임을 분명하게 인식할 수 있었다. 그리고 내 정체성과 어울리지 않는 부분들을 조화시켜 나갈 수 있었다. 더욱 기쁜 것은 간신히 억누른 채 통제할 수

5 Suzi Tucker. 미국 내 가족세우기의 선구자이며 저자인 버트 헬링거와 함께 영어로 출판된 대부분의 책을 공동 제작하였다. Bert의 지도를 받아 미국 Bert Hellinger Institute를 공동 설립하고 2000년대 초부터 강의와 진행을 시작하였다.

없었던 분노와 같은 트라우마의 강력한 증상들을 해소할 수 있었다는 것이다. 과거와 화해할 수 있었고, 현재와 그리고 나와의 관계에서 평화를 되찾을 수 있었다. 가장 중요한 것은 현실과 자기 인식 간 화해였다. 가족세우기의 핵심 원리 중 하나인 현재 상황을 인정함으로써 무심코 키워왔던 가해자와의 유대를 끊고, 그의 행동에 대한 모든 책임을 그가 지고 떠나게 하는 것이 가능해졌다. 정신적으로나 감정적으로나 그는 이제 내 삶에 없다. 시간이 지나면서 예전에 멀어졌던 아버지와도 화해할 수 있었다.

나에게 있어 가족세우기는 하나의 깨달음이었다. 그것은 찰리의 눈을 처음 본 순간부터 지금까지 변함이 없다. 거의 8년 동안 1,000명이 훨씬 넘는 내담자들과 함께 세우기 세션을 열면서 목격한 것은 수많은 사람들이 지속적으로 삶을 변화시키는 발전, 성장, 새로운 기쁨 등을 맞이하는 모습이었다.

그들 중 대다수는 '할 수 있는 모든 것을 다 시도해 본 후' 나에게 찾아왔다. 그들은 힘든 가족관계, 연인 관계, 만족스럽지 못한 경력, 지속적인 우울과 불안, 삶에 영향을 미치는 트라우마의 후유증 또는 뭔가 제대로 풀리지 않는다는 느낌에 시달리며 큰 변화를 간절히 원하는 사람들이었다. 그리고 수많은 사례에서 가족세우기는 마침내 그들에게 커다란 변화를 가져다주었다. 보이지 않았던 가족 역동을 드러내는 것뿐만 아니라, 그러한 역동을 근본적으로 깨뜨리고 앞으로 나아갈 수 있는 도구를 제공해 주었고, 자신만의 고유한 미래 이야기를 쓸 수 있게 해주었다.

나에게 온 내담자 중에는 나와 단 한 번만 만난 내담자도 있고, 일부는 몇 차례 세션을 진행했던 내담자들도 있다. 한두 해 동안 여러 가지 문제에 대해 종합적으로 세션을 진행했던 내담자도 물론 있었다. 어떤 내담자는 필요에 따라 주기적으로 상담을 받으러 오기도 했다. 치료 기간과 상관없이 정기적인 세우기 세션을 진행했던 이들은 이후 며칠에서 몇 달 후까지 나에게 이메일을 보내왔다. 가족세우기를 진행한 결과 경력 전환에 성공하거나 창의적인 사고로 도약, 아이의 탄생, 치유적인 이별을 해내는 것은 물론, 진실하고 축복이 가득한 건강한 만남과 사랑 등 삶의 행복한 소식들을 전해왔다. 그리고 부모나 형제자매와의 관계 회복뿐만 아니라 사랑하는 사람들과, 분열된 자아와, 과거와, 완전한 자기 주체성을 지닌 미래 가능성과 화해를 경험했다고 전해왔다.

나는 개인 연구실에서 만나는 많은 사람들 외에도 더 많은 사람들을 돕고 싶다. 나는 가족세우기의 힘을 보여주고 싶은 열정적인 홍보대사이다. 연구실에 찾아오는 사람들뿐만 아니라 모든 계층의 사람들이 강력하고 혁신적인 통찰을 얻을 수 있기를 희망하고, 그들의 행동과 신념이 더 나은 방향으로 변화되기를 희망한다. 대면해서 가족세우기 세션을 펼치는 것은 물론 놀라운 경험이 될 것이다. 하지만 가족세우기의 기본적인 원칙이자 삶의 변화를 일으키는 원리만으로도 우리가 알고 있는 경계 너머로 접근이 가능하고 적용이 가능하다.

가족세우기는 내담자들에게 엄청난 변화를 이루게 하는 매개체이지만, 그들에게 심오하고 지속적인 변화를 불러온 것은 가족세우기의 철학과 관점을 탐구하는 작업이었다. 가족세우기 치료는 집단이나 일대일 환경에서 대면으로 진행된다. 가족세우기의 핵심 치료 원리를 받아들이면 가족세우기를 직접 경험하거나 전문가의 연구실에 발을 들여놓지 않고도 자신의 삶을 근본적으로 변화시킬 힘을 얻을 수 있다. '가족세우기'를 스스로 할 수 있는 사람은 아무도 없지만, 가족세우기의 철학을 수용하게 되면 자기 자신을 강화하여 가족 체계가 자신에게 미치는 지배력을 인식할 수 있고, 타인의 운명으로부터 자신을 분리하는 방법을 배울 수 있다. 더 나아가 의도적인 삶을 살게 된다. 꾸며진 이야기를 거부하고, 나는 누구이며 어디에서 왔고, 어디로 가는지에 대한 자기만의 진정한 이야기를 자유롭게 쓸 수 있는 변혁적인 성장을 경험하게 될 것이다.

이어지는 여섯 개의 장에서는 가족세우기의 핵심 개념이자 원리를 함께 살펴볼 것이다. 그 과정을 통해 우리는 체계적 관점을 삶에 적용하는 방법을 발견하게 될 것이다. 그리하여 얽힘을 인식하고 세대를 통해 전수된 트라우마에서 벗어나 자신의 고통을 치유하고, 스스로 큰 전환을 이루어 낼 수 있을 것이다.

각 장에서는 치유 여정과 함께 제공되는 내담자 사례와 나의 실제 이야기를 만나게 될 것이다. 이 사례들은 내가 누구인지 그리고 어디에서 왔는지에 대한 자신의 오랜 믿음들에 대해 다시 생각하게 하는, 뒤늦게 드러난 삶의 이야기와 가족 비밀들로 가득차 있다. 가족세우기는 이러한 도전을 비교적 평온한 상태로 탐색할 수 있게 해준다. 모든 장에는 세심하게 설계된 세우기 문장과 다양한 연습들이 들어있다. 이를 통해 가족세우기의 혜택을 실질적으로 체험하게 될 것이고, 깊은 치유와 지속적인 변화를 경험하게 될 것이다. 함께 제시되는 세우기 문장은 크게 소리내어 말할 수도 있고, 마음속으로 새길 수도 있으며, 글로 기록할 수도 있다. 가장 큰 반향을 불러일으키는 것이 무엇이든 그것이 당신에게 가장 적합한 방법이 될 것이다. 자신을 믿고, 하루에 한 번 또는 여러 번 이 세우기 문장을 반복하는 것은 도움이 될 것이다.

『트라우마를 넘어선 가족치료 이야기』에서는 다음을 배울 수 있다.

- 가족 체계의 패턴을 인식하고 이를 중단하는 방법
- 내면 아이를 치유하고 성인 자아의 부모가 되는 방법
- 자신을 제한하는 신념과 행동에서 벗어나는 방법
- 과거와 얽히게 만드는 트라우마와의 연합을 해소하는 방법
- 과거와 현재를 조화시켜 전체적이고 통합된 자아에 도달하는 방법

- 가족 체계 내 개인적인 평화의 장소에 도달하는 방법
- 나만의 고유한 삶을 살도록 힘을 강화하는 미래지향적 이야기를 만드는 방법

가족 체계는 우리 삶의 초석인 건강, 사랑, 경제력, 직업 경력 등에 영향을 미친다. 각 영역에서 보여주는 패턴은 가족 체계의 고유한 역동과 다시 연결된다. 우리 삶이나 우리보다 앞선 조상들의 삶에서 충족되지 못한 욕구는 무의식적으로 그 욕구의 공백을 메우려고 건강하지 못한 행동을 반복하게 한다는 것을 우리는 알게 되었다. 우리 존재의 뿌리인 가족 체계를 치유하는 것은 곧 우리 삶의 모든 영역을 치유하는 것이다. 조상들의 고통을 인식하고 가족 체계에서 거부되었던 가족원을 인정하고 그들을 알아볼 수 있도록 허용하는 것이 우리를 해방으로 인도하는 입장권이다.

며칠 전 늦은 저녁이었다. 사무실에 앉아 이메일을 살펴보고 있을 때, 새로운 메시지가 도착했다. 내담자 중 한 명인 이사벨이 요가 스튜디오를 열었다고 알려왔다. 내가 몇 년 전 그녀를 만났을 때만 해도, 그녀는 거의 10년째 금융 분야에서 일하고 있었다. 자신의 업무에 최선을 다했음에도 불구하고 기대했던 만큼 승진하지 못해 점점 더 좌절하고 낙담할 때였다.

이사벨은 부유한 가정에서 태어났다. 아버지는 펀드 회사 매니저였고, 그들은 부족함이 없었다. 그러나 그녀가 15세가 되었을 때 아버지가 다니던 펀드 회사가 무너졌고, 그 때문에 부모님이 이혼하셨을 뿐만 아니라 모든 것을 잃게 되었다. 그 여파로 아버지는 감옥에 가게 되었으며, 사적으로도 외도 사실이 드러나면서 혼외 자식으로 낳은 아들이 있다는 사실이 밝혀졌다. 이사벨은 그 소식이 충격적이었다고 말했다. 그리고 아버지에게는 더이상 애착이 없다고 했다. 자신이 금융업에 종사한 이유는 아버지 때문이 아니라 그 일이 정말 재미있어서였고 돈을 많이 벌기 위해서였다고 했다. 그러나 그녀의 역량은 기껏해야 중간 수준이었고 승진에서는 매번 탈락했다. 그녀는 기쁨이 없는 사람처럼 보였다. 나는 이사벨에게 즐거움을 위해 무엇을 하는지 그리고 무엇이 그녀를 행복하게 하는지 물었다.

이사벨은 잠시 멈칫하는가 싶더니 몸짓이 눈에 띄게 달라졌다. 방어적으로 가슴을 가리고 있던 팔짱은 풀렸고, 어깨는 내려앉았다.

"요가예요."라고 그녀가 말했다.

그녀는 계속해서 일상적인 요가 수련 외에도 요가 강사 훈련을 받았으며 요가 강사가 되는 것에 환상을 가지고 있다고 말했다.

"왜 그게 환상이죠?"

"나는 요가 강사로 돈을 벌어서 자립할 수 없을 것 같아요."

말투로 보아 스스로 확신이 없어 걱정하는 것 같이 들렸다.

그녀의 첫 번째 가족세우기가 시작되었다. 나는 그녀에게 어떤 주제를 다루고 싶은지 물었다.

"나는 내 직업에서 성공하고 싶습니다."라고 그녀가 대답했다.

가족세우기에서 아버지와의 얽힘이 드러났을 때 이사벨은 놀라워했지만 나는 놀라지 않았다. 가족의 재산 손실은 부모님의 이혼을 불러왔고, 그로 인해 아버지는 가족 체계에서 배제되었다. 아버지와의 얽힘을 풀려는 것은 가족 체계의 회복뿐만 아니라 그녀가 잃어버린 것을 회복하기 위한 것이었다. 비록 얽힘이 그 자체로 드러난 것은 아니었지만 이사벨의 경우 아버지 운명에 얽혀 그녀가 어떻게 그 운명을 떠맡게 되었는지를 보여주었다. 그녀는 금융 분야에서 성공할 수 없었다. 왜냐하면 그것은 그녀의 운명이 아니었기 때문이다. 그녀는 자신의 문제를 잘못 파악하고 있었다. 일련의 세우기 세션을 진행하면서 이사벨은 성공과 돈에 관한 자신의 이야기를 포기할 수 있었고, 대신 배제되었던 아버지를 가족 체계에 재통합시키면서 분노와 두려움에서 벗어날 수 있었다. 우리가 마지막으로 대화를 나눈 후 이사벨은 시간제로 요가를 가르치기 시작했다. 얼마 후 수강생들이 점점 더 많아지면서 금융 업무를 그만두고 요가를 가르치는데 전념했다. 나는 그녀의 최근 근황을 읽으며 이사벨의 '환상'이 현실이 된 것에 깊이 감동했다.

나는 이 책을 읽는 모든 독자가 이사벨의 이야기와 같은 변화를 경험할 수 있기를 원한다. 이 책 『트라우마를 넘어선 가족치료 이야기』에 매료된 사람 모두와 직접 협력하여 그것을 실현할 수 있기를 바란다. 이 책에서 제공하는 서술적 안내, 기법, 연습을 통해 나는 당신이 당신의 가족체계를 세심하게 살펴봄으로써 실제 문제를 알아내고 해결하기 위한 힘을 얻게 되리라고 기대한다. 자신에게 중요하다고 생각했던 금융 업무를 버리고 요가 수행에 매진한 후 큰 도약을 얻은 이사벨처럼 당신도 환상에서 현실로 나아가길 바란다.

만약 당신 삶에 책임질 준비가 되었다면 나는 약속할 수 있다. 『트라우마를 넘어선 가족치료 이야기』는 당신을 위한 책이라는 것을. 이 책의 효과는 가족의 비밀을 알아내는 데에 국한되지 않는다. 가족의 역사나 가문에 관한 특별한 접근이 필요한 것도 아니다. 비록 조상들의 이름을 명확히 지칭할 수는 없더라도 그들을 향한 무의식적인 충성심과 잘못된 오해를 풀고 조상들을 인정하는 방법을 배울 수 있을 것이다. 단순히 조상들의 고난을 인식하는 것만으로도 우리의 고통이 치유되지 못한 집단적 상처임을 알게 될 것이다. 가족 구성원들이 겪은 트라우마를 인정하고 그들을 있는 그대로 받아들이며, 그들이 속할 자리를 그들에게 내어주는 것만으로도 우리는 깊은 개인적 치유를 경험하게 될 것이다.

이 책에서 최대한 도움을 얻으려면 행복해지고 싶은 욕망과 행복에 도달하기 위해 기꺼이 노력할 의지만 있으면 된다. 버트 헬링거는 행복은 '영혼의 성취물'이라고 말했다. 진정한 행복은 성취감을 통해 경험한다는 의미이다. 이것은 진정한 자기표현을 통해서만, 즉 힘과 에너지를 가진 활동적인 일을 통해서만 얻을 수 있다는 것이다. 그는 "우리는 일을 하면서 살아가고 그 일을 통해서 얻는 행복은 파티에서 느끼는 행복과는 다릅니다."라고 말했다.

우리가 함께 경험하게 될 가족세우기의 힘과 그로 인해 얻게 될 행복은 우리가 가족 체계의 일부라는 것을 진정으로 인식하게 해주는 방식에 있다. 더불어 선대에 일어났던 체계 내의 사건들이 의식적으로 통제할 수 없는 형태로 우리를 행동하게 할 수 있다는 것을 아는 방식에 있다. 그렇게 되면 세대를 거슬러 대물림된 트라우마와 무질시한 가족 체계의 역동이 불러온 이야기(narrative)에서 벗어날 수 있으며, 우리 자신만의 진정한 이야기를 전하는 영혼의 성취를 경험하게 될 것이다.

Chapter

01

가족의 기원 이야기

트라우마를 넘어선
가족치료 이야기

가족 체계

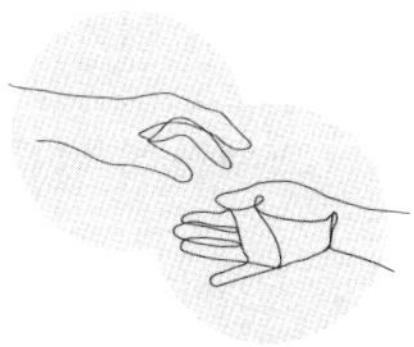

우리는 모두 가족이 있다. 가족은 역사, 문화, 신념 그리고 유전적 특징이 교차하는 고유한 생태계 내의 한 지점에 존재한다. 모든 가족에게는 대대로 이어져 내려오는 유산이 있다. 같은 DNA, 같은 뿌리, 같은 문화 그리고 가족들만이 아는 이야기가 있다. 가족은 먼 친척이나 조상들까지도 같은 성을 사용하고 때로는 같은 이름을 쓰기도 한다. 내면에 흐르는 공유된 가족 기억은 보이지 않는 끈처럼 시간을 통해 우리와 연결되어 있다. 그래서 우리가 조상으로부터 직접 영향을 받지 않더라도, 과거에 일어났던 사건의 영향력이 우리를 끌어당기기도 한다.

어머니나 아버지가 없거나, 외동이거나, 입양되었거나, 또는 혼혈이거나, 전통적인 가족이거나 간에 그런 형태와 상관없이 우리 각자는 가족에 대해 말할 수 있는 나만의 이야기가 있다. 등장인물을 알고 있으며 줄거리 또한 잘 알고 있다. 누가 문제이며 누가 옳고 그른지 알고 있다. 우리가 어디에서 왔으며 어디로 가고 있는지 그리고 유산으로 무엇을 받을 것인지 등 가족 이야기의 중심에는 내가 있다.

어떤 이들에게 그 이야기는 "엄마가 사랑을 준 적이 없어서 난 누구와도 친해질 수 없어요."이거나 "부모님이 항상 경제적으로 어려웠기 때문에 부모님보다 더 잘 산다는 죄책감이 나를 직업적으로 성공할 수 없게 만들어요."와 같은 것일지도 모른다.

나의 이야기는 한때 단란했던 가족이 이혼으로 처음 분리되고, 그 뒤 아버지에게 버려짐으로써 더욱 분열된 이야기였다. 나는 이 세상에서 내 집처럼 편안한 곳을 찾으려고 애를 써 왔다. 하지만 이미 신뢰가 무너진 내 마음은 사랑과 안전으로부터 소외된 채 살고 있었다. '아버지가 나를 떠났으니 나는 사랑받을 가치가 없는 존재가 틀림없어.'

이러한 이야기들은 무의식 속에 갇혀있기 때문에 그 의미를 잘 알지 못한다. 그래서 사람들은 그것을 계속 되풀이하며 살아간다. 내가 처음 가족세우기에 참여했을 때 나는 이미 수년 동안 치료를 받고 있었다. 나의 많은 내담자들처럼 나도 내가 지어낸 이야기를 의식적으로 알아차리지 못했다. 왜냐하면 나 역시 그 이야기를 내가 지어낸 것이 아니라 내 삶에 관한 일련의 사실들로 취급했기 때문이다. 그 사실들로 인해 내가 어떻게 해서 이 지경이 되었는지 다양한 측면들을 되짚어 보면서 무엇이 '잘못되었는지' 그리고 누구를 탓해야 하는지 밝혀내려 했다. 이것을 아는 것이 나를 '고치는데' 도움이 되고, 사는 동안 사람들 관계에서 발생할 수 있는 실수를 피하는 데 도움이 될 거라고 믿었다. 하지만 그토록 치열하게 통찰과 자유와 평안을 추구했음에도 의미 있는 결과를 얻지는 못했다.

반면에 아버지가 떠나버린 나의 이야기는 남자가 사랑할 대상으로서의 내가 가치없다는 것을 보여주는 것이었고, 이 이야기는 매번 나에게 결함이 있다는 것을 뒷받침하는 이야기를 만들어 내라고 강요했다. '독립성'이라는 연고로 그 상처를 달래보려 했었다. 그런데 알고 보니 나는 믿을 수 없을 정도로 강인한 여성들의 계보에서 태어났기 때문에 남자들을 믿거나 의지할 필요가 없었다. 그 결과 나의 연애사는 많은 잘못된 선택으로 인해 힘든 고통을 겪어야만 했다.

이것이 익숙한 이야기로 들리는가? 수년간의 심리치료 후에도 많은 사람들이 여전히 낡고 자신을 제한하는 신념과 행동에 갇혀 있거나 아니면 매우 느린 속도로 벗어난다는 것을 알고 있다. 그것이 정신역동 치료든 인지행동 치료든 아니면 다른 접근법이든 전통적인 대화 치료의 가치를 부인하는 것은 아니니 오해 없기를 바란다. 많은 사람들에게 심리치료는 자신의 감정을 자유롭게 표현할 수 있었던 첫 환경이었을 것이다. 또 그렇게 감정을 표현하는 것은 자기 생각과 기분에 어떤 영향을 미치는지 탐색하고 확인할 수 있는 좋은 기회이다. 치료사들은 가족과 친구들이 채울 수 없거나 채우지 않아야 할 독특한 공간을 채우는 사람들이다. 그들은 여전히 우리 편이 되어 우리의 정신 건강을 더 나은 상태가 되도록 돕고, 우리의 왜곡된 인식을 다루기 위해 고도로 훈련된 중립적인 경청자들이다. 심리치료는 우리의 경험이 지지받고 타당성을 인정받는 첫 번째 시간이었을 것이다. 우리 경험이 지지받고 타당성을 인정받게 되면 비로소 우리가 사람들 눈에 띈다고 느끼는데 이는 치유에 있어 매우 중요한 요소이다.

전통적인 대화 치료에서는 가족에 관한 이야기가 자신을 더 잘 이해하기 위한 자원으로 여겨지기 때문에 가족 이야기를 재확인하는 것을 전제로 한다. 하지만 만약 우리의 이야기에 문제가 있고, 전제 자체가 결함 있는 이야기였다면 어떻게 될까? 모두가 잘못 이해하고 있다면, 만약 우리가 아직 제대로 된 책을 읽지 못했다면 말이다.

인간은 누구나 타고난 이야기꾼이다. 이야기는 마법과 같다. 그것은 혼돈에 질서를 부여하고, 자의적으로 의미를 부여하며, 모두를 시간 여행자로 만든다. 하지만 가족 이야기는 일어난 일에 대한 공정한 기록이 아니다. 그것은 일어났던 일과 사람들에 관한 우리의 생각 그리고 그 사건들에 대한 우리의 느낌에 관한 것이다. 그것은 대대로 내려오는 신념과 태도에 의해 더욱 풍성하게 채색된 것이다. 그리고 개인 중심의 주관적인 관점에 기반한 신뢰할 수 없는 이야기이다.

가족세우기는 기존의 스토리텔링 방식을 단호히 거부한다. 가족세우기는 이야기를 만들어 내는 우리의 습관을 가로막는다. 주변 사람들을 단순히 문제아와 영웅으로 나누거나 삶이 원인과 결과에 따라 결정된다는 선형적인 구성으로 보려는 우리의 이야기 습관을 멈추게 한다.

가족세우기는 도덕적 판단이 중지된 자리에서 과거와 직면할 것을 요구한다. 다시 말해 누가 또는 무엇이 옳고 그른가 하는 판단은 내려놓을 것을 요구한다. 대신 무슨 일이 일어났는가에만 초점을 둔다. 그 일이 왜 일어났으며 무엇을 의미하는가에는 초점을 두지 않는다. 우리는 인간의 혈연관계에 작용하는 공정한 힘을 이해하고 준수하고자 한다. 가족세우기에서 말하는 '가족 체계'의 질서와 규칙이 그것이다. 여기서 잠시 체계가 무엇인지 살펴보기로 하자. 기본적인 개념으로 체계는 통합된 전체를 형성하는 개별 구성 요소의 총합을 말한다. 총합은 개별 요소들의 단순한 합보다 더 큰 존재이다. 개별 요소들이 제 기능을 하기 위해서는 서로 다른 요소들에 의존하게 되는데, 체계는 이러한 상호의존이라는 역동에 의해 움직인다. 그것은 구조의 통합성에 관한 것이며, 구성 요소들의 상호연결성에 관한 것이다. 체계는 개인보다 통합된 전체 세대와 가깝다.

가족세우기 모델에서는 각 개인이 한 가족에서만 태어나는 것이 아니라 가족 전체의 에너지적 연결망으로 구성된 가족 체계 안에서 탄생한다고 본다. 가족 체계는 살아있는 가족뿐만 아니라 돌아가신 가족, 그리고 여러 세대를 거슬러 올라가며 전체 가족 구성원을 모두 포함하는 개념이다. 가족 구성원들은 이 체계 안에 흐르는 가족 정신에 의해 세대를 초월하여 상호 연결된다. 버트 헬링거는 각 세대가 다음 세대로 전해주는 생명력을 일러 '사랑의 움직임'이라고 했다. 건강한 가족 체계에서 그 사랑의 흐름인 생명 에너지의 흐름은 방해받지 않고 한 세대에서 다음 세대로 흘러간다. 이와 같이 한 개인의 개별 행동이 아닌 가족의 역동으로 체계의 건강성은 결정된다.

모든 체계는 균형을 추구한다. 가족 체계에서 균형은 주로 질서와 소속이라는 두 가지 기본 원리에 의해 좌우된다. 먼저 가족 체계의 모든 구성원은 그 연결망 안에서 자신의 정당한 자리 또는 순서를 가진다. 그 자리는 그들에게 꼭 맞는 자리이고, 그들이 가장 자연스럽게 어울리고 상호작용하는 곳으로 체계의 구조를 지탱하는 자리이다. 가족 체계 안에는 다른 누구도 우리를 대신할 수 없는 각자 고유한 자신의 자리가 있다. 반면에 가족 구성원 사이에 전반적으로 흐르는, 모든 가족에게 똑같이 적용되는 질서가 있다. 누가 먼저 왔는가 하는 우선순위가 그것이다.

가족세우기에서 촉진자는 언제나 참가자들을 먼저 배열시킨다. 내담자의 아버지를 대신할 대리인은 내담자의 오른쪽 뒤에 서게 하고, 어머니를 대신할 대리인은 내담자의 왼쪽 뒤에 서도록 한다. 같은 패턴으로 양쪽 편 그들 뒤에 그들의 부모, 그들 뒤에 그들의 조부모, 그리고 그 뒤에 조상들이 뒤따르도록 배열한다. 나는 이 배열을 좋아한다. 왜냐하면 가족 체계가 우리에게 제공할 수 있는 잠재적인 힘과 우리가 자신감을 가지고 앞으로 나아갈 수 있게 뒤에서 지지하는 힘을 보여주기 때문이다. 삶이 버겁다고 느낀다면 앉아서 눈을 감고 심호흡을 한 뒤 조상들을 초대해 보라. 그들을 믿고 그들에게 기대어 보라. 가족 체계에 존재하는 질서정연한 고유의 끌어당김을 감지해 보라. 체계가 질서정연할 때 우리는 안도감과 평화 그리고 모든 게 원활하게 기능하고 있다고 느낀다.

가족 체계에서 소속감은 질서정연함과 같은 것이다. 앞서 언급했듯이 각각의 가족 구성원은 가족 체계 안에서 다른 가족이 채울 수 없는 고유한 자리를 차지한다. 그럼으로써 가족 내에서 자신의 소속권을 갖는다. 어딘가에 소속되고 싶은 욕망은 인간의 가장 근본적인 충동 중 하나이다. 아이들은 그들의 부모가 어떤 부모인지와 상관없이 눈먼 사랑과 충성심으로 부모에게 소속되기 위해 어떤 짓이든 하려 할 것이다. 소속되려는 욕구는 우리를 가족 체계뿐만 아니라 서로에게 결속시킨다. 이것이 가족 체계를 온전히 유지하게 하는 요소이다. 소속감은 각 구성원의 숙명과 운명에 대한 권리이다. 그것은 자신이 한 행동과 그 결과에 대한 주인의식이나 책임감 같은 것이라고 할 수 있다.

이러한 권리는 도덕이나 윤리의 문제가 아니다. 그것들은 자연법칙에 더 가깝다. 예를 들면 자녀가 부모 자리를 대신하는 경우와 같이 체계의 질서가 무너질 때 그 체계의 상호연결은 더 이상 제대로 작동하지 않는다. 가족 구성원이 심각한 트라우마를 경험했거나 가족 체계 내 소속이 부정되거나 제외될 때, 또는 그들의 운명이 존중받지 못할 때도 마찬가지이다.

체계는 항상 그 자체로 다시 기능적으로 완전한 균형을 유지하려 한다. 가족 체계는 손상을 복구하고 네트워크의 온전성을 회복하기 위해 새로운 세대원을 등장시킬 것이다. 새로 등장하는 가족은 과거 조상들의 자리를 대신하거나 과거 조상들이 끼친 해로움을 완화하기 위해 영입될 것이다. 이들은 트라우마를 겪었거나 실종되었거나 제외된 가족 구성원의 운명을 대신해서 체계가 수정할 수 없는 것을 '수정'하려 애쓰며 살아갈 것이다. 가족세우기 분야의 선구자 중 한 명인 수지 터커는 모든 아이들은 가족 체계의 온전성을 회복하기 위해 영입될 '다음 세대의 가장 좋은 기회'라고 말했다. 이 말은 아이들이 가족체계 내의 오래된 문제를 해결하려고 무의식적으로 개입하게 된다는 뜻이다. 이러한 역동을 가족세우기에서는 '얽힘'이라고 부른다. 세대를 넘어 대물림되는 얽힘은 우리로 하여금 과거 패턴을 반복하게 만든다. 많은 고통의 근원에는 얽힘이 존재한다. 우리는 균형을 바로잡으려는 체계의 필사적인 노력에 이끌려 맹목적으로 충성하는 병사들처럼 역기능적 역동을 재연할 것이다. 이것이 가족세우기 핵심 원리 중 하나인 '그것은 나에게서 시작된 것이 아니다(It didn't start with me).'라는 말을 마음에 깊이 새겨야 하는 이유이다.

후성 유전학(Epigenetics)은 유전자 염기서열의 변화 없이 트라우마와 같은 환경적이고 경험적인 요인이 유전자의 발현에 어떠한 영향을 미치는지, 즉 어떤 유전자가 활성화되고 비활성화 되는지에 관한 메커니즘을 연구하는 학문이다. 흥미로운 것은 후성 유전학 분야에서 진행되고 있는 새로운 연구들에서 이러한 체계적 관점을 점점 더 뒷받침하는 결과를 보여주고 있다는 것이다. 기아와 같은 특정 유형의 트라우마는 근본적인 DNA를 변화시키지 않고서도 특정한 유전자들의 발현을 '차단(지시)'할 수 있다고 한다. 그러한 '차단(지시)'은 유전자 자체에 어떠한 변화도 없이 그대로 부모로부터 자녀에게 전달될 수 있다고 한다. 예를 들어 우리는 부모에게서 갈색 눈 같은 외모뿐만 아니라 가족의 태도와 습관 그리고 신념도 물려받는다고 알고 있다. 그런데 여기서 한 걸음 더 나아가 우리 몸 그 자체로도 조상들이 겪은 고통과 그 흔적을 물려받을 수 있다는 것이다. 이러한 관점에서 개인의 고통은 더 깊이 공유된 가족 유산의 부산물임을, 즉 트라우마의 유전 가능성을 세포 수준에서 입증하고 있다.

네덜란드 대기근 동안 겨울에 태어난 아이들에 관한 연구는 자궁 속에서 기근을 견뎌낸 지 70년이 지난 뒤에도 후성 유전학이 작동한다는 분명하고도 놀라운 증거를 제시했다. 1944년 9월 나치는 연합군의 작전 실패에 대한 징벌로 네덜란드에 식량 공급을 차단하기 시작했다. 1945년 5월 네덜란드가 해방될 때까지 2만 명 이상의 네덜란드 시민들이 기아로 사망했다. 기근이 있었던 초기에 출산한 네덜란드 여성들의 아기는 저체중으로 태어났지만 성장하면서 정상 체중을 따라잡았다. 반면 기근 이후에 임신하여 전쟁 후 출산한 여성에게서 태어난 아기들은 정상 체중이었다. 이 아기들은 자궁에서의 영양실조라는 해로운 영향에서 벗어난 것처럼 보였다. 아기들이 임신 3기(후반 3개월)에 대부분 몸무게를 찌운다는 것을 고려하면 맞는 말이다. 하지만 장기적으로 추적한 결과, 이 그룹은 중년기에 이르러 높은 콜레스테롤 수치와 또 다른 대사 문제인 비만율 증가라는 고통을 겪었다. 이 집단과 전쟁 후 태어난 그들의 형제자매로부터 혈액 표본을 채취한 과학자들은 흥미로운 사실을 발견했다. 형제자매와는 달리 네덜란드 대기근 동안 자궁에 있었던 사람들은 신체가 에너지를 연소시키는 데 관여하는 똑같은 '침묵된' 유전자 PIM 3을 공유하고 있었다. 태아는 임신 3기 때 몸무게가 3배 이상 늘어나는 경우가 보통이다. 그런데 이것은 태아 발달에 있어 대부분의 세포 프로그래밍이 이루어지는 임신 1기 동안 일어났다. 이 아기들에게는 엄마의 기아 경험(환경요인)이 세포에 그대로 덧씌워진 것이다.

가족세우기에서 첫 번째 목표는 보이지 않는 역동을 보이게 하는 것이다. 일단 가족 체계의 역동을 보고 얽힘을 확인하게 되면, 그 자신뿐만 아니라 다음 세대 구성원들까지도 그 구속에서 풀려나도록 얽힘을 저지할 힘을 얻게 된다. 두 번째 목표는 해결이다. 소속되어 있을 것으로 여겨지는 체계의 모든 구성원을 인정하고, 그들에게 정당한 자리를 허락하면서 질서를 회복하게 되면 무의식적으로 지니고 있던 충성심들은 모두 내려놓게 된다. 이렇게 되면 더 이상 자신의 것이 아닌 책임이나 행동, 생각이나 감정 등의 짐을 지지 않아도 되고, 경험하지 않는다.

체계적 사고방식이란 우리가 우리 자신보다 더 위대한 어떤 것의 일부이며 우리 문제가 우리만의 문제가 아니라는 사실을 아는 것이다. 그리고 반복되는 패턴과 역동의 연결망 속에서 다른 사람들과 상호 연결되어 있음을 아는 것이다. '체계적으로 생각하는 사람'이 되는 것은 쉽지 않다. 그렇지만 이것은 스스로에게 줄 수 있는 커다란 선물이다. 우리 대부분은 상처와 고통에 관한 한 자신이 옳아야 할 필요성에 중독되어 있다. 우리는 자신이 주인공으로 출연하는 이야기 속에서 다른 사람들을 등장인물로 보려는 데 몰두해 있다. 하지만 그러한 이야기를 고수한다면 현재의 선택과 행동 그리고 관계를 합리화하기 위해 사용하는 부정적인 생각이나 행동, 사건을 고집하면서 자신의 삶에 대한 책임을 지려 하지 않을 것이다. 체계적으로 생각하는 사람이 되면 상호 연결된 시각을 선호하고 필연적으로 개인에서 집단으로 초점이 옮겨간다. 이것은 다른 사람들뿐만 아니라 우리 자신에 대한 공감 형성을 돕고 결과적으로 우리가 어디에서 왔고 어디로 가고 있는지에 관한 기원 이야기를 다시 쓸 수 있게 할 것이다. 다시 말해 우리가 마땅히 무엇을 받을만한 사람인지 우리가 얼마나 가치 있고 사랑받을 만한 존재인지에 관한 이야기를 재구성하도록 도울 것이다.

나의 경우, 내 가족 체계 안에 있는 개인의 행동을 놓고 모호한 내 판단에서 벗어나 가족 체계를 분석하기 시작했을 때 몇 세대에 걸쳐 '버려짐'이라는 분명한 패턴이 나타나는 것을 알게 되었다. 그 후 '아버지가 나를 버렸으니 나는 사랑받을 만한 가치가 없는 존재이다.'라는 생각에 집착하는 대신, 가족 체계에서 제외된 아버지를 거부하거나 판단하는 것을 멈추고 얽힘을 해결할 수 있었다. 이것은 내가 아버지의 행동을 용인하거나 책임을 면해 주었다는 의미가 아니다. 그가 한 일에 대해 그것이 '어떤 의미'인지 덧씌우지 않고 현실을 있는 그대로 받아들였다는 것을 의미한다. 한 개인으로서 나의 가치를 반영한 것이 아니라 가족 체계의 역동으로 그것을 이해했다. 그렇게 함으로써 과거를 잠재울 수 있었다. 과거를 잠재우고 난 뒤에는 더 이상 현재를 등질 필요가 없었다. 더 이상 상처받았다는 이야기에 사로잡히지 않을 수 있었고, 나만의 방식으로 미래를 마주할 수 있었다.

이 부분이 좀 까다롭다는 것은 인정한다. 어쩌면 거의 불가능한 모순처럼 보일 지도 모른다. 가족을 인정하고 가족에 관한 당신의 이야기를 바로잡기 위해서는 가족을 받아들여야 한다. 그들을 품어 안거나 좋아하지는 않더라도 그들이 가족 체계에 속한다는 현실은 받아들여야 한다. 이렇게 하는 것이 사랑의 행위이며, 체계의 온전성을 회복하는 데에도 도움이 되기 때문이다. 체계의 균형이 맞추어지면 사랑의 움직임, 생명 에너지의 움직임은 자연스럽게 미래로 흘러간다.

과거와는 분리될 수 있지만 과거의 가족들과는 분리될 수 없다. 거부가 아닌 진정한 수용을 통해서만 가족과 분리될 수 있다. 과거에 대한 강박적 회상이 아닌 현재의 적극적인 선택을 통해서만 분리될 수 있다. 우리는 과거에 있었던 일과 지금 있는 그대로의 조화를 통해서 우리가 원하는 상태에 도달할 수 있다. 오래된 과거 이야기의 무거운 무게를 뒤로 하고 새로운 이야기를 쓸 수 있을 때, 보다 나은 운명의 길을 따라 내 삶의 온전한 주인공으로 존재할 수 있다.

명상하기: 모든 사람은 자기 자리가 있다.

다음에 제시하는 명상은 가족 체계의 이상적인 질서와 소속에 관한 본능적인 감각을 키우기 위한 것입니다. 여기에서는 당신 삶의 일부이거나 그렇지 않은 가족, 당신이 알고 있거나 알지 못하는 전체 가족에 관해 이야기할 것입니다. 가족은 모두 개성이 있습니다. 당신의 경험이 내가 말하는 것과 차이가 있는 경우에는 그 전형(archetype)을 시각화해 주시길 바랍니다. 예를 들어 할머니의 전형은 지혜로운 여인으로, 이야기꾼으로, 그리고 대모로 상상해 주십시오. 이것은 친부모와 관련하여 특히 중요합니다. 친부모가 아닌 부모를 가진 많은 사람이 있습니다. 입양되었을 수도 있습니다. 부모가 안 계시는 대신 돌봐주신 분이 있을 수도 있습니다. 부모가 정자(난자) 기증자나 다른 방법을 이용했을 수도 있습니다. 이러한 경우에도 여전히 친부모를 포함시켜야 합니다. 그들은 우리 생명의 근원이기 때문입니다.

[참고: 먼저 명상 내용을 처음부터 끝까지 읽어보고 할 수 있다면 스마

트폰이나 다른 장치를 이용하여 명상 내용을 읽어가며 녹음하십시오. 이렇게 하면 다음 페이지에 무엇이 있는지 확인하는 수고로움 없이 명상을 들으며 시각화에 집중할 수 있습니다.]

평화롭고 안정감을 느낄 수 있는 안락한 장소를 찾아보세요. 그곳에 가부좌를 틀고 앉으십시오. 소파나 의자에 앉는다면 바닥에 발을 딛고 앉으십시오. 손바닥을 허벅지 위로 향하게 놓으십시오. 그것은 개방과 수용의 자세입니다.

심호흡을 두세 번 한 후에 눈을 감습니다.

어머니를 떠올리고 왼쪽 어깨 뒤에 서도록 초대하십시오. 어머니의 존재를 느껴보십시오. 다음으로 아버지를 떠올리고 오른쪽 어깨 뒤에 함께 하도록 초대하십시오. 아버지의 존재를 느껴보세요. 이곳이 그분들이 속한 곳입니다. 부모님이 당신 뒤에서 당신을 지지하고 인도할 것입니다. 당신과 그들 사이의 거리를 조절할 수도 있습니다. 편안함을 느끼는 것이 중요하지만 부모님은 당신 뒤에 있어야만 합니다.

이번에는 외조부모님을 떠올려보십시오. 어머니 뒤에 자리하도록 그들을 초대하십시오. 조부모님을 상상하고 아버지 뒤에 자리하도록 그들을 초대하십시오. 다시 말하지만, 어머니 뒤에서 그리고 아버지 뒤에서 당신의 부모님을 지지하고 인도하며, 있는 그대로인 존재로 그들을 사랑하는 그곳이 할아버지와 할머니의 자리입니다.

증조부모님을 시각화하고 조부모님 뒤에 자리하도록 초대하십시오. 그들 뒤로 당신의 조상들이 뻗어나갈 것입니다. 시간을 거슬러 올라가면서 끝없이 이어지는 사슬처럼 전체 가족(조상)이 그곳에 존재합니다. 조상을 통해 당신의 문화적 유산, 생물학적 유산이 흐르고 있습니다. 그 유산들이 품고 있는 모든 사람과 모든 것이 바로 당신 뒤에 있습니다. 이것이 바로 당신의 유산입니다. 이것이 바로 당신의 이야기입니다. 모두가 소속되어 있습니다. 모든 사람이 보이고, 모든 사람이 들리고, 모든 사람이 인정받습니다. 모두가 자기 자리를 가지고 있습니다. 당신이 중요하듯 당신의 자리 역시 중요합니다.

예전의 어린 소년(소녀)이었던 내면 아이와 연결될 수 있는지 살펴보세요. 그 아이는 어디에 있나요? 무엇을 하고 있나요? 아이는 몇 살인가요? 슬퍼 보이나요? 외로워 보이나요? 행복해 보이나요? 그들에게 부드럽게 말해보세요.

"내가 너를 위해 무엇을 할 수 있을까? 어떻게 너를 도와줄까?"

그들의 손을 잡고 부모님 앞에 마련된 자신의 자리로 가세요. 그리고 작은 소리로 내면아이에게 말해보세요.

"내 어린 소년아!(소녀야!) 여기가 너의 자리란다. 여기가 네가 속한 곳이란다. 너는 어머니나 아버지를 돌보기 위해 여기에 있는 것이 아니란다. 너는 너 자신을 돌보러 온 것이란다. 이제부터는 내가 널 돌봐줄게. 나에게 기대도 돼. 날 믿어도 돼. 난 이제 너를 두고 아무 데도 가지 않을 거란다."

만약 손위 형제자매가 있다면 당신의 오른편에 함께 하자고 요청해 보세요. 형제자매는 같은 세대이기 때문에 당신 뒤에 있지 않고 옆에 설 것입니다. 만약 손아래 동생이 있다면 그들에게 당신의 왼편에 같이 있자고 부탁해 보세요. 혼합 가정의 형제자매도 포함하세요. 만약 당신의 어머니가 유산했거나 낙태한 사실을 알고 있다면, 그들도 함께 초대하십시오.

만약 당신에게 계부모가 있고, 계부 또는 계모가 당신에게 중요하고, 당신 삶의 일부분이라면 함께 하도록 그들을 초대하십시오. 계부는 친어머니 옆에, 계모는 친아버지 옆에 서야 합니다. 마찬가지로 만약 가까운 이복형제자매가 있나면 그들을 당신의 다른 형제자매들과 나란히 서도록 초대할 수 있습니다.

이제 내면 아이의 손을 잡고 망설이지 말고, 몇 걸음 앞으로 나아가 보세요. 당신의 운명이 당신 앞에 있습니다. 가족들이 바로 뒤에서 당신을 응원하고 안내하고 있다는 것을 알고 운명을 향해 걸어가세요. 그 운명을 받아들이고 기쁘게 맞이하세요.

만약 사랑하는 사람이 있다면 그 사람을 떠올리고 함께 하자고 초대해 보십시오. 만약 당신이 여성이라면 남성은 여성의 오른쪽에 서게 하고, 남성이라면 여성은 왼쪽에 서게 합니다. 만약 동성 커플이거나 이

성애 커플이라면 파트너를 오른쪽이나 왼쪽 중 더 선호하는 쪽에 서게 할 수 있습니다.

마지막으로 자녀가 있다면 그들을 당신 앞에 서도록 초대하십시오. 다시 말하지만, 유산되었거나 낙태된 아이도 포함하십시오. 왜냐하면 모두 소속되어 있기 때문입니다. 당신은 그들을 보호하고 인도하며, 있는 그대로 사랑하기 위해 최선을 다할 책임이 있습니다.

사랑받고 있다는 느낌으로 깊이 자리를 잡고 과거로부터 오는 힘과 현재의 삶에 대한 깊은 애정을 느껴보십시오. 당신은 소속되어 있고 자리가 있습니다. 가족 구성원들도 모두 자신의 자리가 있습니다. 이것이 가족 체계의 아름다움입니다. 당신은 에너지를 충전하기 위해 언제든 조상들께 기댈 수 있습니다.

몇 분만 더 시간을 두고 당신의 유산과 깊은 연결을 느껴보세요. 당신은 온전하고 완전한 존재이며, 이것이 바로 다음 세대에 물려줄 선물입니다. 이 모든 새로운 세대와 함께 하는 것은 더 잘 살고, 더 많이 사랑하며, 더 많이 존중하고 더 많이 받아들일 수 있는 또 다른 기회입니다.

당신이 준비되었다고 느낄 때 아주 천천히 그리고 부드럽게 눈을 뜨십시오.

연습

'우리가 있기에 내가 있다' – 체계적으로 생각하는 사람 되기

'우리가 있기에 내가 있다.'로 번역되는 우분투(Ubuntu)는 상호연결성을 강조하고 존중하는 신념이자 가치 체계이며, 일련의 실천 방식이자 세상의 존재 방식입니다. 데스몬드 투투 대주교[6]는 우분투에 대해 다음과 같이 기술하였습니다.

"우분투를 가진 사람은 타인에게 개방적이고 유용한 존재입니다. 또한 다른 사람을 긍정하며, 유능하고 선한 다른 사람에게서 위협을 느끼지 않습니다. 왜냐하면 자신이 더 커다란 전체에 속해 있음을 아는 데서 오는 적절한 자기 확신이 있기 때문입니다. 다른 사람들이 고문을 당하거나 억압당할 때, 또는 다른 사람들이 창피를 당하거나 위축될 때 그들 자신도 위축되는 것을 느낍니다."

버트 헬링거는 남아프리카의 줄루족과 함께 일하면서 범아프리카 철

6 Desmond Mpilo Tutu: (1931.10.~2021.12.) 남아프리카 공화국 성공회(Anglican Church of South Africa)의 대주교. 인권운동가로 인종차별정책 반대운동의 상징적 인물이다. 노벨 평화상 수상자, 평화 운동가.

학을 처음 접했습니다. 그리고 그것은 그가 하는 일에 깊은 영향을 주었습니다. 가족세우기에서는 우리를 더 큰 전체의 일부분으로 끊임없이 인식하게 하고, 세대를 이어 상호 연결된 가족 구성원의 집합으로 보게 합니다. 이러한 시각을 '체계적 사고', '체계적 관점', '네트워크화된 인식방법' 등으로 다양하게 부릅니다.

중요한 것은 특히 관습적인 미국식 사고방식을 포함해서 당신이 엄격한 개인주의를 강조하도록 평생 훈련받은 사람이라면 이러한 사고방식을 실천하는 것은 고사하고 받아들이기조차 매우 어려울 것입니다. 습관을 되돌리는 데는 시간이 필요합니다. 새로운 사고방식을 하루아침에 배울 수는 없습니다. 체계적 사고의 근육을 축적하는 데에는 헌신과 시간과 연습이 필요합니다. 그러한 근육을 만드는 가장 좋은 방법으로는 '매일매일 상호연결성'에 가깝다고 생각하는 행동을 실천하는 것입니다. 이것은 자기중심에서 벗어나서, 지금 있는 바로 그 자리에서 시작하는 것을 의미합니다. 이것은 일상생활에서 친사회적 행동을 할 기회에 집중하는 것과 우리가 이미 상호연결성을 경험했던 방식을 찾아보는 것을 통해서 실천할 수 있습니다. 우리 주변의 모든 상호연결성을 살펴보고 실천할 수 있도록 스스로 훈련하기 시작하면 가족을 상호 연결된 체계로 받아들이기가 훨씬 더 자연스러울 것입니다.

다음은 공감, 감사, 친절에 바탕을 둔 상호연결성을 일상에서 실천할 수 있는 아이디어들입니다. 자신에게 알맞다고 생각하는 방식을 혼합해서 사용할 수 있습니다. 중요한 점은 실천해야 할 과제 목록이 아니라는 점입니다. 상호연결성은 부담스럽게 느껴지지 않아야 합니다. 상호연결성이란 원래 자연스러운 것이기 때문에 자연스럽게 느껴져야 합니다. 이 연습은 단순히 상호연결성을 알아차리게 함으로써 결국 그러한 유리한 지점에서 행동하는 것이 천성처럼 자연스러워지게 하는 데 있습니다.

아무 방해 없는 야외로 나가기: 자연은 모든 사람이 속한 가장 위대한 체계입니다. 특히 자연은 인간과 서로 교감합니다. 헤드폰을 착용하지 않고 걷는 것이 안전하다면 날씨와 상관없이 매일 산책하기를 강력히 추천합니다. 이상적으로, 산책의 유일한 목적은 단지 걷는 것입니다. 약 30분 정도 걷기가 좋습니다. 시간이 좀 더 있다면 더 걸어도 좋습니다. 만약 당신이 자연의 아름다움을 쉽게 접할 수 있는 지역에 산다면 더할 나위 없겠지만, 그것도 필요 없는 것이 자연은 우리 주위에 어디든 존재하기 때문입니다. 물론 매일매일 아름다운 것은 아니지만 말입니다.

걷는 동안 자신의 몸과 신체가 주변 세계와 접촉하는 것에 주의를 기울여 보세요. 얼굴과 피부에 닿는 공기를 느껴보세요. 그것이 시원한지, 더운지, 눅눅한지, 건조한지. 어떻게 느껴지나요? 주변 소음에도 귀 기울여 보세요. 무슨 소리가 들리나요? 무슨 냄새가 나나요? 배기가스 냄새? 축축한 흙? 뜨거운 콘크리트 냄새? 짠 소금물 냄새? 무엇이 보이나요? 걷는 동안 마주하는 추하거나 아름다운 모든 것들을 보세요. 특히 보도를 뚫고 올라오는 잡초나 이웃의 정원처럼 자연과 인공이 함께 어우러진 곳을 바라보십시오.

만약 말없이 산책하는 것이 괜찮다면 다른 사람과 말없이 산책해 보는 것도 참으로 멋진 경험이 될 것입니다. 산책이 끝나고 두 사람이 경험한 것을 이야기해도 좋습니다. 강요된 침묵은 친밀감을 높이고 상대에 대해 알게 하는 아름다운 체험입니다. 그것은 침묵을 채우려는 습관을 깨고 숨소리, 발소리, 그리고 재킷의 옷감 부딪는 소리 등 상대방의 존재에 대해 진정으로 알아차리게 합니다.

영성과 연결하기: 영적이라고 해서 꼭 종교적일 필요는 없습니다. 적어도 내가 정의하는 방식은 그렇습니다. 무신론자이거나 불가지론자 또는 아무것도 믿지 않는 사람도 있습니다. 영성이란 자기 자신보다 더 큰 무엇의 일부가 되는 느낌입니다. 경외감을 경험하거나 창조의 불꽃과 접촉하는 느낌 등을 의미합니다. 물론 매일은 아니지만 일상에서도 충분히 경험할 수 있습니다. 영성과 연결될 때 우리는 초월을 경험합니다. 만약 당신이 종교를 믿는다면 당연히 사찰, 교회, 유대교 회당 또는 모

스크에서 이것을 경험할 수 있습니다. 앞서 언급한 경우와 같이 야외로 나가 경외심을 경험할 수도 있습니다. 황혼을 보는 것은 매우 효과적입니다. 하지만 일상에서의 경외감은 예술을 통해 인간 정신의 초월을 경험할 때 종종 찾아옵니다. 한 곡의 음악, 한 구절의 글, 한 편의 그림이나 조각 등 예술을 경험할 때 우리는 시공을 가로질러 다른 영혼과 연결되는 마법을 경험합니다.

매일 시간을 내어 감동적인 노래를 듣거나 소설 한 단원을 읽어보세요. 진심으로 하루 일정에 그것을 포함해 보세요. 그러한 시간을 할당하고 계획을 세워보세요. 감상하기 전이나 후에 그 작품 너머에 있는 사람에 대해 진심으로 생각해 보십시오. 매일매일 경외심을 경험하지 않을 수도 있지만 아무것도 홀로 고립되어 존재하지 않는다는 사실을 기억할 것입니다. 비록 일상 활동은 아닐지라도 라이브 쇼나 콘서트, 박물관 전시 그리고 연극 공연 등은 예술가나 관객들 그리고 그 모든 것에 생명을 불어넣는 인간 정신과의 상호연결성을 경험할 놀라운 기회입니다.

무엇이라도 하기: 자원봉사 활동은 물론 훌륭한 일이지만 활동을 시작하기에 많은 장애가 있을 수 있고, 시간도 많이 소요됩니다. 방관자 개입 훈련은 일상생활에서 괴롭힘을 목격할 때 직간접적으로 안전하게 상황을 완화하거나 개입하거나 경로를 바꾸는 방법을 배울 수 있는 훌륭

한 자원입니다. 방관자 개입 훈련을 통해 그 자리에 얼어붙어 있는 대신 다른 누군가를 옹호하거나 상호연결성을 행동으로 실천할 힘과 능력을 키울 수 있습니다. 하지만 소소한 일상에서도 선한 행동에 참여할 수 있습니다. '어떻게 하면 이런 경험으로 다른 많은 사람을 더 잘 도울 수 있을까?'라는 질문을 스스로에게 하면서 말이죠. 대중교통을 이용할 때 자리를 양보할 수 있나요? 내 앞에 다른 차량이 끼어들도록 허용할 수 있나요? 느리게 움직이는 대기 줄에서 인내심을 가질 수 있나요? 부득이한 상황과 관계없이 서비스 직원이나 고객 지원 담당자에게 공손하게 대할 수 있나요? 스스로에게 질문해 보세요. 권한이 아예 없거나 적은 이런 사람들에게 화를 쏟아내는 것이 그들을 기분 나쁘게 만드는 것 외에 무엇을 더 얻을 수 있을까요? 우리가 하거나 하지 않는 모든 일이 타인에게 영향을 미친다는 것을 잊지 마십시오.

개인적인 이야기로 받아들이지 않기: 다른 사람의 불쾌한 행동을 받아줄 필요는 없습니다. 하지만 대부분은 개인적인 공격이 아니라는 것을 기억하십시오. 이것이 상호연결성에 반하는 것으로 보일 수 있지만 실제로는 그렇지 않습니다. 이것은 자신의 에고를 내려놓고, 사람들이 상대를 대하는 방식이나 상황을 인식하는 방식에 영향을 주는 다른 힘들이 작용한다는 사실을 기억하는 것과 관련이 있습니다. 다시 말하지만,

타인이 행하는 무례하거나 해가 되는 행동을 용인하라는 의미가 아닙니다. 그것이 흔히 있는 낮은 수준의 짜증이나 결례일 때는 굳이 그들과 맞서거나 대응하지 않아도 된다는 것입니다. 심호흡을 한 후에 의식을 몸의 중심에 집중해 보십시오. 대화를 끝내고 자리를 떠날 수도 있습니다. 자비심을 발휘하거나 공감의 폭을 확장할 수도 있습니다. 그들의 행동을 개인적인 공격으로 받아들이기보다, 그들도 기분에 따라 변할 수 있고 자신만의 패턴에 사로잡힌 한 인간으로 볼 수 있습니다. 이것은 특히 가족 구성원 중 자동적인 반응을 많이 하는 사람과 함께 할 때 유용합니다.

있는 그대로 인정하기

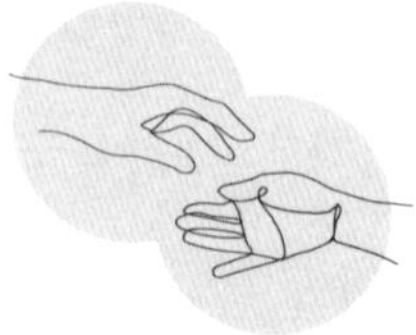

옳은 것과 행복한 것 중 무엇을 선택할 것인가? 이것은 이 책을 읽기 전 스스로 점검해야 할 가장 첫 번째 질문이다. 왜냐하면 그 대답은 틀림없이 '행복'일 것이기 때문이다. 두 가지가 양립할 수 없다는 것이 냉혹한 현실이다. 체계적인 관점으로 전환하면 적어도 절반쯤은 행복할 수 있다. 하지만 아무리 그렇게 하려고 해도 하루아침에 체계적으로 사고하는 사람이 될 수는 없다. 도덕적 판단이 유보된 상태에서 가족 체계의 본질을 파악하는 체계적 사고자가 되는 능력은 현재를 있는 그대로 인정하려는 노력과 실천에서부터 시작된다.

그것이 무엇을 의미하는가? 현실은 그것이 아무리 형편없다 해도 결코 틀리는 법이 없다. 가족세우기 촉진자나 참여자로서 가장 먼저 배우는 것은 자신의 가족을 있는 그대로 인정하고 존중하는 것이다. 다시 말해 당신은 현실을 인정해야만 한다. 누가 가족 구성원인지, 무슨 일이 있었는지, 누구에게 일어났는지, 그러한 사건이나 사람들을 탓하려는 어떠한 의도나 의미도 부여하지 않은 채 인정할 수 있어야만 한다. 그렇게 할 때 우리는 가족 체계의 역동을 이해할 수 있다. 그렇게 했을 때 나는 아버지를 다시 가족 체계로 받아들일 수 있었다. 우리의 신념 체계와 분리된 중립적인 공간인 '도덕적 판단이 유보된' 자리에 서면 옳고 그름을 뒤로 할 수 있다. 이 공간에서는 과거의 일에 관한 이야기에서 벗어나, 사랑과 생명의 에너지로 순수한 사실 그대로 일어난 일을 자유롭게 볼 수 있다.

판단을 포기할 때보다 옳은 사람이 되고자 할 때 해결을 방해하는 장애가 생긴다. 왜냐하면 판단은 체계 내의 역동을 볼 수 없게 하기 때문이다. 판단은 의식적인 마음이 통제권을 가지고 있어야 한다는 욕구에서 비롯된 해석을 전제로 한다. 통제의 욕구는 성장을 거부하는 어린아이 같은 마음이다. 아이들은 삶을 거의 통제하지 못하기 때문에 그들이 통제할 수 있는 것은 무엇이든 붙잡으려 한다. 그들은 변화에 저항하고 전환을 받아들이지 못한다. 문제는 우리 시간의 90%는 여전히 어린아이와 같은 마음으로 생각한다는 것이다. 성인의 치유는 어린아이 같은 마음가짐에서 벗어나 생명 이전의 보다 광범위한 이야기를 이해하는 것으로 인식이 변화할 때 일어난다. 가족세우기는 과거를 부정하거나 이상화하는 대신 받아들이고 존중하도록 장려한다. 부정하거나 이상화하는 것은 모두 통제의 일종이다. 통제는 언제나 저항의 모습으로 나타난다. 깨달음은 우리의 인식을 바꾸어 있는 그대로 현실에 순응하거나 동의할 때 일어난다.

있는 그대로 인정하는 것이 현실을 받아들이고 동의하는 과정이다. 현실을 있는 그대로 받아들이면 우리가 만든 이야기인 옳은 존재가 되려는 욕구에서 한 걸음 물러날 수 있다. 그래야만 판단 없이 단순히 일어난 일의 현실에 동의할 수 있다. 정확히 말하자면 일어난 일이 일어났어야 한다는 것에 대한 동의가 아니라, 단지 그렇게 일어났다는 것에 대한 동의이다. 현실에 동의할 때 현실과 논쟁하는 것을 멈출 수 있으며, 현실을 통제하려 하지 않고 그것을 받아들일 수 있다. 일어난 일에 대해 느끼는 감정에 동의하는 것이 아니다. 과거는 다시 쓸 수 없다는 사실에 대한 동의이다.

우리가 있는 그대로 현실에 동의할 때 실제로는 통제하지도 못하면서 지니고 있었던 영역의 통제권을 마침내 내려놓을 수 있다. 자신이 느끼는 고통이 정당하다는 확인을 받고자 사람들은 너무나 자주 치료실을 찾는다. 어머니가 틀렸다는 것, 상사에게 문제가 있다는 것, 분노를 참는 것이 우리에게 도움이 된다는 정당성을 인정받고 싶어 한다. 그러나 이러한 옳은 존재가 되고자 하는 의도로는 결코 진정한 치유를 얻을 수 없다. 이 욕구는 두려움, 자기 보호, 자신의 정체성이라고 믿고 있는 뿌리 깊은 이야기를 보존하고자 하는 충동에 뿌리를 두고 있기 때문이다. 옳은 존재가 되고자 하는 욕구는 통제 속에 있고자 하는 욕구이다. 모든 이야기에서 자기를 중심으로 놓기 때문에 가족 체계라는 더 큰 그림을 보기 어렵고, 심지어 보는 것 자체가 불가능하다.

있는 그대로 판단 없이 현실에 동의하고 받아들일 때 인식의 명료함을 경험하고 자유로움을 느낄 수 있다. 우리가 가족 체계의 일부분임을 인식할 수 있다면 한 개인의 행동이 독립적으로 이루어진 행동이 아니라 가족 체계의 역동에서 온 것임을 이해할 것이다. 그렇게 할 때, 가족 체계 내에 조상들의 자리를 인정하고, 그들의 소속권을 보장하며 운명을 존중할 수 있다. 또한 묶여 있던 얽힘의 실타래를 풀고 그들의 책임을 그들이 속한 발아래에 맡길 수 있다.

있는 그대로 현실을 인정하는 것은 놀라운 삶의 도구이다. 있는 그대로 현실을 인정하면 그동안 일어났던 모든 것을 고려하게 된다. 그러기 위해 우리는 잠시 멈출 수밖에 없다. 그리고 주관적인 오랜 사고 습관과 자아에 기초한 이기적인 반응을 포기해야만 한다. 그래야 우리와 같은 주관적인 존재가 객관적인 관점에 다가가는 것이 가능해진다. 객관성은 자기 자신으로부터 한 걸음 물러나 다른 사람들을 단지 평등한 존재로서뿐만이 아닌 평등하게 실재하는 존재로 더 잘 이해하게 해준다. 세상에 대한 인식이 자기중심(주관성)으로 집중될 때 다른 사람들은 우리가 삶의 주인공인 영화에서 조연으로 축소된다. 반면 세상에 대한 인식을 외부(객관성) 중심으로 할 때는 다른 사람들도 각각 그들 영화 속에서 주인공이라는 사실을 인정하게 된다. 객관성은 우리를 자기 자신에게서 벗어나 다른 사람을 향해 나아가게 한다. 있는 그대로 인정할 때 더 잘 공감할 수 있다. 이것은 옳고 그른 것이 없다고 주장하는 것이 아니다. 우리가 분별하는 데 있어서 항상 최고의 중재자가 아니라는 것을 상기시켜 준다. 다른 사람들 또한 '옳다'고 믿는 그들의 관점을 그만큼 열정적으로 받아들인다. 하지만 많은 경우 어느 쪽도 증명하기는 어렵다.

가족 내에서 이러한 공정한 견해는 우리의 시야를 넓혀준다. 이를 통해 삶에서 일어나는 사건뿐만 아니라 과거 조상들의 사건과 그 사건의 영향력도 더 명확하게 인식할 수 있다. 우리가 조상의 삶을 증언하고 그들의 운명을 존중할 때 삶의 흐름과 사랑의 움직임을 더 잘 볼 수 있다. 이것은 희생자임을 가정하거나 비난하거나 판단하지 않고도 다양한 경험을 더 잘 볼 수 있다는 것을 의미한다. 이것은 우리에게 인간 경험에 대한 더 넓은 시야를 열어주고, 그들에게서 어떠한 것도 바라지 않고 있는 그대로를 받아들이는 사랑의 자리로 나아갈 수 있도록 힘을 실어준다. 우리는 조상들이 한 일과는 상관없이 그들의 인간성을 인정하고 존중할 수 있으며, 그들의 책임을 그들에게 맡길 수 있다. 우리가 조상들을 위해 이것을 할 수 있을 때, 아무리 그 유산이 어려운 것일지라도 마침내 조상들이 우리에게 물려준 선함과 자원들을 은혜롭게 받아들이고 그 유산의 힘을 발휘할 수 있다.

세우기 문장

나는 내 가족 체계에 속합니다.

있었던 그대로 인정하면 있는 그대로 평화롭습니다.

나는 있는 그대로 동의합니다.

나는 통제권을 내려놓습니다.

나는 내 운명을 받아들입니다.

연습

저항 극복하기

일상생활에서 수용하기를 실천하는 것은 현실에서 더 어려운 일이 발생했을 때 저항을 극복할 수 있도록 돕습니다. 수용하기는 매우 까다롭습니다. 많은 사람이 수용의 의미를 약함, 항복, 포기, 수동성이라고 생각하기 때문에 수용하기를 꺼립니다. 그렇다면 이러한 개념에 정면으로 맞서보겠습니다. 수용하기는 나약한 것이 아닙니다. 수용하기는 불편하거나 고통스러운 현실과 맞서는데 쏟는 커다란 힘입니다. 수용하기는 항복하거나 포기하는 것이 아니라 부질없는 곳에다 에너지를 쏟아붓지 않겠다는 선택입니다. 수용하기란 수동적인 것이 아니라 진정한 주체성을 일깨우는 적극적인 주장입니다. 현실을 거부한다 해도 현실은 변하지 않는다는 사실을 기억하십시오. 또한 수용하기는 무분별한 긍정성에 관한 것이 아닙니다. '어떤 일이 일어날 때는 그만한 이유가 있다.'라는 것도 절대 아닙니다. 그와는 정반대입니다. 그것은 나쁜 일이 일어나더라도 그 이유나 긍정적인 결과가 반드시 있어야 할 필요는 없다는 것을 인정하는 것입니다. 고통은 삶의 일부분입니다. 하지만 그 고통에 맞서서 싸우는 고통까지 더 할 필요는 없습니다. 다음에 제시하는 것은 매일 수용하기를 실천할 수 있는 몇 가지 전략들입니다.

부정적인 감정에 맞서 투쟁하지 않기: 투쟁은 여기서 핵심어입니다. 저항은 투쟁입니다. 부정적 감정인 수치심, 분노, 두려움, 죄책감, 당혹감 같은 감정들을 피하거나 중화시키려 하기보다는 부정적 감정을 지닌 채 그대로 머물러 보세요. 직장에서 실수가 있었나요? 그 당혹감을 느끼도록 그대로 내버려둔다면 어떨까요? 무슨 일이 일어날까요? 당신은 여전히 그 느낌의 반대편에 머무르려 할 것입니다. 그 감정은 당신이 아닙니다. 그것은 순간의 반응이지 평생의 형벌이 아닙니다. 감정에 맞서는 투쟁으로 고통 위에 고통을 쌓지 마십시오.

생각 알아차리기: 교통 체증에 막혀 중요한 약속에 늦게 되었다면, 천천히 심호흡하면서 내면의 이야기에 귀 기울여 보세요. 머릿속에 어떤 생각이 떠오르나요? 재앙이 떠오르나요? 주변 운전자들에 대한 비난의 연속인가요? 아니면 자신을 자책하고 있나요? 다음과 같은 세우기 문장을 이용하여 적극적으로 생각을 전환해 보세요. '짜증스럽고 답답한 상황이지만 지금 당장 내가 할 수 있는 일은 아무것도 없어. 이런 상황이

마음에 안들지만 지금 이대로가 현실인걸.' 인정하기는 허락의 문제가 아닙니다. 현실을 좋아할 것까지는 없으나 인정해야 합니다.

결과에 대한 집착 내려놓기: 목표를 세우고 그것을 달성하기 위해 최선을 다하되, 일단 그렇게 되면 자신이 모든 상황을 통제할 수 없다는 사실을 잊지 마십시오. 결과에 앞서 자신에 대한 가치와 성공과 실패 사이에 있을 수 있는 어떠한 연결도 끊어버리세요. 결과야 어떻든 행복은 결과에 달려 있지 않다는 사실을 기억하십시오.

통제할 수 없는 것에서 통제할 수 있는 것으로 초점 전환하기: 이미 언급했듯이 수용하기는 포기가 아닙니다. 과거는 바꿀 수 없습니다. 하지만 당신이 어떻게 느낄 것인지는 바꿀 수 있습니다. 환경도 바꿀 수 있습니다. 미래도 바꿀 수 있습니다. 했어야만 했던 것, 했으면 좋았을 것 같은 생각들을 모두 놓아버리세요. 파트너가 성실하지 못했다는 사실을 바꿀 수는 없습니다. 우리가 다른 사람을 바꾸거나 통제할 수는 없습니다. 골똘히 되새기거나 원망하고 있거나 상대를 감정적으로 괴롭히기 위해 끊임없이 선하지 못한 행동을 하기보다는, 관계를 끝내기로 선택할 수 있고, 상담을 받아보기로 선택할 수 있습니다. 아니면 선의를 가지고 신뢰를 다시 쌓기 위해 노력할 수도 있습니다.

조상 기리기

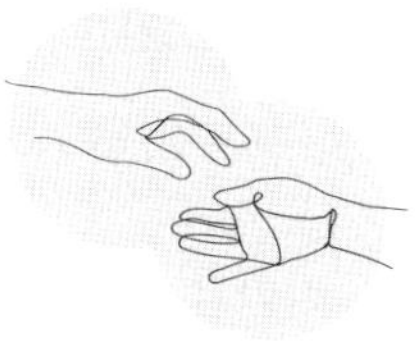

가족세우기 장에는 현재와 과거 사이의 다양한 역동과 얽힘에 관한 많은 이야기들이 존재한다. 얼마나 많이 치유되느냐는 과거를 얼마나 인정하고 받아들이느냐에 달려 있고, 과거로부터 얼마나 적절한 거리를 찾아내느냐와 관련이 있다. 가족 체계에 속한 개인으로서 이것은 가족 구성원의 운명을 받아들이고 존중하는 것을 말한다. 가족 구성원의 운명을 존중한다는 것은 그들을 무조건 찬양한다는 의미가 아니다. 그들의 운명을 존중한다는 것은 그 운명에 대한 마땅한 고려, 즉 적절한 관심을 기울인다는 의미이다. 우리가 조상들의 운명을 존중하게 되면 그들 운명이 곧 우리의 운명이 아니라는 사실을 적절히 인식할 수 있다. 그 운명에 개입하지 않고도 경계를 인식할 수 있다는 의미이다. 존중(respect)이라는 단어는 '뒤를 돌아보다.'라는 뜻의 라틴어 respectus(리스펙투스)에서 유래했다. 그것은 문자 그대로 존중의 대상과 주체 사이의 거리를 의미한다. 우리는 조상의 운명을 있는 그대로 존중하고 그들의 운명이 그들에게 속한 것임을 존중한다. 우리가 조상의 운명이 그들의 것임을 이해할 때 그 운명이 그들의 책임이라는 것 또한 이해한다. 그들의 운명을 그들에게 맡기고 그 짐을 대신 지지 않는다. 과거에 일어난 일을 억압하거나 '다시 쓰려고'도 하지 않는다.

하지만 조상들의 유산과 물려받은 그 유산이 역사라는 더 큰 힘으로 복잡하게 얽혀 있을 때 조상들의 운명을 존중하기란 매우 어려울 수 있다. 우리가 우리 가족 체계에 속하듯 가족 체계 또한 지역 사회, 문화, 국가, 그리고 선대 조상들의 나라와 같이 차례로 더 큰 체계에 속해 있다. 이러한 체계는 전쟁, 폭력, 갈등, 식민지화, 이민, 이주, 그리고 인종적 종교적 박해와 같은 힘에 의해 움직이고 정보를 흡수하며 형성되어 간다. 이 힘에 의해서 우리 조상들은 때로는 대규모 사건의 희생자로, 때로는 가해자로 매우 어려운 운명을 살아왔다.

우리 조상들이 가해자였든 피해자였든 우리는 종종 그러한 과거의 현실에 저항하고 싶을 때가 있다. 어떤 유명 배우가 PBS[7] TV쇼 진행자인 하버드대 교수를 설득해 자신의 가족사에서 노예를 소유한 조상이 있었다는 사실을 삭제하게 했던 일을 기억하는 사람이 있는가? 이메일 유출로 이 사건이 밝혀진 후 이 대스타는 그가 '난감해'했었다고 설명했다. 이와

7 PBS(Public Broadcasting Service). 미국 공영방송.

는 반대로 부모나 조부모가 대량 학살의 생존자였던 내담자와 함께 세우기 작업을 한 적이 있었는데, 집안 어른들은 그들의 경험에 대해 전혀 언급한 적이 없었고 자녀들에게도 이는 매우 금기된 주제였다고 한다. 문제는 우리가 받은 유산의 전체 그림을 거부하거나 억압하게 되면 우리가 어떻게 해서 태어났는가에 저항하게 되고, 모든 복잡성을 포함해서 우리 자신이 누구인지에 대해 저항하게 된다. 아무리 상황이 달라지기를 원한다고 해도 조상들이 어디에서 왔고 무엇을 했으며, 그들에게 무슨 일이 일어났는지는 변하지 않는 사실이라는 것을 기억하는 것은 중요하다. 그러한 사실에 저항한다는 것은 현실을 있는 그대로 인정하기를 거부하는 것이다. 우리의 조상이 누구였고 무엇이 그들을 형성하게 했는지 거부하는 것은 삶 자체를 거부하는 것이다.

우리가 이 모든 복잡성을 가진 현실을 설명할 수 없다면 해로운 패턴을 끊어냄으로써 성장하고 변화할 수 있는 능력도, 미래를 긍정적으로 바꿀 수 있는 능력도 잃게 된다. 만약 그 유명 배우가 조상이 노예를 소유했다는 사실을 받아들였다면 어땠을까? 어쩌면 그는 미국 백인들이 미국의 노예제도라는 유산을 현실적으로 수용해야 할 필요성에 대해 설득력있는 대화로 그것에 저항할 것 같은 청중들(그의 팬들)에게 이야기 했을지도 모른다. 아이러니한 것은 만일 그가 처음부터 개방적이었고 부끄러워하지 않았더라면 편집 지시를 성공적으로 검열했다는 TV 소식이 전해졌을 때 대중으로부터 훨씬 덜 가혹하게 평가받았을 것이라는 점이다. 물론 자신의 가문에 속한 사람들의 부도덕하고 비윤리적인 행동에 대해 부끄러워하거나 당혹스러워하는 것은 당연한 일이다. 우리는 모두 인간일 뿐이다. 하지만 여기에서 다시 한번 상기시켜 주고 싶은 것이 있다. 운명은 언제 어디서 누구에게 태어날 것인지 통제할 수 없다는 점에서 항상 중립적이라는 사실이다. 이것이 있는 그대로 현실이다. 사람의 운명은 인격적 판단의 대상이 아니며 또 아니어야 한다. 다만 그 운명을 지닌 사람이 무엇을 하고 어떤 운명을 추구하는가에 따라 그 사람의 인격이 드러날 것이다.

비록 개별 가족이나 조상이 역사의 더 큰 힘에 의해 직접적인 영향을 받지 않았더라도, 가족 체계는 물론이고 우리 자신도 여전히 그러한 운명의 흐름에 불가피하게 영향을 받는다. 우리는 역사로부터 분리될 수 없다. 진실이 아무리 불편하다 해도 우리는 우리 문화 속에서 살아간다. 우리가 태어난 나라의 역사와 문화는 변하지 않는다. 이것이 있는 그대로 현실이다. 역사의 온전성을 인정하지 않거나 인정할 수 없을 때 역기능적인 역동에 얽히기 쉽고, 그 역기능적 역동을 조상과 함께 영속화할 위험을 떠안게 될지 모른다. 예를 들어 이미 제도화된 인종 차별로부터 혜택을 받으면서도 그 사실을 인정하지 않거나 그것에 대해 방어적이라면 그것이 우리와 우리 문화에 미치는 영향만을 더 깊게 할 뿐이다. 다시 한번 강조한다. 운명은 우리에 대한 인격적 판단이 아니다. 그것은 단지 일련의 사실일 뿐이다. 단지 특정한 체계에서 태어났다고 해서 누구도 본질적으로 나쁘거나 좋은 사람일 수 없다. 체계를 이해할 기회, 있는 그대로를 인정할 기회, 부정적인 패턴을 끊어내고 긍정적인 변화를 만들 기회를 거부할 때 인격에 문제가 발생한다. 역사의 복잡성을 인정하지 않거나 인식할 수 없으면 문화가 우리에게 제공하는 좋은 자원을 놓치게 되고, 활용할 기회조차 얻지 못할 것이다.

타인의 운명을 존중하지 않거나 전쟁과 같이 강요된 힘에 의한 운명의 흐름을 존중하지 않으면 결국 그것을 자기 운명인 양 떠맡게 될지도 모른다. 만약 가족 구성원이 피해자였다면 우리는 과거의 상처를 '복수하기' 위해 차례로 가해자가 되거나 자기 삶에 대한 권리를 포기할지도 모른다. 만약 폭력 가해자의 후손이라면 죄책감이나 수치심을 억누르기 위해 똑같이 현재 나타나고 있는 폭력의 징후를 인정하지 않거나 '회개'하는 행위로 스스로 피해자가 될 수 있다.

그저 있는 그대로를 인정하는 것이 가족 체계를 명확하게 볼 수 있는 첫 번째 단계인 것처럼 우리 문화유산에 무엇이 있는지도 받아들여야만 한다. 여기서 가장 어려운 부분은 식민지화, 노예제도, 대량 학살과 같은 파괴적인 폭력과 정복 행위가 유산에 포함될 수 있는 상황에서 어떻게 도덕적 판단이 중지된 상태에서 그렇게 할 수 있는가이다. 왜 그렇게 해야만 하는가? 어떤 것들은 명백히 사악하고 나쁘고 부도덕하고 비윤리적이고 엉망진창인 것들이다. 도덕적 판단을 유보해야 한다는 것은 도덕성을 부정해야 한다는 뜻이 아니다. 옳고 그름은 실재한다. 그것이 중요하긴 하지만 우리의 문화적 유산에서 일어났던 모든 일, 심지어 가장 추악한 부분까지 포함하는 모든 일을 설명하기 위해서는 옳고 그름을 일시적으로 접어둘 필요가 있다는 것이다. 내가 힘주어 강조하는 것은 일시적으로 그렇게 하자는 것이다. 그렇다면 왜 일어난 일과 도덕적 판단을 따로 떼어 놓아야 할까? 왜냐하면 이러한 범주는 자연스럽게 포용하는 것(옳음)과 배제하는 것(그름), 소속(옳음)과 제외(그름)를 만들기 때문이다. 이것이 무슨 의미인가? 뇌가 특정한 것들을 이미 '그른 것'으로 거부하고 있는 상황에서 모든 것을 고려한다는 것은 불가능한 일이다. 일어난 일에 대해 충분히 설명하기 위해서는 이러한 범주들을 일시적으로 접어두어야 한다. 그것이 아무리 받아들이기 어려운 것일지라도 한 나라의 구성원이나 각각 조상의 운명으로 인정하고 존중할 수 있어야 한다. 조상의 운명을 존중할 때만이 비로소 개인적이고 문화적인 모든 차원에서 진정으로 자신의 운명을 받아들일 수 있다.

과거는 바로잡을 수 없다. 우리는 단지 과거를 인정하고 자신으로부터 그 패턴을 끊어내려 노력할 뿐이다. 거시적 관점에서 볼 때, 만약 이것을 할 수 없다면 인종 차별, 외국인 혐오, 그리고 계급주의와 같은 배타적이고 억압적인 관행을 지지하는 체계적 신념을 영구화하게 될 것이다. 개인적 관점에서는 내가 누구이며 할 수 있는 것이 무엇인지에 대해 제한적인 이야기에 갇히게 될 것이다. 조상의 운명을 존중할 때 우리 기원 이야기를 바라보는 관점을 바꿀 수 있다.

나의 흑인 내담자와 유대인 내담자 중 일부는 조상들의 운명과 복잡하고 다중적인 문화적 유산에 관해 이러한 관계를 이미 보여주고 있었다. 그들은 노예제나 홀로코스트(Holocaust)[8]의 잔혹한 역사에 저항하기보다 그 현실에 동의하고 이러한 잔혹한 행위의 가해자들을 체계적 관점에 포함시켰다. 이런! 방금 내가 가해자들을 그들의 체계에 포함시켰다고 말했는가? 그렇게 한다는 생각만으로도 그 문장에 순간적으로 상렬한 거부감을 느낄 수 있다는 것을 안다. 왜 그들은 그들의 체계에 대량 학살 행위자들을 포함시켰을까? 첫째는 그들이 '원해서'가 아니다. 그들은 자신에게 해를 끼친 사람들이 포함되기를 원하지 않는다. 대신 그들은 조상들의 삶이 그들을 해친 사람들의 삶과 어떻게 교차했으며, 그 결과로 그들의 삶을 영원히 변화시켰던 피해자와 가해자 간 운명의 상호연결성을 이해한 것이다. 그들은 현실과는 논쟁할 수 없으며, 그들의 타고난 권리인 풍부한 유산으로 이어지는 일련의 연계된 사건들과

8 Holocaust: 나치의 유대인 대학살.

사람들이 있었다는 것을 안다. 그리고 기본적으로 조상들을 희생자로 보지 않고 생존자로 본다. 그들은 조상들을 지략, 창의성, 지성, 믿음 등 아름다운 인간적 자질을 바탕으로 다른 사람들이 강요하려 했던 운명을 견뎌내고 살아남은 사람들로 본다. 따라서 그들은 가해자를 얼굴 없는 악의 대리인으로 보지 않는다. 오히려 그들을 우리 중 인간의 최악을 보여주는 결함이 있는 인간으로 이해하며, 이들로부터 사람들이 악을 저지르는 이유에 대해 불편하긴 하지만 깊은 진실을 배울 수 있는 것으로 이해한다.

이러한 내담자들은 그들의 가족과 문화로부터 이전 세대의 운명을 기리는 동시에 조상들로부터 힘을 끌어내는 '초기 훈련'을 받는다. 이 이야기는 끈기와 회복력, 그리고 생존력의 형태로 모든 역경에 맞서왔던 인내를 묘사하는 가족의 기원 이야기에서 비롯된다. 이러한 기원 이야기는 내담자들에게 변화를 옹호하고 활동가로 일하며, 포용적인 현재와 미래를 구축하는 데 필요한 에너지와 신념을 제공한다. 타인에게 범죄를 저지른 가족이나 그 후손 내담자의 경우에도 수치심이나 부정과 같은 가치판단 없이 이러한 현실을 고려할 수 있을 때, 즉 있었던 그대로 조상들과 이러한 역사를 더 이상 저항없이 가족 체계에 포함시킬 수 있을 때, 그들은 부담을 느끼기보다 가벼워진다. 이 가벼움은 실제로 그들이 근본적으로 포용적인 현재와 미래를 위해 싸우는 일을 자유롭게 할 수 있도록 해준다. 왜냐하면 그들이 진실과 마주했을 때 무엇을 보게 될 것인지 더는 두려워하지 않기 때문이다. 진실을 거부할 때만이 그 사실이 그들에게 반영된다는 것을 그들은 깨닫는다. 두 경우 모두 피해자와 가해자 간 유대는 끊어진다.

내가 거주하는 곳이자 일하고 있는 미국은 기본적으로 모든 사람이 이민의 혈통을 가지고 있다. 비록 그러한 여정이 얼마나 최근에 이루어졌는지는 사람마다 매우 다양하지만 말이다. 나는 그러한 다채로운 이민 이야기를 가진 사람들과 함께 작업한다. 그들은 이민자들, 1세대 미국인들, 그리고 조상들이 여러 세대에 걸쳐 이곳에 살았던 사람들이다. 그중에는 물론 모계와 부계의 혈통이 완전히 다른 문화유산을 대표하거나 조화를 이루기 어려운 상충하는 문화유산을 가진 내담자들도 있다.

내담자 메리는 1세대 미국인이었는데 백인인 아버지는 독일 출신이었고, 어머니는 아프리카계 카리브해 과들루프 출신이었다. 우리는 자연스럽게 프랑스어와 영어를 자주 섞어가며 세우기를 진행했다. 그녀는 독일어도 할 수 있었다. 대부분 이민자의 자녀들은 세 가지 언어에 능통한 똑똑한 아이들이었는데 메리 역시 그랬다. 그녀의 부모님은 1980년초 콜롬비아 대학에서 만났으며, 반인종차별 시위에 참여하면서 사랑에 빠졌다. 그리고 곧 태어날 혼혈인 자녀를 위해 독일이나 과들루프에 정착하기보다는 아이가 가장 잘 적응할 수 있으며, 최고의 기회와 최고의 직업을 가질 수 있다고 생각한 뉴욕에 머물기로 마음먹었다. 메리는 독립적이었으며 자신감 있게 자랐다. 그녀는 11세에 이미 혼자서 지하철을 타고 다니는 진정한 뉴욕 시민으로서 전 세계에 친구를 가진 아이였다. 그녀가 아동기일 때 외가 쪽 사람들 대부분은 뉴욕으로 이주했다. 독일에서 함께 여름을 보낸 분들은 사랑하는 친가 쪽 조부모였다. 그녀는 부모의 양쪽 가족 모두와 깊은 유대를 가졌을뿐만 아니라 미국 문화권 내에서 흑인들과도 유대가 깊었다. 그것은 프랑스계 카리브인이었던 어머니의 정체성과는 현저하게 다른 특징이었다. 내가 메리를 만났을 때 그녀는 30대였고 10년 이상의 경력을 가진 성공한 화가로 주요 갤러리에서 전시회를 개최하며 활동하고 있었다.

하지만 메리가 나의 연구실에 나타나던 날, 그녀는 거의 1년 동안 새로운 작품을 그리지 못하고 있었다. 경력에 크게 영향을 줄 만한 창작의 잠재적 침체기였다. 나는 곧 메리와 각별한 사이였던 친할아버지가 1년 전 돌아가셨으며, 그녀가 아직도 여전히 할아버지를 그리워하고 있다는 사실을 알게 되었다. 메리의 슬픔은 복잡했다. 할아버지의 장례를 치르기 위해 독일에 머무는 동안 할아버지가 히틀러 청년단의 일원이었다는 사실을 알게 된 것이다. 중학생 시절 유대인 역사박물관(유대인 대학살에 관한 살아있는 기념관)으로 견학을 다녀온 그녀는 아버지에게 전쟁과 그 당시 조부모님의 삶에 관해 두려움에 떨며 물어보았다.

“할아버지와 할머니는 나치였나요?”

“뭐라고? 아니야. 할머니 할아버지는 그냥 평범한 사람이었어. 그리고 너무 어려서 전쟁에 나가 싸울 수도 없었단다.”라고 아버지는 말했다.

그게 전부였다. 두 사람은 두 번 다시 홀로코스트에 관해 이야기하지 않았다. 메리는 그것을 대수롭지 않게 여겼다. 어찌 됐든 아버지는 흑인 여성과 결혼해서 흑인 자녀를 낳았고, 할아버지와 할머니는 손녀를 몹시도 사랑했었다.

하지만 새로 알게 된 할아버지 이야기는 그와 그녀 자신에 관해 지금까지 알고 있었던 모든 것을 혼란에 빠뜨렸다. ‘할아버지는 처음부터 정말 백인 우월주의자였던 걸까?’ ‘아빠의 부모님이 수백만의 사람들을 죽음에 이르도록 적극적인 역할을 했던 것은 아니었을까?’ ‘할아버지는 정말로 손녀에 대해 어떻게 생각했을까?’ 물론 할아버지에게 물어볼 수도 없었고, 할머니 역시 살아계시지 않았다. 아버지는 전혀 모른다고 했다. 그녀는 몹시 부끄러움을 느꼈다. 처음으로 독일인으로서의 정체성을 느꼈다. 이전에는 독일 출신이라는 사실이 자신과 전혀 관련이 없다고 생각했었다. 아버지가 백인의 특징을 물려주었지만, 그녀는 미국인이었다. 이제 그녀는 죄를 지었고 흠이 있으며, 범죄에 연루되어 있는 것처럼 느꼈다. 아버지는 물론 친가쪽 사람들과 독일어로 말하는 것도 그만두었다. 그리고 그녀의 유대인 친구들에게 할아버지에 관해 강박적으로 이야기하기 시작했다. 이상하고 어색했다고 그녀가 말했다. 친구들은 마치 자기들에게 무언가를 요청하는 것 같아서 불편하고 혼란스러워하는 것 같았다. 가까운 친구 중 한 명은 "나는 네가 무엇을 원하는지 잘 모르겠어. 내가 너를 용서해야 하니?"라고 말했다고 한다. 메리는 알지 못했다. 무엇보다도 좋지 않았던 것은 그녀가 흑인이라고 주장할 만한 아무런 권리가 없는 사기꾼처럼 느껴졌다는 것이다. 노예였던 선조들은 과들루프 사탕수수 농장에서 일했었다. 메리는 비록 혼혈이었지만 그녀의 백인 조상 중에는 아무도 노예를 소유한 사람이 없다는 사실에 항상 위안을 삼았었다. 그들은 심지어 프랑스인도 아니었다. 그들은 바바리아(바이에른)에서 그들의 일에만 열중하며 살았기 때문에 '나쁜 사람들'이 아니었다. 그러나 지금 그들은 나쁜 사람들이었으며 그녀는 그런 그들을 사랑했다.

과거 메리는 항상 인생의 어려운 시기를 예술에 의지하여 극복해 왔고, 예술을 통해 그녀 자신과 세계를 이해했었다. 그녀는 나치의 유대인 대학살(Holocaust)과 과들루프 노예들의 역사에 관한 책을 강박적으로 찾아 읽기 시작했다. 화해를 위한 방편으로 그림을 그리고자 했으나 그 그림들은 강요된 것처럼 힘들고 부자연스럽게 느껴졌다. 그녀는 그 어느 하나도 이해할 수 없었다. 그림을 그릴 수도 없었다. 아버지와는 연락을 끊었다. 뉴욕 북부로 이사한 부모님 댁도 더 이상 방문하지 않았다. 미술관 운영자의 요청에도 응하지 않았다.

메리와 나는 현실을 받아들이는 작업부터 시작했다. 그녀는 절대 '답'을 알지 못할 것이기 때문이다. 이것은 메리에게 특히 중요했다. 그녀는 할아버지에 관한 '진실'을 결코 알지 못할 것이다. 그녀가 알고 있는 것은 드러난 사실이 전부였다. 할아버지는 히틀러 청년단의 일원이었으며, 그녀가 기억하는 한 할아버지는 전쟁에 대해 한 번도 언급한 적이 없었다는 것이다. 그렇지만 그는 의심할 여지 없이 그녀를 사랑했었다. 사실 그는 가족 중 그 누구보다도 그녀를 잘 이해해 주었다. 그녀가 예술을 하도록 격려해 준 것도 바로 할아버지였다. 메리는 그녀가 할아버지를 얼마나 사랑했는지를 포함해서 그 모든 현실을 받아들여야만 했다. 가족세우기를 진행하면서 메리는 할아버지에게 손을 내밀어 그의 자리로 돌아오도록 했으며 돌아온 할아버지를 환영했다.

"저는 절대 할아버지의 이야기를 알지 못할 거예요."라고 메리는 할아버지 대리인에게 말했다.

"있는 그대로 할아버지의 사랑을 받아들입니다."

메리가 있는 그대로 현실을 받아들이자 마음이 한결 편안해지면서 다시 아버지와 이야기를 시작할 수 있었다. 그동안 아버지는 의도적으로 전쟁에 대해 조부모에게 묻는 것을 피해 왔다는 사실을 인정했다. 그는 알고 싶지 않았다.

북부 지역을 방문하는 동안 메리는 어머니와 깜짝 놀랄 만한 대화를 나누었다. 메리가 자신이 겪은 일을 이야기하는 동안 어머니는 그녀의 손을 잡고 말했다.

"메리야, 우리 안에도 프랑스인의 피가 흐르고 있단다."라고 하면서 할머니로부터 전해 들은 '여성들의 이야기'를 고심 끝에 들려주었다. 할머니가 어머니에게 들려준 어머니로부터 딸에게로 전해 내려오는 선대 여성들과 프랑스인 주인과의 관계에 관한 이야기였다.

"나는 그것에 대해 생각하고 싶지 않았단다."라고 어머니가 말했다.

메리는 부모님이 일부러 자신을 순진하게 키웠다는 것을 깨달았다. 그들은 일부 가족 역사에 대해 매우 불편해했으며 메리를 보호하고 싶어 했다. 메리는 자신을 보호하려는 부모님의 욕망이 그녀를 보호받는 사람으로 만들었음을 알았다. 그녀는 예술가였음에도 불구하고 정치에 대해, 여행(독일에서 과들루프를 방문하는 것 외에는)에 대해, 뉴욕시 밖의 삶에 대해서는 호기심이 없었다. 그리고 저명한 두 변호사의 딸로서 자신의 특권에 대해서 이상하게도 관심을 두지 않았다는 것을 알게 되었다. 고통스러운 유산이라는 측면에서 그들과 메리를 보호하기 위해 절대 호기심을 드러내지 않아야만 했던 것이다.

조상들의 운명을 존중하고 기리는 능력이 점점 커지면서 그녀의 호기심도 더불어 피어났으며, 창작력은 만개한 꽃이 되어 돌아왔다. 상업적으로는 성공했지만 다소 진부했던 이전의 풍경화에서 한층 더 도전적인 추상화로 그녀의 작품 경향이 바뀌었다. 이 작품들은 그녀가 항상 열망하던 비평가들의 확실한 평가를 받을 수 있는 것들이었다. 마지막 세션을 원격으로 마친 후, 메리는 자신의 전시장을 둘러보고 싶은지 내 의사를 물었다. 그녀가 불빛을 가득 채운 카메라를 이용해 전시장 공간을 이리저리 비춰주었을 때, 나는 구석에 작은 제단처럼 보이는 곳에서 유칼립투스로 둘러싸인 조그만 어린 소년의 흑백 사진을 보았다.

"저 사람이 우리 할아버지예요."라고 메리가 말했다.

많은 내담자의 경우 그들의 개인적인 문제는 이민이 가족체계에 미친 영향에서 나타나는 역동과 얽힘을 반영한 것들이었다. 고통(가족 체계의 혼란)의 근원에는 분열된 정체성, 충성심, 희생, 의무, 충실성, 그리고 소속감의 문제가 있다. 이러한 맥락에서 볼 때 전체적인 소속감의 개념은 훨씬 더 복잡하고 어렵다.

내가 내담자 트리스탄을 만났을 때 그는 29세였고, 아내의 직장 때문에 잠시 뉴욕에서 살고 있었다. 그는 본래 크로아티아 출신으로 6세 때부터 런던에서 살았다. 크로아티아에서 독립 전쟁이 발발한 지 1년 후 어머니는 그와 형제들을 데리고 영국으로 피난을 떠났다. 아버지는 유고슬라비아군과 싸우기 위해 그곳에 남아 있었다. 트리스탄은 성인이 되어서도 여전히 폭탄 테러와 난무하는 총격이 등장하는 생생한 꿈을 꾸었다. 아버지가 전쟁에서 돌아오긴 했지만, 아버지와 떨어져 지낸 3년이라는 기간은 트리스탄에게 깊은 상처로 남았다. 어린 그는 버림받았다고 생각했다. 전쟁이 끝나고 만난 아버지는 이전과 매우 달라져 있었다.

"아버지의 일부가 사라진 것 같았어요. 아버지는 때때로 멍하니 있었어요"라고 트리스탄은 말했다.

"나는 '진짜' 아빠를 그리워했고, 그 아빠가 언제 돌아오실지 궁금했어요."

가족이 다시 만났을 때 그들은 런던에 영구히 정착했다. 방학 기간에 크로아티아에 있는 가족을 방문하긴 했지만, 그곳으로 돌아가지는 않았다. 20년 이상 영국에서 살았음에도 불구하고 여전히 트리스탄은 그곳에서 이방인 같았다. 나는 그에게 고향인 크로아티아가 언제쯤 편안해질 것 같냐고 물었다.

"아뇨. 그곳은 고향이긴 하지만 편안하지가 않아요."라고 그는 대답했다.

트리스탄이 유일하게 집처럼 편안함을 느꼈던 곳은 그보다 여섯 살 연상이었던 아내와 함께 있는 곳이었다. 35세였던 그의 아내는 지금이 아니면 절대 아기를 갖지 못할 것이라고 생각했다. 트리스탄은 결혼 전 아내에게 아기를 갖고 싶다고 말했었지만 그가 임신을 위한 행위를 계속 거부해 왔기 때문에 나를 찾아왔다. 시간이 흘렀음에도 트리스탄은 여전히 아버지가 될 준비가 안되었다고 강하게 느끼고 있었다. 그는 아내를 깊이 사랑하고 있었고 결혼생활을 놓치고 싶지 않았기 때문에 부모 역할에 대한 거부감을 해소하려고 나를 찾아왔다.

트리스탄은 뿌리가 없다고 느꼈다. 그래서 그는 어떻게 뿌리를 내리고 어떻게 가족을 꾸릴 것인지를 놓고 씨름하고 있었다. 그리고 남자로서 고국과 아버지로부터 무엇을 물려받을 것인지를 놓고 고심하고 있었다. 그에게 이 두 가지는 폭력과 슬픔으로 뒤엉킨 채 깊게 연결되어 있었다. 트리스탄은 알고 있었다. 항상 아이들에게는 온화하고 상냥한 아버지였지만 군인이었고 사람을 죽였을 가능성이 있다는 것을. 전쟁은 트리스탄의 고향을 파괴했다. 건물들을 완전히 쓰러뜨렸고, 도시에는 잔해 더미만 남겨놓았다. 트리스탄에게 있어서 '고향'과 '아버지' 모두 무의식적으로 파괴와 관련이 있다는 것이 분명해졌다. 그는 부모의 민족주의적 유산의 영향과 그의 내면 아이가 가진 두려움 때문에 런던에 정착하기를 거부해 왔다. 그 두려움은 그곳에 정착하면 가정이 파괴될 것 같다는 것이었다. 그는 또한 자신의 남성성을 불편해했는데, 왜냐하면 분노와 화 그리고 남성으로서의 힘을 싸움과 연관시켰기 때문이었다.

우리는 함께 '어떻게 하면 고국이 주는 유산을 받을 수 있을까?'라는 물음에 답을 찾기 위해 트리스탄의 내면 아이 치유 작업을 진행했다. 가족세우기를 진행하면서 트리스탄은 아버지에게 버려졌던 것과 아버지가 집으로 돌아온 후 느꼈던 아빠의 부재에 대해 스스로와 화해했으며, 아버지에게 있었던 그대로 안전한 소속처를 제공했다.

"집으로 돌아오신 것을 환영합니다, 아버지!"

"당신은 있는 그대로 나의 아버지이십니다."라고 세우기 문장을 말했다.

"아버지는 우리의 안전과 자유를 보장하기 위해 당신의 일부를 희생하셨습니다."

그는 또한 어린 내면 아이에게 이렇게 말했다.

"넌 두려워할 게 없단다. 전쟁은 끝났고, 아버지는 이제 괜찮단다. 이젠 내가 널 돌봐줄게."

남성성의 건강한 측면인 지도하기, 모험심, 에너지, 조직화, 헌신을 주제로 명상하면서 그는 긍정적이고 생산적인 본성에도 관심을 가지기 시작했다.

다음 휴가에서 트리스탄은 아내와 함께 크로아티아로 떠났다. 그리고 그녀에게 자신의 대가족을 소개해 주었다. 이전에는 한 번도 해본 적 없던 일이었다. 그들은 3주 동안 그 나라를 여행하면서 그곳의 아름다움을 경험했다. 그것은 트리스탄이 성인이 되어 고국을 방문한 가장 긴 시간이었고, 6세 이후로 크로아티아어를 사용한 가장 긴 시간이었다. 뉴욕으로 돌아가던 길에 그들은 친구들과 가족들을 만나기 위해 잠시 런던에 들렀다. 그곳에 머무는 동안 크로아티아에서 가져온 작은 나무를 집 마당에 심어놓았다. 뉴욕으로 돌아온 트리스탄과 그의 아내는 임신한 사실을 알게 되었다. 임신 2기가 되었을 때 그들은 런던으로 다시 돌아갔다. 그로부터 약 5개월 후 트리스탄은 아들을 출산했다는 소식을 알려왔다. 크로아티아에 여름 별장을 사서 자녀들로 하여금 이중언어를 구사하는 아이로 키우겠다고 했다. 트리스탄의 치유와 기쁨을 지켜보는 일은 정말 기분좋은 일이었다.

이민의 여정뿐만 아니라 그들이 살아온 문화와 국가에 관한 이야기처럼 가족의 더 방대한 이민 서사에 체계적 관점을 적용하면 개별 가족 체계 내의 역동을 더 잘 볼 수 있다. 또한 얽힘이 가족 체계뿐만 아니라 그것이 속한 더 큰 체계와의 관계에서 어떻게 불균형을 반영하는지도 보다 잘 이해할 수 있다. 우리가 조상을 존중할 때 우리만의 방식으로 우리의 정체성을 찾을 수 있다.

우리의 뿌리가 우리 행동에 미칠 수 있는 무언의 영향력은 놀라울 정도이다. 우리 문화와 그보다 더 큰 문화적 유산이 가족 체계의 기반에 자리하고 있다. 국가의 정체성과 민족성 사이의 유사성이 미국보다 더 많은 유럽에서는 뿌리 깊은 문화적 역동으로 얽힘이 발생하는 경우가 많다. 헬링거와 다른 촉진자들의 연구는 가족세우기의 몇몇 명확한 패턴들이 국가 정체성과 관련이 있다는 것을 밝혀주었다. 이탈리아에서는 '엄마'의 중심적 역할이 종종 이성 관계에서 친밀감과 융합의 문제를 일으켰고, 독일에서는 홀로코스트(Holocaust)와 관련된 죄책감과 가해자 불안감이 우울증 문제에 영향을 미친 것으로 알려졌다. 바다에 나가 부재한 아버지와 남아서 가족을 돌보는 어머니를 주제로 한 노르웨이의 '선원 이야기'도 있다. 이 이야기는 남성 무용론에서 비롯된 중독 문제의 배경이 되었다. 또 아일랜드에서는 가족 구성원을 '살아있는 유령'으로 만든 대규모 이민이 많은 가족 체계에서 배제와 얽힘의 문제를 발생시켰다. 물론 모든 가족은 개성이 있다. 단지 특정한 배경 출신이기 때문에 그 지역의 전반적인 역동이 가족에게 영향을 미칠 것이라는 말은 아니다.

일부 내담자들에게는 종교가 가족 체계에 강력한 영향을 미치고 있으며, 심지어 해롭게 작용하기도 한다. 그 결과 그들의 정체성은 종교를 거부하고, 자신을 지탱하는 것이 무엇인지 영혼 수준에서 탐구하는데 쏟아야 할 에너지를 소모하기도 한다. 가족이 종교적 전통을 어떻게 실천해 왔는지 진정으로 인정할 수 있을 때 그들의 에너지는 소모되지 않는다. 다시 말해 가족 체계의 종교적 측면들을 있는 그대로 받아들이고 인정하며 자신의 정체성에 다시 포함시킬 수 있을 때, 그들의 에너지는 더 이상 그것과 맞서 싸우느라 소모되지 않는다. 그러면 종교의 속박으로부터 자유로워지고 원하는 대로 영성을 탐구하며 그것과 자유롭게 연결될 수 있다.

치유 과정을 거치면서 가족 체계의 패턴을 인식하는 능력은 가족 체계뿐만 아니라 가족 체계가 속한 더 큰 체계인 국가와 역사에 관해 있는 그대로를 인식하는 능력을 한층 더 깊게 해주었다. 시간이 지남에 따라 조상들의 운명은 그들에게 속한 것임을 알게 되었고, 그들의 운명을 존중할 수 있게 되었다. 또한 그들의 운명은 훨씬 더 큰 체계의 산물이라는 것을 진정으로 완전히 이해할 수 있게 되었다. 이것은 제외되었던 사람들을 가족 체계로 다시 맞이할 수 있도록 판단이 정지된 자리로 더 쉽게 갈 수 있게 해주었다.

아버지와 아버지 가족에 관한 이야기는 언제나 나에게 수수께끼 같았다. 나는 아버지가 프랑스 리모주에서 프랑스인 할머니의 아들로 태어났다는 것을 알고 있다. 하지만 할아버지는 프랑스인이 아니었다. 그는 독일인이고 프로이센 출신이었다. 아버지가 겨우 2개월 된 신생아였을 때 할아버지는 할머니를 떠났다. 아버지는 27세가 되어서야 할아버지를 처음으로 만났다. 하지만 첫 만남 이후 두 사람은 어떠한 관계도 맺지 않았다. 나 역시 할아버지를 만나보지 못했다. 나는 할아버지와 멀어지기로 선택한 사람이 아버지였다는 것을 나중에 알게 되었다. 심지어 가족 땅을 증여해 주시겠다는 할아버지의 제안도 아버지가 거절했다고 했다.

우리를 떠남으로써 아버지는 결국 자신에게 행해졌던 것과 같은 행동을 자녀들에게 했다. 할아버지에게 버려졌다는 그의 첫 번째이자 가장 깊은 거부의 패턴을 반복함으로써 이것을 가족 체계 내 상속 유산으로 물려주었다. 흥미롭게도 아버지는 우리가 20대가 될 때까지 기다렸다가 우리와 인연을 끊으셨다. 이는 할아버지가 아버지와 화해를 시도했을 때의 나이와 같다.

가족세우기에 몰두하게 되면서 나는 아버지가 어떻게 해서 할아버지의 운명을 대신 살게 되었는지 알게 되었다. 나는 아버지와 할아버지 사이에 얽힘이 있다는 것을 인정했다. 처음에 아버지는 결혼과 아버지 역할을 통해 할아버지의 운명을 '수정'하려고 했었다. 하지만 결국 가족 체계에서 사라진 할아버지의 자리를 메우기 위해 얽혀들었다는 것을 알게 되었다. 이러한 이해를 통해 내가 가지고 있던 부담스러운 이야기인 '나는 아버지의 사랑을 받을 가치가 없다'를 내려놓을 수 있었다. 그리고, '나는 어떤 남자의 사랑도 받지 못하는 사람이다.'라는 내 서사를 확인해 줄 파트너를 찾아 헤매는 패턴을 끊을 수 있었다.

2013년 가족세우기를 통해 아버지와의 관계에 엄청난 노력을 기울인 끝에 편지를 쓰게 되었다. 아버지와 화해할 수 있을지 어떨지 아직 확신할 수는 없었지만, 나로서는 마무리를 짓고 싶었다. 마침내 아버지가 왜 스스로 우리와 멀어지기로 했는지 이해할 수 있게 되었을 때, 더 정확히 말하자면 그 소원함이 나의 잘못이 아니라는 것을 이해할 수 있게 되었을 때, 나는 나의 사랑과 희망을 나타내는 글을 써서 아버지에게 보냈다. 지금까지 아버지와의 관계는 항상 오해 속에서 길을 잃은 것만 같았다. 2년 후 아버지와 나는 뉴욕에서 다시 만났다. 함께 보낸 4일 동안은 평화와 수용으로 가득했다. 우리는 과거에 관한 이야기는 하지 않았다. 오직 현재의 순간과 균형 잡힌 관계를 만들어 줄 이 새로운 기회에만 집중했다.

시간이 지남에 따라 아버지의 가족에 대해 가졌던 모든 궁금증에 대해 질문할 수 있는 공간이 생겼다. 자라면서 항상 꺼내기에는 너무 벅차다고 느꼈던 질문들이었다. 그리고 나중에는 아버지를 비난하고 책망하는 자리에서 묻고 싶었던 "왜 나에게 상처를 주었나요?"와 같은 물음에 답을 찾는 질문들이었다. 이것은 아버지의 빗장을 닫게 했던 질문들이었다. 그러나 우리가 화해한 이후의 질문들은 가족 체계를 더 잘 이해하기 위한 호기심과 지적 갈망에서 비롯된 한층 더 중립적인 것들이었다. 아버지도 이것을 알아차리셨던 것 같다. 그는 전과는 다른 방식으로 대답했다. 하지만 내가 배운 것들은 예상하지 못한 훨씬 더 깊은 치유를 위한 새로운 길을 열어주었다.

부모님은 둘 다 프랑스 출신이긴 했으나 아버지의 가족은 프랑스인이 아니었다. 할아버지는 뮌헨에서 태어났다. 증조부모님은 독일인이 아니라 정확히는 프로이센인이었다. 물론 프로이센은 더 이상 존재하지 않는다. 한때 거대했던 강대국이었던 이 나라는 오늘날 독일의 대부분을 차지했었고, 폴란드의 넓은 영토를 가졌었다. 그러나 제2차 세계 대전이 끝날 무렵 프로이센의 존재는 완전히 사라졌다. 벽에 붙은 글을 보고 다가올 미래를 두려워한 증조할아버지는 전쟁 직전에 유럽을 떠나 아르헨티나로 이민을 택했다. 불행히도 그들은 할아버지가 재학 중이던 리모주의 기숙학교에 그를 남겨둔 채 여동생만 데리고 떠났다. 학기가 끝나면 그를 데리러 올 예정이었다. 하지만 전쟁의 발발로 남아계셨던 할아버지는 프랑스 육군에 징집되어 러시아에 전쟁 포로로 잡힐 때까지 4년 동안 프랑스에서 부모 없이 홀로 지내야만 했다.

전쟁이 끝나고 해방이 되자 할아버지는 고국에서 마지막까지 지냈던 유일한 고향인 리모주로 돌아갔다. 그곳에서 할머니를 만나게 되었고, 그들은 '결혼 전' 아버지를 임신하게 되었다. 동시에 아르헨티나에 계셨던 할아버지의 부모님도 마침내 할아버지를 만나러 올 수 있었다. 하지만 그들은 유럽으로 돌아가지 않았다. 그들이 알고 있던 조국은 말 그대로 사라졌고 전쟁 후 독일은 폐허가 되어버렸다. 할아버지는 할머니에게 결혼해서 부모님이 계시는 아르헨티나로 가자고 부탁했다. 하지만 할머니는 거절했다. 특히 전쟁에서 너무나 많은 재난과 참변을 견뎌낸 후여서 가족이나 조국을 떠나고 싶어 하지 않으셨다. 할아버지는 '고아 같은 삶'을 끝내고 싶으셨는지 아내와 갓 태어난 아들을 뒤로하고 부모님이 계시는 아르헨티나행을 택했다.

이 모든 것을 알게 되면서 마음이 조금 아팠지만 동시에 그것은 더 큰 평화를 가져다주었다. 정치와 전쟁이라는 걷잡을 수 없는 힘에 휘말린 채 어려운 운명 앞에서 제한된 선택으로 고군분투했던 조상들에 대한 이해가 깊어졌기 때문이었다. 그들은 나와 같은 그저 한 인간일 뿐이었다. 문자 그대로 매번 추방되거나, 망명하거나, 고아가 되거나, 이민으로 인해 고향을 잃고 정체성을 상실한 사람들이었다. 나는 이러한 역사적 역동이 어떻게 해서 우리 가족 체계에 옮겨다님(displacement)을 형성하게 했는지 알 수 있었다. 세상에서 영원한 안식처가 없을 것 같은 느낌에 필사적으로 고향을 찾아 헤매면서 때로는 사랑하는 사람들과 자신에게까지 손해를 입힌다는 것을 알게 되었다. 나는 내가 자란 파리를 사랑하고 수많은 여름과 휴일을 보낸 브르타뉴를 사랑한다. 그럼에도 20대에 프랑스를 떠나려는 나의 갈급한 욕구는 이러한 뿌리 없음에서 기인했다는 것을 알게 되었다. 미국에서조차 이미 마이애미에서 캘리포니아로, 다시 마이애미로 그리고 뉴욕으로 옮겨다녔다. 그러나 나는 여전히 적절한 장소에 있다는 느낌을 찾아 헤매고 있었다. 이 역사의 얽힘을 마주하고 나서야 마침내 그것에서 벗어날 수 있었다. 드디어 나만의 안식처를 찾았고 내 안에 안주할 수 있었다.

조상들의 운명을 온전히 기리게 되면서 조상들과 그들의 역사로부터 힘을 끌어낼 수 있었다. 그들의 선택에도 불구하고 그들은 끝까지 견뎌냈고, 그 선택으로 인해 나는 지금 여기에 존재한다. 2020년 코로나바이러스 팬데믹이 뉴욕과 전 세계를 휩쓸고 있을 때였다. 새로운 아파트를 찾느라 수개월간 친구 집에 머물게 되었는데, 그때 선조들의 여정, 조상들의 그 방랑적인 특성을 이해하고 존중해 주었던 것이 나를 지탱해 주었고 믿을 수 없을 정도로 도움을 주었다. 6개월 동안 친구들의 지원에 의지하면서 두려움에 시달리기는 했지만 때가 되면 집을 찾을 수 있다는 것을 알고 있었기에 결코 큰 그림을 놓치거나 희망을 포기하지는 않았다.

조상들을 가족 체계에 포함하면서 그들과 그들의 운명을 존중한 것, 그리고 그들의 책임을 그들에게 맡긴 것은 우리의 과거뿐만 아니라 역사와 문화의 복잡성과도 조화를 이룰 수 있게 해주었다. 우리는 가족 체계에 속해 있고, 그 체계는 차례로 교차하는 더 넓은 체계의 연결망에 속해 있음을 떠올려본다. 진심으로 이 진리를 마음에 간직할 때 우리 가족뿐만 아니라 인류 전체와도 깊이 상호 연결되어 있음을 상기하게 된다.

지금은 그 어느 때보다 상호연결에 대한 자각을 실천하면 할수록 연결의 질을 더 의식하게 된다는 것을 기억할 필요가 있다. 그리고 궁극적으로 집단과 떼려 해도 뗄 수 없는 개인으로서 우리가 맞이하게 되는 경험들은 서로 간 공동의 책임이라는 진실에 더 열려 있다는 것을 기억하자.

코로나바이러스 팬데믹은 사람들 대부분이 처음으로 경험한 진정한 전 지구적 경험이었다. 이것은 우리가 얼마나 깊게 상호 연결되어 있는지를 보여주었다. 그리고 우리의 개별 행동이 지역 사회에 어떻게 파급력을 미치는지, 상호 간의 행복이 얼마나 자신의 선택에 대한 책임과 의무에 달려 있는지도 보여주었다. 동시에 공유된 인간성에 대한 의식도 높아져서 항상 시야에 훤히 보이던 곳에 존재하던 불공정에 대해 더 많은 사람들이 알아차리게 되었다. 마침내 각계각층의 사람들이 조지 플로이드와 브리오나 테일러[9]와 같은 제도적으로 용인된 살인에 대해 외면하지 않았고, 개인 차원에서부터 정부 및 최고 기관에 이르기까지 반인종주의자가 되기 위해 적극적인 노력을 기울였다. 또한 비판적이고 고무적인 흑인 인권 운동인 블랙 라이브스 매터(Black Lives Matter)[10]에 처음으로 동참하기도 했다.

우리는 문화적으로나 역사적으로 매우 긴박한 변곡점에 살고 있다.

---

9 조지 플로이드와 브리오나 테일러: 조지 플로이드는 흑인 남성으로 위조지폐를 사용하려 한다는 신고로 출동한 백인 경찰관이 무릎으로 플로이드의 목을 8분 46초간 눌러 사망한 사람이다. 그리고 자택에서 자던 중 마약 수색을 위해 급습한 경찰의 총탄에 맞아 숨진 흑인 여성 브리오나 테일러 사건으로 두 사건 모두 미국 전역에 반인종차별 시위를 촉발했다.

10 'Black Lives Matter(BLM, 흑인의 생명도 중요하다)'는 아프리카계 미국인에 대한 경찰의 잔인함에 따른 사고에 대항하는 비폭력 또는 폭력적 시민 불복종을 옹호하는 사회적인 움직임을 말한다.

매일 극단적인 정치적 당파주의, 인종 차별, 외국인 혐오, 기후 변화의 위협, 총기 사고의 증가 그리고 때때로 공유되는 고통스러운 역사의 반향과 씨름하며 살고 있다. 우리는 그 어느 때보다도 진정으로 연결되기를 원하고 있고 공유된 인간성을 확인하고 싶어 한다. 우리 정체성의 뿌리를 탐구하고 싶어 하고, 간절히 과거를 치유하고자 한다. 그리하여 모두에게 포용적이고 고무적인 새로운 미래 비전을 창조하기 위해서 말이다.

체계적인 관점을 취하는 것은 이러한 갈망을 달성하고 유지하는 데 도움이 된다. 우리 자신부터 시작할 수 있다. 우리가 그 일을 하면서 능력을 발달시키면 우리만의 이야기를 결정할 진정성과 힘뿐만 아니라, 다른 사람들이 속한 체계의 더 큰 맥락 안에서 그들을 볼 수 있는 힘과도 연결하게 된다. 우리의 삶만큼이나 다른 사람들의 삶에 대해서도 보다 더 복잡하고 다양하며 깊이 있게 바라보는 시각을 얻을 수 있다. 삶의 풍요로움을 받아들이고 그 복잡성에 저항하기보다 수용함으로써 삶 자체가 덜 협소해지고 모두에게 열릴 가능성은 훨씬 더 커진다.

세우기 문장

나는 나의 운명을 살아가는 동안
우리 조상들의 운명을 존중할 것입니다.
나는 내 나라의 과거의 도전과 아픔을
축복으로 받아들입니다.
그리고 그러한 축복과 함께 살아갈 것입니다.
내 나라의 역사를 알고 있기에
나는 다음 세대를 위한 전달자가 될 수 있습니다.

연습

조상 기리기

조상들이 어디에서 왔는지 당신은 알고 있나요? 조상을 존중한다는 것은 그들의 역사와 문화에 의해 형성된 그들의 경험을 존중하는 것을 의미합니다. 조상의 문화, 국가, 역사를 기린다는 것은 성 패트릭 데이[11]를 맞아 아일랜드인 흉내 내기를 하는 것이 아닙니다. 그것은 조상들이 살아온 삶을 증언하는 것이고, 음식, 예술, 음악, 언어 그리고 이야기를 통해 그들의 유산을 공유하고 기념하는 것입니다. 조상들이 어디에서 왔는지 알지 못한다면 가까운 가족 친지에게 묻는 것에서부터 시작할 수 있습니다. 만약 정보를 제공할 가족이 없다면, '가족 찾기' 앱이나 조상 찾기 앱을 이용할 수 있습니다. 조상을 이미 알고 있거나 일단 알게 되었다면 그곳에서 지금 당신이 있는 위치까지 경로를 확인해 보세요. 구두로 전해진 것, 공유된 증언, 전문가와의 인터뷰 또는 자신과 비슷한 배

11 성 패트릭의 날(Saint Patrick's Day)은 3월 17일로 아일랜드의 수호성인이자 영국과 아일랜드에 기독교를 전파한 성 패트릭(386년~461년)을 기념하는 날. 이날은 초록색 옷을 입고 거리로 나와 아일랜드의 문화와 정체성을 축하하는 전통 축제일이다.

경을 가진 누군가와 이야기하는 것만으로도 지금 바로 이 연습을 실천할 수 있습니다. 가족들이 전해주는 이야기를 듣거나 집안의 어른들과 대화를 시도해 보세요. 관련 학자나 계보학에 대해 더 많이 알고 있는 사람들과 식사를 함께 하면서 그들이 알고 있는 것에 관해 질문해 볼 수도 있습니다. 자신의 문화에서 온 요리법을 찾아 요리해 보세요. 혹은 그 지역의 음식을 전문으로 하는 레스토랑을 찾아 방문해 보세요. 아니면 부모님이나 조부모님에게 특정한 요리법을 가르쳐달라고 부탁해 보세요. 그 지역의 민담이나 문학 작품을 읽어보는 것도 좋습니다. 그 지역 언어에 관한 수업을 듣거나 듀오링고와 같은 앱을 이용하여 기초적인 문구들을 배워보십시오. 나이 드신 가족 친지들과 가족에 대해 이야기하는 내용을 가능하다면 녹음해 보세요. 자신이 사는 곳 가까이에 문화적 유산을 충실히 담고 있는 박물관이 있다면 그곳을 방문해 보십시오. 그리고 조상들이 남긴 문화적 유산이 현대에 재해석되고 있는 것을 축복해 주세요. 작품 속에 정체성을 공유하며 그것을 탐구하는 예술가들에게 축하와 격려를 보내주세요. 자신 안에 있는 과거의 가장 좋은 유산을 소중히 간직하십시오.

조상을 위한 제단을 만들어 보세요. 작은 테이블 위나 선반 위 또는 벽난로 위쪽도 괜찮습니다. 깨끗하게 정리된 어떤 표면이든 제단으로 사용할 수 있습니다. 만약 조상들의 사진이 있다면 그것을 제단 위에 놓으세요. 사진이 없다면 자신의 문화와 역사가 기록된 사진처럼 대표할 만한 이미지들을 자유롭게 사용할 수 있습니다. 조상들을 위해 촛불을 켜 두세요. 사진 근처에 꽃병을 놓아도 좋습니다. 조상들에게 지혜를 구해 보세요. 그들을 모셔서 지도와 보호를 요청해 보세요. 자녀들에게 당신의 혈통에 관해 이야기해 주십시오. 지혜의 사슬을 꾸준히 이어가십시오. 우리는 모두 가까운 연결망으로 복잡하게 연결되어 있습니다. 우리는 완전히 고립되어 존재하지 않습니다. 우리가 이 연결망에서 우리의 위치를 더 많이 기억할수록 우리는 더 강해질 것입니다.

Chapter

02

소속감, 질서, 얽힘

트라우마를 넘어선

가족치료 이야기

소속감, 질서, 얽힘

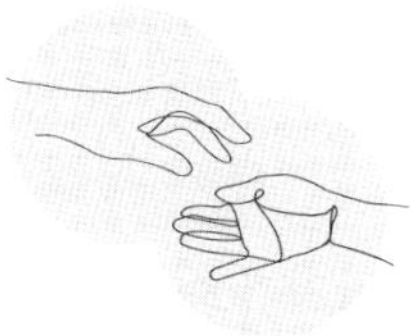

자기 파괴적인 행동이나 자신을 제한하는 믿음 같은 습관들을 아무리 바꾸려 해도 여전히 제자리에 갇혀 있거나 재빨리 예전 방식으로 돌아간다고 느낀 적이 있는가? 심지어 그것이 행복에 장애가 된다는 것을 알면서도 바꾸지 못하고 있는가? 성취감을 느끼지 못해 다른 길을 가야 한다는 느낌에도 왜 그런지, 방법이 무엇인지 모른다고 느낀 적이 있는가? 그렇다면 당신은 얽힘에 갇혀 있을 가능성이 있다. 얽힘은 당신의 성장과 자유를 제한하는 것으로 이전 세대 가족 구성원 중 누군가와 에너지적으로 연결된 것을 말한다.

'그것은 나에게서 시작된 것이 아니다.'라는 가족세우기의 핵심 가치를 항상 가슴에 간직하라. 조상을 알든 모르든 우리가 어떻게 해서 그들과 무의식적으로 동일시되고 얽히게 되었는가를 탐구하기 위해 멈출 때보다 더 진실한 순간은 없다. 가족세우기는 특히 돌아가신 조상들이 살아있는 가족들에게 미치는 놀라운 영향력을 보여준다. 또한 우리가 경험해 본 적 없는 과거가 현재에 미치는 강력한 영향력을 드러내면서 트라우마가 세대에 걸쳐 전해지는 방식을 보여준다. 간단히 말해서 우리가 전혀 알지 못했던 사람들일지라도, 일부 조상들의 삶이 오늘을 살아가는 우리 삶을 적극적으로 형성할 수 있다는 것이다.

이것이 완전히 마음에 와닿기가 어렵다는 것을 안다. 그렇다면 가족 체계를 지배하는 두 가지 기본 규칙인 소속감과 질서를 떠올려보자. 과거에 태어났거나 현재 살고 있거나 간에 한 가족에서 태어난 모든 사람은 그 가족에 속할 권리를 가진다. 그리고 그 가족의 모든 구성원이 가지는 소속의 권리는 동등하다. 모든 사람은 그 가족 체계 안에서 자신의 자리 또는 순서를 가진다. 모든 사람은 그 혈통의 일부가 될 권리가 있다. 이것이 바로 소속감이라는 선물이다.

문제는 가족 구성원이 소속을 부정당할 때이다. 제외되었거나 아니면 숨겨졌기 때문에 또는 잊혀졌거나 애도 받지 못했다는 이유로 소속이 부정당할 때 가족 체계의 질서에 혼란이 생긴다. 사라진 가족 구성원은 가족 체계라는 구조에서 손상된 부분과 같다. 그러면 가족 체계는 제외된 구성원을 다음 세대의 누군가로 대체해 얽힘을 만들면서 손상된 부분을 복구하려 한다. 그러나 불행하게도 얽힘은 질서를 회복시키지 못한다. 그것은 가족 체계의 손상을 심화시킬 뿐이다. 얽힘 속에 든 사람은 다른 사람의 자리를 대신 차지한다. 당신이 얽혀들게 되면 당신은 더 이상 자신의 삶에 온전히 전념하지 못하고, 동시에 다른 사람의 운명을 대신해서 살아가게 될 것이다. 그리고 그 사람의 운명과 동일시된다. 이것은 좋게 보더라도 정체되고 만족스럽지 못한 결과로 이끌 것이고, 최악의 경우 그것이 비록 당신에게서 시작된 것이 아니라 해도 지금 지니고 있는 고통과 상처를 재생산하는 패턴을 반복하면서 살아가게 될 것이다.

상처와 고통에 관해 말하자면, 가족 체계는 가족 구성원들이 경험한 트라우마적 질병, 죽음, 폭력과 그것에 수반되는 모든 것들에 의해 복잡한 방식으로 무질서해진다. 치료받지 못한 개인의 상처 또한 가족 체계에 손상을 입힌다. 예를 들면 가족 누군가가 트라우마에 사로잡혀 있거나 슬픔에 빠져 있거나 피해자로서의 정체성을 포기할 수 없을 때, 그들은 가족 체계에서 올바른 자리를 온전히 차지하지 못한다. 시간 속에 갇혀 꼼짝달싹하지 못한 채 그들의 운명은 가로막힌다. 시간에 따라 이상적으로 흘러가야 할 가족 체계의 에너지 또한 그곳에서 가로막힌다. 그래서 항상 그렇듯이, 가족 체계는 질서를 회복하기 위해 후대의 가족 구성원을 끌어들인다. 그래서 원래 존재했어야 하는 모습대로 바로잡으려 하거나 그 사람을 대신해 행동하거나 속죄하도록 만들어 자체적으로 체계를 수정할 것이다. 이런 식으로 우리는 자기도 모르게 가족 구성원들과 동일시된다. 그리고 이런 식으로 가족 체계는 우리의 트라우마, 상실, 슬픔을 한 세대에서 다음 세대로 전달한다. 이것이 얽힘이다. 그리고 얽힘은 반복된다.

얽힘은 우리가 고유한 운명의 길로 나아가려는 것을 방해하기 때문에 완전하고 충만한 삶을 살지 못하게 한다. 어떤 의미에서 얽힘은 자아의 분열된 충성심을 만든다. 얽힘은 우리를 과거의 함정에 빠뜨려 삶의 흐름을 역행하게 한다. 타인의 삶을 살아내려고, 그들의 상실을 보상하려고, 트라우마를 바로잡으려고 바쁘게 살다 보면 자기 본연의 욕구인 호기심, 열정, 상처, 재능을 분명하게 보고 듣고 느낄 수 없게 된다. 이러한 복잡하고 눈에 보이지 않는 역동에서 벗어날 때 마침내 자신의 상위 자아[12]를 위한 삶의 소명을 누구보다 잘 인식하고 추구할 수 있다.

더 나아가 다른 가족과의 운명적인 얽힘에서 벗어날 때 가족 체계의 질서는 회복되고, 동시에 과거는 치유되며, 미래에 생겨날 수 있는 얽힘도 예방할 수 있다. 거기에는 너무나 많은 아름다움이 있다. 가족세우기는 자신의 치유뿐만 아니라 우리 조상들과 우리 뒤에 올 후세를 양육하고 보살필 수 있도록 우리를 강화한다. 우리는 소외와 트라우마, 만족스럽지 못한 운명의 순환을 끊어낼 수 있다. 과거와 현재를 조화시킬 수 있기 때문에 미래는 전적으로 우리가 만들어 갈 것이다. 우리가 해야 할

12 상위자아란 현재의 자기를 넘어선 더 지혜롭고 통합된 자기로 창조성, 이타성, 잠재력의 실현, 우주적 연결감을 가진 성숙한 존재를 뜻한다.

일이란 자신의 삶이 다른 사람의 삶에 의해 영향받을 수 있는 어떠한 얽힘도 끊어내면서 운명을 향해 작고 의도적인 한 걸음을 내딛는 것이다. 얽힘을 끊는 첫 번째 단계는 단순히 얽힘의 징후를 알아차리는 것이다.

연습

'그것은 나에게서 시작되지 않았다' – 얽힘의 징후 알아차리기

얽힘을 끊고 가족 체계의 질서를 회복하는 방법은 먼저 자신이 얽혀 있다는 것을 아는 데서 출발합니다. 하지만 가족 중 어떤 사람과 얽히게 되었는지 어떻게 알 수 있을까요? 첫 번째 단계는 얽힘의 징후를 알아차리는 것입니다. 이 연습을 위해 다음 질문에 답을 기록할 노트북이나 메모장 그리고 방해받지 않는 조용한 시간이 필요합니다. 이 연습의 목표는 우리가 조상 중 어떤 이의 슬픔을 대신 지고 있지는 않은지, 그 사람처럼 행동하거나 대신 고통받고 속죄하고 있다고 느끼는 부분은 없는지 멈추어서 탐색할 수 있는 기회를 제공하는 것입니다. 명확성을 위해 각각의 질문을 노트북이나 메모장에 따로 기록하는 것이 좋습니다. 그리고 나열된 질문에 순서대로 답하는 것이 가장 효과적입니다. 때로는 질문에 답하지 못할 수도 있습니다. 그래도 괜찮습니다. 이 질문들은 얽힘의 징후를 파악하기 위해 만들어졌기 때문에 때로는 질문을 던지는 것만으로도 얽힘을 푸는 시작이 될 수 있습니다.

참고로 가족세우기는 우리가 총 7세대에 걸쳐 영향을 받는 가족 체계의 중심에 있다고 이야기합니다. 7세대란 우리 이전의 3세대, 현재 세대, 그리고 우리 이후의 3세대를 말합니다. 다음 질문들에서 조상들에 대해 생각해야 할 때는 부모님, 조부모님, 증조부모님가족에 초점을 맞춰 보시기 바랍니다.

이러한 질문에 답을 찾는 것이 어쩌면 제한될 수 있습니다. 그래도 괜찮습니다. 소원해진 가족관계부터 이민이나 입양에 이르기까지 다양한 이유가 있을 것입니다. 어쩌면 많은 사람이 가족의 중요한 날짜를 알지 못하거나 조상들의 이야기를 찾아내지 못할 수도 있습니다. 어쨌든 '모르겠다.'라고 대답한다 해도 이야기는 항상 존재합니다. '모르겠다.'라는 대답도 마찬가지로 타당하고 강력한 이야기입니다. 기억하십시오. 그것은 당신에게서 시작된 것이 아니라는 것을. 지금 이 순간 해결하지 못하는 것은 그것이 무엇이든 과거로 돌려주고 조상에게 돌려주십시오.

마지막으로 이어지는 질문들은 죄책감, 수치심, 거부감, 분노 또는 침묵의 틀 안에서 작동한다는 사실을 아는 것이 중요합니다. 왜냐하면 얽힘은 사건이나 행동 또는 사람에 대한 감정에서 비롯된 것이지, 사건이나 행동 또는 사람 자체에서 비롯된 것이 아니기 때문입니다. 다른 가족 구성원에 의해 죽음이 애도 되고, 삶을 축복받았던 가족 구성원은 다른 사람들에게 보이지 않고 들리지 않는다고 느끼지 않습니다. 그들은 가족 체계에 소속되어 있기 때문에 그들과 얽히게 될 가능성은 매우 적습니다. 마찬가지로 어떤 사람이 트라우마를 경험했지만, 이후 개인적으로나 사회적으로 지지받았다고 느꼈을 경우 그 트라우마가 다음 세대 가족원과 얽힘을 유발하지 않는 것과 같습니다.

• 당신은 자신의 삶에 책임지지 못한다고 느낀 적이 있나요? '겉보기에 괜찮다고' 보여도 직장이나 관계에서 만족스럽지 못한 상태인가요? 안정적인 생활을 위해 최선을 다해 노력했음에도 불구하고 재정적인 불안정을 경험하고 있나요? 문제를 해결하기 위해 최선을 다해 노력했으나 문제가 지속된다고 느낀 적이 있나요?

• 당신은 삶을 사는 동안 설명하기 어려운 감정들을 정기적으로 경험하거나 설명하기 어려운 행동에 습관적으로 개입/회피한 적이 있나요? 비합리적인 두려움을 느끼고 있나요? 지속적인 감정에 의해 정기적으로 압도당하거나 막힌다는 느낌은 그러한 감정이 세대를 넘어 대물림된 것이라는 신호일 수 있습니다. 특정한 행동에 개입/회피하는 것도 마찬가지입니다. 그러한 두려움이나 감정은 무엇인가요? 그러한 감정을 경험한 때는 언제인가요? 언제부터 그것을 경험하기 시작했나요? 가능한 한 판단을 배제하고 중립적인 관찰자 입장에서 시간을 가지고 답을 기록해 보세요.

• 가족으로부터 거부당했거나 가족과 멀어진/멀어졌던 가족을 알고 있나요? 알고 있다면 누구인가요? ('리디아, 아주머니, 친할머니의 누나'와 같이 그들의 이름과 당신과의 관계를 기록해 보세요) 그들이 거부당한 이유는 무엇인가요? 그 이유가 타

당한 것인지 아닌지 판단하지 말고 이유를 기록해 보세요. 예를 들면 혼외 임신, '받아들일 수 없는' 배우자와의 결혼, 성적 지향, 종교를 떠남, 범죄 또는 폭력 행위 등이 그것입니다.

- 어떤 트라우마가 너무 고통스럽고 수치스럽고 끔찍해서 가족 내에서 이야기하지 못하는 사건이 있나요? (예를 들면, 부모의 유기, 가족 외 자녀 입양, 강간, 자살, 사고, 범죄, 가족의 죽음 등) 그 트라우마는 무엇이었나요? 누구에게 일어난 일인가요? 다시 한번 그 사건에 대해 당신이 알고 있는 만큼 기록해 보세요. 그리고 그 사건이 발생한 가족의 이름과 당신과의 관계를 기록해 보세요.

- 죄책감이나 고통으로 인해 다른 가족원의 죽음을 애도하지 못한 경우가 있나요? 그 사람이 누구인가요? 그 이유는 무엇인가요? 그 사람의 이름을 기록해 보세요. 애도 받지 못했거나 인정받지 못한 그 가족원의 이름, 당신과의 관계, 사망 경위 등을 기록해 보세요.

- 가족 구성원 중 난민 생활, 전쟁, 대량 학살, 빈곤과 같이 세대를 규정하는 트라우마를 경험한 가족이 있나요? 그 경험은 무엇이었나요? 어느 세대에 주로 영향을 미쳤나요? 아는 만큼 기록해 보세요. 누구로부터 어떤 이야기를 들었나요? 누구의 이야기인가요? 알지 못하는 것은 무엇인가요? 때로는 포함된 내용보다 남겨진 것이 더 많은 사실을 드러내기도 합니다.

휴! 정말 애쓰셨습니다. 수고한 자신을 격려해 주세요. 가족사의 어려운 측면을 다루는 것은 쉽지 않습니다. 하지만 자신이 어디에서 왔는지 진정으로 알게 되는 것은 멋진 모험이 될 것입니다. 제가 유일하게 권하고 싶은 것은 그 발견 과정이 더 이상 즐겁지 않다면 그냥 내버려두라는 것입니다. 그것은 알고자 했던 모든 것을 이미 알았다는 의미이며 일이 끝났음을 의미합니다. 언제 시작하고 언제 끝내야 하는지를 아는 것은 언제나 중요합니다.

조상의 부름

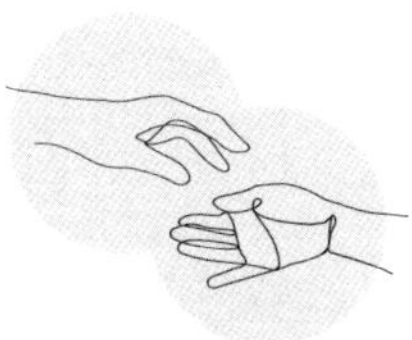

부재한 가족을 포함해서 사라진 가족들이 가족 체계 내에서 부여잡고 있는 에너지는 엄청나다. 그들은 완전히 떠나지 못하고 우리 곁을 맴돈다. 우리가 그들의 상실을 인정하지 않거나 애도하지 못할 때 또는 죽음이나 생전에 했던 행위가 고통스러웠거나 부끄러웠던 가족 구성원을 지우거나 침묵하거나 잊으려고 할 때, 우리는 그들이 우리 눈에 보이고 들리기를 고집한다는 것을 알게 될 것이다. 그럴 때 가족 체계는 얽힘을 통해 모든 가족구성원이 자신의 올바른 자리를 가지게 되는 질서를 되찾으려고 더 열심히 작동할 것이다.

부재한 가족 구성원이란 누구를 말하는가? 부재한 가족 구성원이란 가족 체계 내에서 더 이상 자신의 자리에 있지 않는 사람을 말한다. 떠났거나 버려지거나 아니면 둘 다인 경우이다. 그들은 살아있을 수도 있고 사망했을 수도 있다. 말 그대로 한 사람이 우리 곁을 떠나는 것만으로는 충분하지 않다. 얽힘을 만드는 요인은 가족 구성원들이 그 상실에 대해 어떻게 느끼는가에 따라 다르기 때문이다. 수치심이나 슬픔으로 인해 가족 구성원을 가족 체계에서 배제하면 그들의 소속될 권리는 거부된다.

우리는 공유된 가치를 지닌 공유된 문화 속에 살고 있기 때문에 특정한 범주의 상실감은 더 많은 슬픔이나 수치심으로 이어지는 경향이 있다. 다음은 실종된 가족에 대한 단서를 찾을 수 있는 사건들이다. 조기 사망, 낙태, 유산, 출산 중 사망, 불치병 또는 자살 등은 모두 사라진 사람들과 얽힘의 근원을 가리키는 경우들이다.

당신의 가족에 대해 생각해 보라. 너무 고통스러워서 아무도 말하지 않는 조기에 사망한 아이가 있는가? 재산을 탕진하고 가족을 가난에 빠뜨린 할아버지를 가족 불행의 근원이라는 이유로 죽음을 인정하지 않고 애도하지 않았는가? 아니면 책임을 포기한 한쪽 부모를 다른 쪽 부모가 기록에서 삭제한 경우가 있는가?

이제 다른 가족들이 이야기하기를 꺼리는 가족 내 죽음과 관련된 질문에 답을 검토해 보자. 특별히 죽음을 둘러싼 죄책감이나 압도적인 슬픔이 있다면 그것은 사망한 사람과의 얽힘을 나타낸다. 그것은 근본적으로 소속이 부정당한 가족원이 있을 가능성을 가리킨다. 일반적으로 누군가와 소원해졌거나 사망한 사람과 얽히게 되면, 그 가족 구성원은 무의식적으로 이 사라진 가족의 운명을 대신해 살아가게 된다. 그는 해가 된다는 것을 알면서도 멈추거나 피할 수 없는 해롭고 반복적인 행동에 사로잡힌 자신을 발견할 지도 모른다. 그것은 자신에게 속하지 않는 무언가를 바로잡으려는 충동에 사로잡혀 있다는 것을 의미한다.

자신을 위험에 빠뜨리거나 어떤 극단적이고 강박적인 행동에 매번 관여하고 있지는 않은가? 문신을 한두 개 정도 하는 것은 문화에 따라 정상범위에 속하지만, 문신으로 온몸을 가리고 싶은 욕망이나 특히 얼굴을 가리고 싶은 욕망이 있다면 이는 자신의 피부에 자신이 없다는 신호이다. 자아를 지우거나 변형시키려는 욕망은 얽힘을 가리킬 수 있다. 극단적인 방법으로 사망했거나 혹은 어린 나이에 사망한 사람이 있는지 알아보기 위해 이전 세대를 살펴볼 수 있다. 만약 얽힘이 있다면 그 사건이나 패턴에 즉시 공명할 것이다. 우리가 고인과 연결될 수 있는 모든 방식, 유사한 패턴을 보이는 방식을 생각해 보자. 공통된 관심사, 신체적 특징, 이름, 질병, 일생일대의 사건, 직업, 이상한 우연의 일치 등 말이다.

얽힘은 행동이 아니라 주로 감정적인 요소로 나타난다. 한 내담자는 죽음에 대한 엄청난 공포 때문에 나를 찾아왔다. 그녀는 죽음에 관한 생각을 멈출 수가 없었다. 그것이 문제를 일으키고 있었다. 그녀는 매일 아침 침대에서 일어나는 것조차 힘들어졌다. 더 이상 완전히 살아 있다고 할 수 없을 정도였다. 우리는 종이 발자국으로 대리인을 만들어 일대일 세우기 작업을 진행했다. 가족 구성원들을 조심스럽게 배치한 후, 그녀는 이모할머니의 자리에 이끌려 그곳에 섰다.

"여기가 편안합니다."라고 분명하면서도 놀라운 기색으로 그녀가 말했다. 얽힘이 분명했다. 곧이어 나는 그녀의 이모할머니가 네 살 때 집에서 화재가 발생해 사망했다는 것을 알게 되었다. 방 안에서 그 어린 소녀의 두려움과 버려졌다는 느낌이 뚜렷하게 느껴졌다.

나의 내담자는 이모할머니의 죽음에 관해 대강 알고는 있었지만, 할머니의 죽음과 죽음에 관한 그녀의 두려움을 연관 지어 생각해 본 적이 없었다. 그녀와 마찬가지로 그녀의 어머니도 불을 무서워했다. 하지만 반복되는 가족 패턴을 알아차리지는 못했다. 그녀는 이모할머니에 대해 거의 생각하지 않았다. 그것이 슬픈 일이기는 했으나 오래전에 그녀가 전혀 알지 못했던 어린아이에게 일어난 비극적인 이야기였던 것뿐이었다. 그녀의 부모님처럼 그녀의 할머니도 잃어버린 여동생에 대해 거의 말하지 않았다. 그 이야기에서 느껴지는 공포와 고통은 그녀가 감당하기에는 너무나 큰 것이었다. 이모할머니는 가족 체계에 없는 사람이었다. 그녀의 죽음에 대한 공포가 너무나 견딜 수 없었기 때문에 가족 체계에서 제외되었다. 그녀를 알아보는 사람이 아무도 없는 한 제외된 그녀의 자리를 채우기 위해 체계는 새로운 가족 구성원을 끌여들여 얽힘을 만들 것이다. 물론 이 내담자도 이모할머니에 대해 알고 있었다. 마치 우리 대부분이 가족을 인정하지 않더라도 어느정도 상실감은 느끼는 것처럼 말이다. 가족세우기에서 아는 영역의 힘은 우리가 명확하게 볼 수 없었던 것들을 드러나게 한다. 이 힘은 지금 이 순간 잠시 멈추어서 한 세대와 다음 세대를 연결하는 보이지 않는 끈을 찾아보는 것으로 접근할 수 있다.

얽힘이라고 해서 반드시 위험한 행동에 관여하는 것은 아니다. 때로는 고인의 운명에 대해 속죄하기 위해 자기도 모르게 위험하다고 생각되는 행동에 저항하기도 한다. 특정 경험을 선제적으로 피하는 방어기제는 삶의 경계를 더 좁게 할 뿐이다. 연애를 원하기는 하지만 상처받는 것이 두려워서 회피한 경험이 있는가? 그렇다면 생각해 보라. 물론 자신을 보호하기 위해서였겠지만 그로 인해 기쁨과 성장의 기회 또한 놓치지는 않았는가? 내가 참여했던 어느 가족세우기에서 있었던 일이다. 한 젊은 여성이 남편과의 친밀감 문제를 해결하고 싶어 했다. 남편을 사랑하고 그에게 끌리기는 했으나 그녀는 전혀 부부관계를 원하지 않았다. 그녀의 세우기 장에서 그동안 인정받지 못했던 출산 중 사망한 증조할머니가 드러났다. 그녀의 증조할아버지는 증조할머니에 대해 거의 말하지 않았었다. 살아남은 증조할아버지의 자녀들도 그들의 어머니에 대해 거의 알지 못한 채 자랐다. 그녀의 할머니 역시 출산 중 사망할 위험에 처한 적이 있었다. 그녀의 어머니는 희귀하고 치명적인 난소암 진단을 받았다. 이 증손녀인 젊은 여성은 증조할머니와 얽혀 있었다. 그녀는 모성과 출산에 관한 깊은 두려움이 있었고, 임신에 대해서도 거부감이 있었다. 그녀의 욕구 부족은 배우자와의 관계에 기인한 것이 아니었다.

두 내담자의 경우 모두 얽힘이 있음을 알 수 있었다. 하지만 그보다 중요한 것은 과거 상처를 치유하게 되면서 가족 체계의 질서를 회복하고 얽힘에서 벗어났다는 점이다. 어떻게 그렇게 할 수 있었을까? 그것은 그들의 조상을 인정하고 조상들을 그들이 속한 곳으로 돌아오도록 환영했기 때문이다. 앞의 내담자는 그녀의 이모할머니에게 그녀의 죽음과 그녀가 겪었을 두려움을 인식하면서, 동시에 독립적인 정체성을 재확인하면서 다음과 같은 세우기 문장을 사용하여 말했다.

"이모할머니에게 우리 가족의 자리를 내어줍니다. 그 일은 저에게 일어난 일이 아니라 이모할머니에게 일어난 일입니다. 저는 그 두려움에서 벗어납니다."

1년이 지난 후 그녀는 더 이상 죽음을 두려워하지 않게 되었다. 그녀는 매일 아침 침대에서 거뜬히 일어났을 뿐만 아니라 책을 쓰기도 했다.

배우자와 친밀감 문제로 몸부림치던 내담자도 증조할머니의 운명에서 벗어나 그 에너지를 편안하게 변화시킬 수 있었다. 가족세우기에서 증조할머니 역할을 맡은 대리인은 인정받기를 기다리며 바닥에 누워있었다. 나의 내담자가 증조할머니의 고통과 죽음을 인식하고 가족 체계 내의 올바른 자리로 돌아온 것을 환영하면서 무릎을 꿇고 증조할머니의 손을 잡았을 때, 그녀의 마음은 비로소 가벼워지기 시작했다. 몇 달 후 그녀는 첫 아이를 가졌다고 이메일을 보내왔다.

부재한 가족원이 인정받기를 기다리고 있는 몇몇 가족세우기에 참여하게 된 것은 축복이었다. 사망한 사람들이 마침내 누워서 평화롭게 쉴 수 있도록 허락을 기다리면서 실제로는 서 있는 경우가 종종 있다. 이런 일이 매번 자연스럽게 발생할 때마다 즉각적으로 알아볼 수 있었다. 가족세우기 대리인들이 동시에 아래를 내려다보고 찾으면서 스스로에게 묻는다. '내가 지금 누구를 찾고 있는 걸까?' '누가 자리에 없는가?'

모든 가족세우기 장에서는 많은 눈물이 흐른다. 각각의 세우기 장에서 느껴지는 에너지는 매우 강렬하고 어느 때는 고갈되기도 한다. 하지만 세우기가 끝날 무렵 해결책이 펼쳐지면서 방 안에 있는 사람들은 고요함과 새로운 해방감이 흐르는 것을 경험한다. 그들은 가족 체계의 일원으로 인정받고 받아들여지기를 기다리는 사람들을 위한 인정과 포용의 숨 막히도록 아름답고 정중한 의식을 치뤄낸 것이다.

실종된 원인이 불명예스러울 때는 사라진 가족원을 인정하기가 더 어려울 수 있다. 앞서 보았듯이 특히 가족 체계에서 실종된 많은 사람의 배제를 심화하는 데 큰 역할을 하는 것은 수치심이다. 가장 강력한 얽힘을 만드는 것으로 폭력적인 죽음과 자살이 있다. 사망한 사람들은 가족 체계에서 제외될 뿐 아니라 그들의 죽음은 종종 살아남은 가족들에게 억누를 수 없는 슬픔이나 두려움 또는 수치심으로 침묵을 불러오기도 한다. 하지만 실종된 사람들은 그들이 어떠한 운명을 선택했건 상관없이 받아들여지고 인정받고 사랑받아야 한다. 고난의 운명과 상관없이 가족 체계의 일원이 될 권리를 인정받아야 한다. 그들의 운명을 존중할 때 가족 체계의 질서는 지켜지고 가족 비밀의 무게는 가벼워진다. 그렇게 할 때 자살이나 자해 또는 위험하고 고착된 행동을 통해 누군가를 대신해 속죄하거나 체계의 균형을 맞추려는 무의식적인 욕망이 해소된다.

조상의 운명을 존중한다는 것은 그 사람의 운명을 용인한다는 의미가 아니다. 오히려 그 운명의 현실을 받아들인다는 의미이다. 다시 말해 그 일이 일어났다는 사실을 받아들이고 더 이상 그것을 피하거나 숨기려 하지 않는 것이다. 그렇게 하면 체계 내에 그 가족 구성원을 위한 공간을 다시 한번 마련할 수 있다. 얽힘이 있을 때 얽힘을 먼저 인식하고, 그 가족 구성원의 자리에서 그 사람을 대신해 그의 운명을 살아가려는 무의식적인 시도를 포기하는 것으로 이것을 실천할 수 있다. 이것은 과거는 다시 쓸 수 없음을 이해하고 온전히 자신의 삶을 살아간다는 의미이다. 또한 이것은 자신의 운명에 책임진다는 의미이다. 그리고 이것은 비밀을 간직한 채 수치심을 지속시키는 순환을 거부한다는 의미이다.

가족 이야기에서 수치심을 제거하면 더 쉽게 실종된 가족 구성원들을 다시 체계에 포함시킬 수 있고 체계의 질서를 바로 세울 수 있다. 실제로 관련된 사람들에 의해 가족 비밀이 밝혀지면 에너지 차원에서 가족 체계의 강건함(well-being)에 강력한 영향을 미칠 수 있다. 내 가족도 그랬다. 2012년 크리스마스이브에 나는 파리에 있는 어머니 집에 머물고 있었다. 외할머니가 5개월 전 돌아가셨기 때문에 외할머니 없이 보내는 첫 번째 크리스마스여서 이미 쓸쓸한 밤이었다. 저녁 식사가 끝나갈 무렵 외할아버지는 갑자기 우리에게 할 말이 있다고 했다. 나는 뭔가 좀 이상하다고 느꼈다. 외할아버지는 말이 많은 분이 아니었기 때문이다.

외할아버지가 1959년 말 외할머니를 만났을 당시에 그는 사실 '사빈'이라는 다른 여자와 사귀고 있었다. 게다가 그녀와 진지하게 결혼에 대해 생각하고 있을 때였다. 외할아버지는 그 당시 파리에 살고 있었는데 일 때문에 잠시 브르타뉴에 다녀와야 했다. 브르타뉴에 있을 때 외할머니를 만나면서 둘은 미친 듯이 사랑에 빠졌다. 외할아버지는 다시 파리로 돌아가지 않았다. 격정적인 구애 끝에 두 분은 1960년 4월 결혼했고 그해 12월 초 어머니가 태어났다.

외할아버지는 다소 머뭇거리며 말을 이어갔다. 사빈을 몇 년 전 온라인에서 다시 만났고 그녀에게 연락을 취했다고 했다. 그 무렵 외할머니는 알츠하이머 말기였다. 확실하지는 않지만 내가 생각하기에 외할아버지는 외롭고 슬펐으며 죽음에 대해서도 생각했을 것 같다. 이미 이야기했듯이 외할아버지는 수다쟁이가 아니었다. 외할머니가 평생의 사랑임에도 불구하고 외할아버지는 여자 친구를 잊은 적이 없었다. 그녀는 외할머니 외에 그가 사랑한 유일한 다른 여자였다. 그는 항상 그녀가 어디에 있는지 어떻게 지내는지 그녀의 삶이 어떻게 변했는지 궁금해했다.

그들은 연락을 주고받기 시작하다가 결국 직접 만나게 되었다. 사빈은 할아버지와 헤어질 당시 임신한 상태였고, 헤어지고 난 후 남자아이를 낳아 키웠다고 했다. 그 아이는 1960년 봄에 태어났다. 그 해는 외조부모님이 결혼하시던 해와 같았다. 애석하게도 그 아이는 생후 6개월 만에 세상을 떠났다고 한다. 나의 어머니가 태어나기 불과 몇 달 전이었다. 사빈은 결혼하거나 다른 아이를 전혀 갖지 않은 채 간호사로 일생을 보냈다고 한다.

우리 가족은 식탁에 말없이 앉아 있었다. 우리는 평생을 외할아버지의 아들이자 첫 아이였으며, 어머니의 이복형제였고, 잃어버린 외삼촌이었던 이 아이를 모른 채 살아왔다. 놀라운 일은 어머니가 어렸을 때 외할머니에게 "큰오빠는 어디 있어?"라고 묻곤 했다는 것이다. 외할머니는 호기심 많은 딸의 왕성한 상상력과 흔히 아이들이 다른 가족과 비교해서 하는 말이겠거니 하고 생각했다고 한다. 그래서 항상 오빠는 없다고 하면서 그녀가 맏딸임을 부드럽게 일깨워 주었다고 한다. 하지만 어머니는 오빠의 부재를 감지했고 특유의 슬픔이 그녀를 따라다녔다고 한다. 물론 어머니, 이모, 외삼촌이 잃어버린 동생과 얽힘이 있는지 확인하기 위해서는 가족세우기를 해야 하겠지만, 그것은 항상 외할아버지에게 거부당하고 눈에 보이지 않는 사람처럼 느꼈던 외삼촌 삶의 주제이기도 했다.

실종된 사람들이 그들의 부재를 뼈저리게 느끼게 하려고, 또는 가족체계에 깊은 영향을 주려고 일부러 얽힘을 일으키지는 않는다. 그러나 외할아버지의 첫사랑과 아들 두 사람이 '사라진' 상태는 그들의 가족 체계 즉, 외할아버지와 그를 둘러싼 모든 가족에게 큰 무게감으로 다가온 것은 분명했다. 왜냐하면 그들의 재등장이 우리 가족의 역동을 더 좋은 방향으로 변화시킨 것은 부정할 수 없기 때문이다. 그날 밤 이후 외할아버지는 더 이상 감정과 감수성을 남성성에 반하는 것으로 인식하지 않았으며, "사랑해."라고 말할 줄 아는 사람이 되었다.

몇몇 사람들은 우리가 알고 있는 가족사가 전체 그림이 아니라는 것을 알고 있거나 느끼고 있을지 모른다. 왜냐하면 가족사에는 어두운 면, 침묵, 비밀을 포함하고 있기 때문이다. 안타깝게도 그 비밀을 완벽하게 밝혀내거나 세부 사항을 알아낼 방법은 없다. 우리는 어떤 관계나 사건 또는 사고의 막연한 윤곽은 알 수 있지만 전체 이야기는 결코 알 수 없는 경우가 많다. 이것이 좌절감이나 얽힘에 갇혀 있다는 두려움을 불러올 수도 있겠으나 우리 모두에게는 '비상 출구'가 있다. 그것은 비밀 자체가 곧 이야기라는 것을 받아들이는 것이다. 그 비밀과 비밀이 깃든 침묵까지 사실로 받아들이는 것, 그것의 존재와 힘을 인정하고 사랑과 존중으로 과거를 놓아줌으로써 우리를 치유할 수 있다. 끊임없이 세세한 부분까지 찾아내려는 것은 우리를 과거에 머물게 한다. 그리고 앞으로 나아가야 할 삶에 대한 책임이나 지식 그리고 명확성이라는 빛으로부터 멀어지게 한다.

사망한 사람들이 제자리를 찾으면 그들은 마침내 평화와 긍정 에너지를 경험한다. 그러면 생명 에너지의 흐름, 풍요, 기쁨, 사랑은 모든 세대로 다시 회복된다. 조상을 돌보는 것이 다음 세대를 돌보는 것이다. 가족세우기에서는 보이지 않는 힘을 보이게 만들어 빛으로 드러낸다. 그렇게 되면 우리는 그들을 볼 수 있고 인식할 수 있으며 긴장은 해소된다. 그리고 조상들의 의지에 따라 무의식적으로 행동하는 대신 의식적으로 앞으로 나아간다. 그러면 가족 체계의 소속과 질서는 회복된다. 가족 체계가 회복되면 각 구성원은 자신의 올바른 자리에 위치하게 되고 그 올바른 자리에서 더 편안히 머물게 된다. 이는 가족 체계의 모든 구성원에게 적용된다. 마침내 가족은 하나가 되고, 함께 하는 숨결은 더 편안해지며 사랑은 더 자유롭게 흐른다.

세우기 문장

나는 당신을 봅니다.
그리고 당신에게 내 마음속 자리를 내어줍니다.
나는 당신의 숙명을 존중하고, 당신의 운명에 절하며,
당신을 나의 [가족/조상]으로 공경합니다.
나는 당신이 내게 준 생명의 선물을
가능한 한 오래오래 유지할 것입니다.
나는 내 삶이 다하고 나면 당신 뒤를 따를 것입니다.

연습

인정 의식 – 질서 회복하기

지금까지 우리는 가족 체계에서 부재한 사람들이 미치는 영향력에 대해 깊이 이해했고, 가족 체계 내에 부재한 사람이 있는지 살펴보았습니다. 이제 그들을 인정하고 소속감을 부여하며 질서를 회복하는 연습을 해보겠습니다. 이 연습을 통해 과거가 끌어당기는 힘과 현재 우리가 져야 할 책임을 조화시킬 수 있을 것입니다. 당신과 얽혀 있을지 모르는 부재한 가족 구성원을 기리는 인정 의식은 그들의 소속감을 회복하고 동시에 얽힘에서 벗어나게 하는 강력한 방법이 될 것입니다. 만약 '그것은 나에게서 시작되지 않았다'를 연습하는 동안 부재한 가족 구성원을 떠올리지 못했다면 다른 가족에게 부재한 가족원이 있는지 질문해 볼 수 있습니다.

비록 도움이 되는 답을 얻지 못한다 해도 여전히 사라진 가족을 인정하는 의식을 치를 것을 권합니다. 이 의식은 소속감을 되찾는 것은 물론 얽힘으로부터의 해방을 상징합니다. 그것은 맞이하고 떠나보낸다는 의미에서 중요합니다. 이 연습은 부재한 가족 구성원이나 이미 사망한 가족에게 편지를 쓰는 것으로부터 시작할 수 있습니다. 이는 실제로 실물 편지여야 합니다. 손으로 직접 쓰거나 컴퓨터로 작성한 후 인쇄해도 괜찮습니다.

"나는 당신을 인정하고 당신을 보내드리려 합니다…." 라는 문구로 시작하십시오. 그리고 마음이 가는 대로 그분과 공유하고 싶은 내용을 쓰시면 됩니다.

편지를 마치면서 "나는 당신의 숙명을 존중합니다. 당신을 내 가족으로 인정하며, 당신을 위해 내 마음속 자리를 내어줍니다."라고 하시면 됩니다. 그리고 다시 한번 말씀드립니다. 마음을 다해 진심으로 쓰십시오. 마음속 깊은 곳에서 느끼는 것이 가장 중요합니다.

"나는 당신을 위해 이 의식을 치릅니다. 이제 당신은 평안할 것입니다."

편지를 다 쓴 후에는 그것을 소각하거나 우편함에 넣을 수 있습니다. 중요한 것은 편지를 보관하지 말고, 존경을 담아 보내는 것입니다.

반복되는 패턴

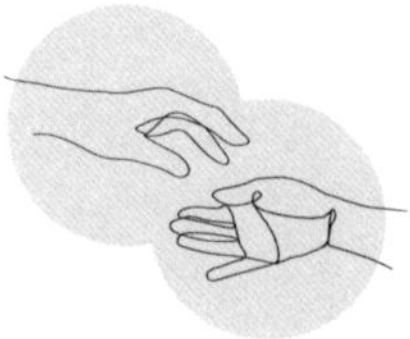

때로는 우리 주변을 맴도는 것이 사망한 사람들이 아닌 살아 있는 사람들이거나 그들의 미해결된 슬픔과 트라우마인 경우가 있다. 이러한 트라우마는 일종의 고통과 상실의 계보를 형성하면서 그들의 자녀와 그 자녀의 자녀들에게 전달된다. 이 역시 소속감이 거부된 것만큼 강력한 가족 체계 내 불균형을 만든다. 그리고 그것은 숙명적으로 우리를 얽히게 하고, 운명적으로 자신의 것이 아닌 운명을 살게 만든다.

누군가가 다른 사람의 운명과 숙명에 얽히게 되면 슬프게도 그들은 부모나 조부모를 대신해 속죄하라는 부름을 받고 그들을 얽히게 만든 그 불균형을 재연한다. 이 경우 가족 역동에 은밀하고도 지속적인 패턴이 만들어지는데 주의 깊게 살펴보면 그 패턴을 찾을 수 있다. 자신의 가정에서 그러한 패턴을 발견하고 끊어내기를 원한다면 가장 간단한 방법은 '그것은 나에게서 시작되지 않았다' 연습에서 기록했던 답을 검토해 보는 것이다. 먼저 종이나 문서에 '패턴'이라는 제목을 붙여라. 그리고 기록한 답을 주의 깊게 읽어보라. 먼저 반복되는 이름과 특이한 사건들, 예를 들면 조기 사망, 질병 또는 같은 병증, 비슷한 사고, 여러 번의 결혼, 이주/이민 등이 있는지 살펴보고 떠오르는 것이 있다면 메모해 보라.

다양한 문화권에서 이름을 공유한다는 것은 살아있는 사람과 죽은 사람 모두를 존중하고 기리는 데 사용되는 일반적인 방법이다. 같은 이름을 갖고 싶어 하는 것은 사랑하는 사람과 조상을 기리는 관대하고도 배려 깊은 행동이다. 이것은 존중받아야 한다. 하지만 자녀에게 가족 누군가와 같은 이름을 붙여주는 것, 특히 사망한 가족 구성원과 같은 이름을 붙여주는 것은 새로운 얽힘을 불러올 수 있다. 그리고 자녀의 삶도 얽힘으로 인해 영향받을 수 있다. 그들의 운명은 같은 이름을 가진 가족의 운명과 어떠한 방식으로든 연결될 수 있기 때문이다. 같은 이름을 가진 사람은 같은 운명을 반복하거나 똑같이 고통스러운 운명으로 실패하기 쉽다. 우리는 이미 조상에게서 물려받은 많은 것들을 감당하고 있기 때문에 가지고 있는 것에 더 이상의 무게를 더할 필요가 없다. 갓 태어난 아기는 새로운 생명이고 시작이며 순환이다. 새로운 시작과 함께 그들에게 조상의 가장 좋은 유산을 물려주고 그것으로부터 위대한 무엇인가를 창조할 기회를 주어야 한다. 사랑하는 사람의 이름을 따서 아이의 이름을 짓고 싶다면 그 이름을 중간 이름으로 사용하는 것이 좋다. 또는 비슷한 음을 사용하거나 같은 글자로 시작하는 이름을 선택하는 것도 괜찮은 방법이다.

만약 당신이 질병으로 사망한 사랑했던 사람, 특히 일찍 사망했거나 비극적으로 돌아가신 분의 이름을 따서 지었다면 그 조상에 대해 부끄러워하지 않기를 바란다. 가능하다면 당신 유산의 이러한 부분에 대해 알아보는 것이 좋다. 어떤 비극적인 사건들이 일어났는지 알아보고 사망한 가족이나 사망한 자녀와 얽혀 있을 가능성이 있는 모든 관계로부터 자기 자신을 사랑으로 분리하라. 먼저 알고 있는 가족 중 최초로 이름을 공유한 사람을 찾아보라. 잠시 자신의 이름을 '사샤(Sasha)'라고 가정하고 할아버지와 이름을 공유했다고 해보자. 할아버지의 사진이 있으면 더 좋다. 그 사진을 보면서 다음과 같이 말해보라.

"사샤! 저는 할아버지의 이름을 물려받았습니다. 가족의 정체성을 저와 공유해 주셔서 감사합니다."

다음으로 이렇게 말해보자.

"저는 할아버지의 삶을 인정합니다. 그리고 저의 삶 또한 감사한 마음으로 받아들입니다. 할아버지가 계시지 않았더라면 지금의 저도 여기에 있지 못했을 것입니다."라고 하면서 그분의 삶을 인정해 보라.

마지막으로, 당신이 자기 삶의 주인임을 주장하라.

"저는 당신 삶을 지속하거나 연장하려고 이 세상에 온 것이 아닙니다. 저는 할아버지를 기리면서 이곳에서 저의 삶을 받아들이며 살아갈 것입니다. 하지만 제가 할아버지의 삶을 따르거나 할아버지가 완성하지 못한 일을 끝내려 하지는 않겠습니다."

반복되거나 공유되는 이름 또는 특이한 사건을 찾은 후 주요 날짜나 나이를 한번 확인해 보라. 이것을 통해 세대에 걸쳐 중요한 사건이 발생한 나이나 생일 또는 기일이 공유된 것을 알 수 있을 것이다. 예를 들면 당신과 당신의 삼촌이 같은 날 태어났을 수 있다. 또한 증조할머니와 당신이 생일은 다르더라도 할머니가 31세에 고국을 떠났고, 당신은 31세에 이혼한 사건이 있을 수 있다. 두 사건 모두 더 나은 미래를 찾아 떠난 것으로 오래된 삶의 방식을 포기한 사건들이다. 모든 가족 역동에는 이러한 주요 날짜가 포함된다. 제1장에 포함된 가족 기원을 찾는 연습도 강력한 자원이 된다. 또한 과거의 특정 사건이 있었던 시기에 대해 좀 더 구체적인 정보를 알고 있는 가족에게 부탁해 보는 것도 좋은 방법이 될 것이다. 출생, 죽음, 결혼과는 달리 가계도에 기록을 남기지 않는 전쟁, 유산, 자살, 이주와 같은 사건들이 있다. 이러한 사건들이 있었던 시기와 당신 인생의 변곡점과 어떻게 일치하는지를 찾아보라. 이 패턴들은 우리가 대물림된 트라우마의 순환에 어떻게 얽히게 되었는지를 보여줄 것이다.

예를 들어 우리 가족의 경우는 13세에 규칙적으로 트라우마와 비극이 나타났다. 13세는 독립을 갈망하면서도 부모의 보호를 원하는 어린 시절과 성인기 사이의 어정쩡한 시기이다. 나의 친할머니가 할아버지와 아버지를 같은 날 떠나보낸 시기도 13세였다. 제2차 세계대전이 한창이던 때 기차역 플랫폼에서 두 분이 총격에 의해 사망하셨다. 앞서 이야기했듯이 친할아버지가 고아가 된 시기도 13세이다. 제2차 세계대전이 발발했을 때 할아버지의 부모님과 여동생은 아르헨티나에 살고 있었다. 그들은 당시 프랑스 기숙학교에 있던 할아버지를 데려갈 수 없게 되자 그를 남겨두고 떠났다. 결국 할아버지는 전쟁에 징집되었고, 러시아군의 포로가 되었다. 전쟁이 끝난 후 할아버지는 나의 할머니를 만났다. 그녀가 혼전 임신을 했을 때 할아버지는 아르헨티나로 함께 가자고 제안했으나 할머니는 프랑스에 남기로 결정했다. 1950년대에 프랑스의 작은 마을에서 미혼모의 아들로 자란 아버지의 삶은 그리 녹록지 않았다. 아버지는 '미혼모의 아들'이라는 이유로 끈질기게 괴롭힘을 당하다가 13세가 되던 해 가장 심하게 괴롭힘을 주도했던 소년을 무자비하게 공격한 일이 있었다. 영어 실력을 쌓기 위해 부모님이 보내주셨던 런던 여행에서 내가 성폭행을 당했던 시기도 13세였다. 우리는 모두 부모님과 떨어져 있었으며 나이보다 앞서 성장해야만 했었다. 사건 전후로 우리의 어린 시절은 천진함을 잃어버린 채 극명하게 나뉘었다.

내가 말할 수 있는 것은 우리는 각자 이러한 버려짐과 트라우마의 패턴으로 인해 어둠 속에서 살았다는 것이다. 나는 우리 중 누구라도 처음부터 인정할 수밖에 없는 패턴이 있었다는 것을 알기만 했더라면 저주를 끊어낼 수 있었을 것이라고 생각한다. 적어도 나의 경우는 그렇다. 나는 가족세우기를 통해 그 어둠을 밝힐 수 있었고, 마침내 나의 깊은 고통과 마주할 수 있었다. 나에게는 자녀가 없지만 만약 아이가 있다면 내가 한 일에 대해서는 내가 책임을 지고, 다음 세대의 누구에게도 나를 대신해 고치거나 수정할 필요가 없도록 그 패턴을 영구히 없애려고 노력할 것이다. 그리하여 그들이 13세가 되었을 때 겪을 수 있는 최악의 상황이란 게 그 나이에 겪을 수 있는 보편적이고 일상적인 어려움뿐이라는 것을 알 수 있도록 말이다. 당신에게도 상실이나 폭력의 유산을 끊어낼 수 있는 똑같은 힘이 있다. 당신은 당신보다 먼저 온 조상이나 그 무엇의 포로가 아니다. 나는 약속할 수 있다. 한 걸음 물러서서 가족 체계라는 더 큰 맥락에서 삶을 바라볼 수 있다면, 조상들의 생명 에너지와 축적된 경험이라는 지혜가 어떻게 우리 삶에서 힘의 원천이 되고 있는지를 더 완전하게 이해할 수 있을 것이다. 그리하여 앞으로 나아가기 위해 의식적으로 그리고 의도를 가지고 그 힘을 우리 삶에 활용할 수 있을 것이다.

볼테르는 다음과 같이 말했다.

"각각의 선수는 삶이 주는 카드를 받아야만 합니다. 하지만 일단 패가 손에 들어오면 게임에서 승리하기 위해 그 카드를 어떻게 사용할지는 혼자 힘으로 결정해야 합니다."

우리에게 들려준 패가 우리의 숙명이다. 그것은 우주에 의해, 근본에 의해, 신에 의해, 유전이나 가족력에 의해 이미 결정되었다. 숙명은 라틴어 fatum(파툼)에서 유래했는데 문자 그대로 '이미 언급되었다.'라는 뜻이다. 그것은 이미 던져졌고 끝난 일이라는 의미이다. 요점은 우리가 언제 어디에서 누구에 의해 태어날 것인지는 통제할 수 없으며, 그것이 우리의 숙명이라는 것이다. 나의 숙명은 20세기 후반 프랑스에서 여자로 그리고 나의 부모님에게서 태어나는 것이었다. 우리의 숙명은 필연적으로 조상들과 연결되어 있다. 조상이 없으면 우리도 존재할 수 없다. 하지만 우리의 운명은 반드시 그럴 필요가 없다. 우리의 운명은 우리가 그 패를 어떻게 다루느냐에 따라 달라질 것이기 때문이다. 그것은 우리가 인생을 살면서 내린 선택의 결과이다. 우리의 숙명은 우리가 어디에서 왔는가의 문제이고, 우리의 운명은 우리가 어디로 가고 있는가의 문제이다. 당신의 숙명은 무엇인가? 당신의 운명은 어떻게 될 것인가?

우리가 다른 사람의 숙명에 얽히게 되면 얽힌 사람의 운명을 자신의 운명인 양 떠맡게 되어 자기 본연의 길을 잃는다. 그러나 얽힘을 인식하게 되면 오래된 패턴들을 미리 방지하고 깨뜨릴 힘을 갖게 된다. 운명을 통제하면서 우리 삶의 방향만을 바꾸는 것이 아니라, 우리 뒤에 올 사람들의 삶도 바꾸어나갈 힘을 말이다. 우리의 가족 체계는 질서정연해지고 우리 각자는 우리가 있어야 할 자리에 속하게 된다.

세우기 문장

나는 나의 [가족/조상]과 같은 이름,
같은 생일을 가질 수 있습니다
하지만 그의/그녀의 운명을 공유하지는 않을 것입니다.
나는 나만의 운명이 있습니다.
나는 내 가족에 소속되어 나의 운명을 살아갈 것입니다.

연습

패턴 분류 – 개인사 목록

이 장의 처음 부분에서 우리는 얽힘의 징후를 알아차리기 위한 기초로 가족의 과거를 살펴보는 것으로 시작하였습니다. 여기에서는 더 깊은 차원의 패턴 분류를 위한 방법으로 그 순서를 바꿔서, 과거부터 시작해서 지금의 자신을 있게 한 중요한 사건의 개인 목록을 작성할 것입니다. 목록을 작성하고 난 이후에는 이 목록을 이용해서 기꺼이 함께하고자 하는 가족 구성원과 대화를 이어가 보세요. 만약 조부모님이 살아계신다면 그분들께 과거사에 대한 몇몇 세부 사항들을 기입할 수 있게 해달라고 부탁해 보십시오. 가족사를 더 깊이 이해하고 가족들의 삶에 영향을 끼친 사건들에서 통찰을 얻으려 한다고 말씀해 보십시오.

출생부터 지금까지 살아오면서 일어났던 모든 중요하고 충격적이거나 비중 있는 사건의 목록을 작성해 보세요. 작성하는 동안 자신을 편안하게 해주세요. 사건이 일어났던 당시의 나이도 함께 기록해 보세요. 이것은 앞으로 있을 대화의 나침반으로 사용될 것입니다. 삶에서 자세히 알아보고 싶은 연령대와 나이를 정하세요. 예를 들어 16세에 경험했던 중요한 사건에서 통찰을 얻고 싶다면, 조부모님과 마주 앉아서 "열여섯 살 때의 삶은 어땠나요?" "그때 가장 인상적인 경험이 무엇이었나요?"라고 질문할 수 있습니다. "어디에서 사셨나요?" "누구와 사셨나요?" "어떤 아픔을 경험하셨나요?" "어떤 직업을 가졌었나요?" "가장 좋아하시던 책은 무엇이었나요?" "가장 친한 친구는 누구였나요?"와 같이 개방형 질문보다는 구체적으로 질문하는 것이 더 생산적인 대화를 끌어내기에 유용합니다. 만약 아직 이름을 알 수 없는 부모님, 형제자매, 친척이 있다면 그들의 이름을 묻고 그 대답을 기록해 보세요. 대답은 문서나 전자 기록으로 남길 수도 있고, 동영상 또한 멋진 기록이 될 수 있습니다. 만약 인생의 중요한 부분을 더 탐색하고 싶다면 해마다 연례행사처럼 하실 수도 있습니다.

조부모님께서 이야기하고 싶은 것을 나눌 수 있는 여유 공간을 만들어 주세요. 만약 싫다면 강요하지 말고, 그분들의 결정을 존중하세요. 다른 사람들이 당신에게 해주기를 기대하는 것처럼 판단하지 말고, 존중하는 마음으로 소통해 보세요. 이것은 가족관계의 역동을 건강하게 이끄는 중요한 열쇠입니다. 일단 조부모님과 이야기를 나누었다면 그분들의 대답을 검토한 후 자신이 쓴 목록과 비교해 보세요. 반복되는 날짜와 경험들을 찾아보세요. 어떠한 패턴이든 찾을 수 있을 것입니다. 자신을 믿고 편안하게 몸을 맡겨 보세요. 설령 그렇게 보이지 않는다 해도 우리는 인간으로서 패턴을 인식하는 능력을 타고난 사람들입니다.

이 연습을 통해 가족 내 패턴을 파악하고, 가족과 동일시되었거나 얽혀 있는 방식에 대한 새로운 통찰을 얻는 데 도움이 되기를 바랍니다. 이 연습은 오래된 패턴을 깨뜨릴 수 있는 힘을 강화하기 위한 것입니다. 우리가 더 큰 그림으로 우리 자신을 볼 수 있을 때 가족 체계의 맥락 안에서 우리의 운명을 이해할 수가 있습니다. 그것은 우리를 가족 체계 내 올바른 자리에 더욱 단단히 뿌리내리게 하고, 자신의 운명을 더 잘 설계할 수 있도록 준비시킬 것입니다.

Chapter

03

유일하게 올바른 부모

트라우마를 넘어선

가족치료 이야기

부모님을
반드시 사랑하지 않아도 된다

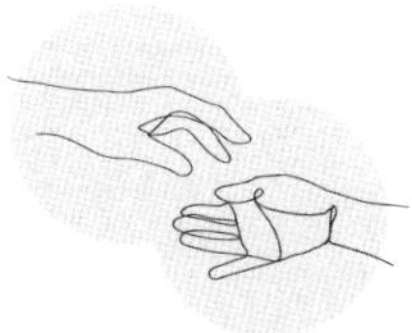

경력 단절, 잘못된 연인 관계, 인간관계, 경제적인 문제 등 가지고 있는 고민이 무엇이든 내게 찾아오는 내담자의 열에 아홉은 언제든지 부모님에 관한 이야기로 귀결된다. 그렇다. 가족세우기라고 부르는 데에는 그만한 이유가 있다. 내담자들 대부분이 부모와의 관계가 어렵다는 이유로 나를 찾아온다. 그런 면에서는 가족세우기도 기존 치료법과 꽤 비슷해 보일 수 있다. 만약 당신이 심리치료사를 만나본 경험이 있다면 그들이 가장 먼저 알고 싶어했던 것이 무엇인지 알 것이다. 그것은 어린 시절에 관한 탐색이었을 것이다. 부모가 자녀를 망치는 주범이라는 말이 있다. 이 점에 있어서는 어떠한 치료법이든 종류와 관계없이 치료사들 대부분이 동의할 거라고 장담한다.

가족세우기를 통해 부모 자녀 관계가 한 개인의 삶에서 나타나는 다양한 역동들에 얼마나 심오한 영향을 미치는지 나는 여러 번 보았다. 자존감 형성이나 건강한 관계를 형성하는 능력, 직업적인 성공, 그리고 경제적인 능력에 이르기까지 말이다. 하지만 그러한 관계에서 평화를 회복하는 방법이나 힘든 부모 자녀 역동을 조화시키는 방법, 그리고 어린 시절 상처와 성인기가 되어서까지 따라다니는 그 상처들을 치유하는 방법에 관한 한 기존 치료법과 가족세우기 사이의 초기 유사성은 여기서 끝이 난다.

내 경험에 비추어 볼 때 전통적인 치료법은 현재의 어려움에 대한 책임을 과거의 무엇 또는 과거의 누구에게 초점을 맞추려는 경우가 너무나 흔하다. 기억의 창고를 샅샅이 살펴 누가 우리에게 무슨 짓을 했는지 밝혀내라면서 자신을 희생자로 여기라고 배운다. 특히 어린 시절 결핍되었던 것은 무엇이었는지, 부모의 단점이나 부족한 돌봄으로 인한 상처들은 무엇이었는지를 열거하면서 부모를 판단하도록 부추긴다.

물론 결핍을 채워주지 못하는 부모를 가진 많은 사람들이 있다. 차갑고 수용적이지 못한 부모, 감정을 불편한 것으로 여기는 부모, 자녀를 아내나 남편의 대리인으로 여기는 부모, 결코 채울 수 없는 기대를 요구하는 부모, 우리의 정체성을 부정하는 부모, 모호한 경계를 설정하거나 경계를 설정하지 않은 부모, '분노 중독자', 알코올중독자, 일찍 돌아가신 부모, 실종된 부모가 있을 수 있다. 더 심각한 문제는 너무 많은 사람들이 정서적으로나 신체적으로 학대하는 부모 밑에서 자라났다는 사실이다. 물론 친부모와 돌봐주신 부모가 같은 사람이 아니었을 수도 있다. 친부모를 한 번도 만나보지 못한 사람도 있을 것이다. 앞으로 이해하게 되겠지만, 가족세우기에서 다루는 모든 내용은 두 부모 모두에게 적용된다. 이것은 사실이다. 그러나 우리는 너무도 흔히 치료 장면이나 삶 속에서 이러한 사실이 우리에게 의미하는 바인 주관적인 이야기(narrative)를 발전시켜 나간다.

우리는 종종 현재의 불행에 대한 책임을 부모에게 전가하는 방식으로 이러한 이야기(narrative)를 자주 되풀이한다. 우리의 역할이 피해자인 각본을 만들어서 그 이야기에 따라 자신의 삶을 제한하고 주체성을 포기한 채 살아간다. 우리 자신이 아닌 부모에게 현재의 선택과 행동 그리고 투쟁에 대해 책임지라고 한다. 심리치료를 받은 경험이 없더라도 우리 모두는 부모에 대한 자신만의 각본을 지닌 채 살아간다.

잠시 자신을 살펴보는 시간을 가져보자. 노트북을 사용하거나 휴대전화의 메모 앱을 사용해도 좋다. 눈을 감고 부모님을 떠올려 보라. 그리고 온몸에 주의를 기울여 보라. 어떤 느낌이 드는가? 긴장감이 느껴지는가? 답답한가? 편안한가? 자, 이제 스스로에게 질문하고, 답을 솔직하게 기록해 보라. 부모님 중 한 분 혹은 두 분 모두를 원망하고 있는가? 그 이유는 무엇인가? 부모님이 다르게 행동했어야 한다고 생각하는 것은 무엇인가? 그것에 대해 나는 어떻게 판단하고 있는가? 이러한 질문에 답을 글로 기록해 보는 것은 자신의 감정이 어떤 것인지 명확히 파악하는데 도움을 주며, 그 감정과 거리를 두게 한다. '생각에서 벗어날 때', 즉 생각을 종이에 적어서 문자 그대로 보게 되면 내면으로부터 분리해서 바라볼 수 있다.

이제 하나는 '사실'이고, 다른 하나는 '이야기(narrative)'라는 제목으로 두 개의 목록을 만들어 보라. 작성한 내용을 다시 읽어보고 사실(일어난 일)과 이야기(그 사실이 의미하는 바라고 당신이 믿는 것)를 구분할 수 있는지 살펴보라. 예를 들어 어머니가 장시간 일을 하셨기 때문에 당신의 일상생활이나 학교 행사, 과외 활동, 또는 중요한 순간에 자주 자리를 비우거나 참석하지 못한 경우가 있었을 것이다. 이것은 사실이다. 부모님이나 자신에 대해 스스로 어떻게 느끼는가 하는 것이 이야기(narrative)이다. "어머니는 저보다 자신의 경력을 우선시 하셨어요." "어머니는 나를 사랑하는 것보다 일을 더 좋아하셨어요." "내가 여성과 친밀한 관계를 맺지 못하는 것은 우리 엄마 잘못입니다." "내가 일 중독자인 건 어머니 탓이에요." "어머니는 내가 필요할 때 늘 곁에 있을 만큼 충분히 나에게 신경 써주지 않았어요." "어머니는 나를 충분히 사랑하지 않으셨어요." "나는 어머니의 사랑을 받을 자격이 없는 사람입니다." "나는 근본적으로 무가치한 사람입니다."

이런 이야기(narrative)가 얼마나 해로운지 아는가? 어떻게 당신의 역할이 삶이나 사랑에서 결코 충분하지 못하다는 이야기로 바뀔 수 있으며, 어떻게 자신의 선택이 이제 와서 어머니 행동의 결과였다는 식으로 바뀔 수 있는가? 가설을 세워보자. 어머니가 장시간 일하신 것은 사실이다. 그리고 어머니가 자녀의 삶에서 중요한 사건들을 놓친 것도 사실이다. 하지만 '어머니는 나를 사랑하는 것보다 일을 더 좋아하셨어요.' 라는 이야기 자체(narrative itself)는 증명할 수 없다. 그것은 사실이 아니다. 만약 그것이 사실이라면 어머니나 형제자매 또는 다른 가족 구성원들 모두 똑같은 이야기를 할 것이다. 그러나 그들은 그렇지 않다. 절대 그렇지 않다. 어쩌면 어머니에게 그 이야기는 '내가 누리지 못한 삶을 자녀에게 주기 위해 희생했다.'이거나 '내가 이혼 후 열심히 일하는 모습이 아이들에게 자립과 독립의 본보기가 되었다.'에 가까울 것이다.

그러한 각본으로 사는 것은 엄청나게 소모적인 일일 뿐만 아니라 삶 자체를 부정하는 일이다. 우리가 과거에 살 때 우리는 현재를 거부한다. 앞으로 나아가기 위해 노력하고 있다고 믿으면서도 변화나 성장 가능성이 없는 과거라는 정체된 구간 속에 갇히고 만다. 충분한 시간을 들여 자신의 이야기(narrative)를 다시 한번 자세히 살펴보라. 부모에게 책임을 전가하기 위해 삶의 주도권을 포기한 지점은 어디인가? 부모님이 했거나 하지 않았던 일, 그들이 줄 수 있었거나 줄 수 없었던 일, 그들이 얼마나 다르게 혹은 얼마나 더 잘 자신을 사랑해야 했는지 원망하느라 시간과 에너지를 소비하는 동안 당신의 삶은 어디에서 정체되어 있었는가?

내가 내담자 제인을 만났을 때 그녀는 어머니와 단절된 상태였다. 당시 20대 후반이었던 그녀는 대학에 들어가기 위해 집을 떠나온 이후로는 집에서 살지 않았다. 웨이트리스로 일하던 제인은 코로나바이러스 팬데믹이 발생하자 더 이상 일을 할 수 없게 되었다. 그녀는 임대료를 계속 내야 하는 비싸고 작은 뉴욕의 아파트를 떠나 임대료 없이 살 수 있는 뉴저지의 어린 시절 집으로 돌아갔다. 첫 줌 미팅에서는 자신이 어머니를 얼마나 견디기 힘들어했는지, 어머니가 그녀를 얼마나 사랑하지 않았으며, 얼마나 진심으로 돌보지 않았는지를 자세하게 묘사하면서 온통 그 이야기로 시간을 보냈다. 제인은 여동생이 항상 어머니의 모든 관심을 받았고, 자신은 미운 오리 취급을 받았다고 느꼈다. 그녀에게는 긴 불평 목록이 있었는데, 우리가 이야기할 때마다 그것을 하나하나 자세히 열거하는 것을 즐겨 했다. 그녀가 어머니와 함께 사는 것은 끝없는 분노에 휩싸인 상태 같았다. 그녀는 어머니가 하는 모든 사소한 행동 하나하나를 개인적인 것으로 받아들였다. 어머니는 수동공격적이었으며 커피 한 잔 따라주지 않는 계산적인 사람이라고 이야기했다. 제인이 어머니를 몹시 싫어하는 사람처럼 보였음에도 불구하고, 특히 전 세계적으로 불안정하고 전례 없이 불안한 시기에 어머니에게 돌아가기로 선택했다는 사실이 내게는 매우 흥미롭게 다가왔다.

"하지만 선생님! 난 선택의 여지가 없었어요."라고 그녀가 주장했다.

제인의 아버지는 4년 전 돌아가셨다. 그러나 그녀는 아버지를 이상화하지 않았다. 사실은 정반대였다. 살아생전 딸에게 항상 실망해 있었고 딸을 믿지 않았던 아버지를 그녀는 어머니의 범죄 파트너쯤으로 생각했다. 사실 제인은 어머니가 여전히 남편을 애도하고 있다는 사실에 짜증이 나 있었다.

"어머니에게 가장 큰 불만은 무엇인가요?"

"어머니는 과거에 살고 있어요!"

제인은 공황 발작과 불안으로 고통받고 있었다. 그녀는 웨이트리스 일을 싫어했으나 대신 무엇을 하고 싶은지 알지 못했다. 자신이 할 수 있는 다른 일이 없다고 생각했다. 그리고 직장에 다니고 있는 대학 시절 친구들을 원망하면서 불안감으로 고통받고 있었다. 그녀는 자신을 믿지 않았고, 자신이 어떤 사람인지도 알지 못했다. 이러한 이야기가 익숙하게 들리는가?

제인이 어머니 집으로 돌아가면서, 그녀는 자신의 이야기(narrative) 속 안전지대로 후퇴하고 있었다. 코로나19는 완벽한 알리바이가 되어 주었다. 제인은 더 이상 어떤 것도 책임질 필요가 없었다. 그녀 생각에 그보다 더 좋은 선택은 없었다. 제인과의 상담은 마치 두더지 잡기 놀이와 같았다. 우리가 해결책을 찾을 때마다 삶에서 그녀가 원하는 방식대로 흘러가지 않는 이것과 저것, 그리고 그것의 원인을 부모님 탓으로 돌리면서 새로운 불만이 불쑥불쑥 나타났다.

치료 작업이 거듭되면서 그녀는 고착된 생각에서 벗어날 수 있었다. 비난은 일종의 고착된 사고이다. 생각에서 벗어나면서부터 몸과 다시 연결되었다. 제인은 마음이 닫혀 있었다. 그녀는 자신의 감정을 느끼고 싶지 않았다. 그것이 그녀가 공황 발작을 일으켰던 이유 중 하나였다. 그것은 마치 신체의 SOS 시스템 같았다. 제인의 부모님도 감정적으로 닫혀 있었다. 그래서 그녀도 감정을 느끼는 것이 안전하지 않다는 생각을 내면화했다. 제인이 감정을 느끼는 것에 익숙해지면서 자신의 감정을 점점 더 잘 받아들일 수 있게 되었다. 특히 그녀가 부모님을 얼마나 사랑했는지 그리고 그 사랑을 얼마나 두려워했는지 알게 되었다. 그녀가 사랑과 주체성을 끌어낼 수 있게 되자 그동안 그토록 절실하게 붙잡고 있었던 이야기(narrative)도 내려놓을 수 있게 되었다. 자신의 감정과 다시 소통하고 연결함으로써 그녀는 마침내 진실을 볼 수 있었다. 그녀가 자신을 보기 시작하고 사랑하기 시작하자, 단지 부모님에게 사랑받고 싶었고 인정받고 싶었다는 사실을 알게 되면서 모든 일들이 훨씬 더 쉬워졌다. 그녀는 더 이상 부모님에게 의존하지 않았다. 대신 자신에게 필요한 것, 즉 자신의 내면 아이가 필요로 하는 것을 스스로에게 제공했다. 마침내 그녀는 자신의 진정한 욕구에 맞추어 직업 치료사가 되기로 결심했고, 석사과정에도 합격했다. 그리고 어머니와 좋은 관계를 유지하며 집을 떠날 수 있었다.

우리가 부모를 비난하고 판단하면 현재를 거부할 뿐만 아니라 자기 자신도 거부하게 된다. 우리가 거부한 것을 우리는 반복한다. 그리고 우리가 거부한 것을 우리는 제외한다. 이것이 바로 가족세우기에서 비난 게임을 하지 않는 이유이다. 흔히 '바보 같은 게임에는 바보 같은 결과가 따른다.'라는 말이 있다. 우리가 한쪽 부모를 배제하거나 가족 체계에서 부모를 배제하면 체계의 무질서인 불균형이 나타난다. 가족 체계는 언제나 얽힘이라는 수단을 통해 균형과 통합성을 회복하려 한다는 것을 기억하자.

우리의 행복은 가족 체계에서 부모에게 올바른 자리를 내어주는 것에 달려있다. 아무리 그러한 생각에 저항한다 해도, 설령 처음에는 그것이 굉장히 불쾌하게 느껴진다 해도 우리는 그들의 소속권을 회복해야 한다. 우리가 아무리 부모를 용서하려 한다 해도 부모가 우리를 어떻게 망쳐 놓았는지 확인하고 부모를 떠나는 것으로는 진정한 화해가 오지도 않고 올 수도 없다. 용서가 아닌 수용만이 부모와의 관계 역동을 바꾸는 열쇠이다.

이것은 부모가 한 행동에 책임을 지지 않아도 된다는 의미가 아니다. 당연히 아니다. 그들은 그들이 한 일에 책임이 있다. 우리는 변명도 용서도 허용하지 않는다. 가족세우기는 항상 자기 행동에 대한 개인의 책임을 강조한다. 일단 성인이 되면, 항상 자신의 선택과 행동에 대해 전적인 책임을 져야 한다. 그래서 부모는 그들 행동에 전적인 책임이 있다. 이것은 또한 부모가 책임져야 할 일에 우리가 책임질 부분은 없다는 것을 의미한다.

아마도 이것은 당연해 보일지 모른다. 하지만 어떤 경우 부모의 실수나 단점에 집착하면서 보복하거나 심지어 용서하기를 바란다. 그것은 우리 권한 밖의 일이다. 그것은 그들이 선택한 결과를 통제하고 그들의 운명을 좌지우지하려는 것이다. 우리는 다른 사람의 행동에 책임질 수 없다. 그들의 운명은 그들에게 맡겨야 한다. 이것이 우리가 타인의 운명을 존중하는 방식이다. 자신의 에너지와 자원을 낭비하면서까지 그들의 운명에 끼어들어 얽힘을 지속하는 위험을 무릅쓰지 마라.

내가 내담자 조나단을 처음 만났을 때였다. 그는 첫 번째 스타트업(start-up, 신생기업)을 막 매각하고 다음 프로젝트를 위해 상당한 양의 자본을 모은 30대 초반의 건강하고 부유한 남자였다. 그는 자신이 힘들게 이룬 성공을 즐겨야 했으나 오히려 극심한 불안감에 시달리고 있었다. 매일 밤 재판도 치르지 않고 형량을 알 수 없는 기간으로 감옥에 갇히는 꿈을 꾸었다. 놀랍게도 약 10년 전, 그가 20대 초반이었을 때 편의점을 털어 감옥에 있었다는 사실을 알게 되었다. 그가 감옥에 있는 동안 그의 누나가 돈 미겔 루이스의 『네 가지 약속』[13]이라는 책을 선물했는데, 이 책이 그를 개인적인 성장과 영적 발전의 길로 인도한 영혼의 행동 강령이 되었다고 한다. 조나단은 모범수가 되었다. 코딩 공부를 시작했고, 자신이 한 행동에는 책임을 졌다. 그리고 다른 수감자들의 항소심과 법정기일 준비하는 것을 도왔다. 모범적인 행동으로 조기 석방된 조나단은 그 후 유명한 컴퓨터 과학 프로그램 과정에 지원해서 합격하였다. 내가 조나단을 만났을 무렵 그는 완전히 '교화'된 상태였다. 그의 과거 이야기를 들을 때는 마치 소설 속에 등장하는 어떤 인물의 이야기를 듣는 것만 같았다. 그러나 수년간의 바른 생활에도 불구하고, 그는 왠지 모르게 다시 어두운 곳으로 가게 될 것이라는 두려움에 떨고 있었다. 마치 자신의 삶을 통제하지 못하는 사람같아 보였다. 그는 자신의 성공을 즐길 수도 없었다. 가정을 꾸릴 준비가 되었다고 느꼈으나 그의 연애운은 그다지 좋지 못했다.

조나단이 나에게 최근 자신의 성인 생활에 대해 알려주었다. 그런 후 가족세우기를 시작했다. 이번에는 '영이 이끄는(blind)'[14] 세우기였다.

---

13 Don Miguel Ruiz, 『The Four Agreements』, 고대 멕시코 톨텍 문명에서 유래한 지혜를 바탕으로 인간이 자유롭고 행복한 삶을 살기 위한 네 가지 실천 원칙을 제시한 책이다.

14 Blind constellation. 가족세우기에서 촉진자가 각각의 대리인(또는 바닥에 놓인 발자국 쌍)이 가족 구성원 중 누구를 대리하는지 공개하지 않고 직관과 감각에 따라 진행하는 세우기를 말한다.

가족세우기에 들어가기 전 그가 다루고 싶다고 이야기했던 문제들을 바탕으로 누구를 포함할지 목록을 만들었다. 나는 각각의 '발자국 쌍'이 누구를 상징하는지 알고 있었다. 하지만 조나단은 알지 못했다. 그가 발자국들을 배치했다. 그리고 난 후 각 쌍에 대한 그의 느낌이 어떤지 차례로 이야기를 나누었다. 조나단이 이야기를 다 끝냈을 때 나는 각각의 발자국 쌍들이 누구를 대리하는지 알려주었다. 그런 다음 각각에 대해 그가 설명했던 내용들을 다시 검토했다. 우리가 세우기 진행 과정과 거기에서 얻은 통찰에 관한 이야기를 모두 끝냈을 때 발자국 한 쌍을 놓치고 있는 것을 알아차렸다. 당황스러웠다. 발자국을 배치했던 책상 한 귀퉁이에 조나단의 아버지를 상징하는 마지막 발자국 한 쌍이 놓여 있었다. 심지어 치료사인 나도 그것을 완전히 잊고 있었다.

나는 조나단에게 어떤 느낌이 드는지 물었다.

"아무것도…. 아무 느낌도 없어요."

나는 조나단에게 그 발자국이 아버지를 대리한다고 조용히 말했다.

"헉!" 하고 그가 반응했다.

문자 그대로 아버지가 어디에 있었는지 전혀 모른다는 것이 금세 분명해졌다.

"난 모르겠어요, 난 신경 쓰지 않아요. 나는 어렸을 때부터 아버지를 본 적도 없고, 말 그대로 이제는 더 이상 생각하지도 않습니다."

이어서 조나단은 자신이 다섯 살이었을 때 아버지가 은행을 털어서 감옥에 갔다는 사실을 이야기했다. 어머니는 아버지가 감옥에 있는 동안 이혼했으며, 그들은 한 번도 면회를 간 적이 없었다고 했다. 어머니는 그 후로 아버지에 관한 이야기를 철저하게 피했다. 어머니가 아버지를 언급할 때는 "네 아버지처럼 되지 마라!" 또는 "넌 네 아버지보다 훨씬 더 똑똑해!/더 착해/더 배려심 있어."와 같이 아버지와 대조되는 행동을 칭찬할 때였다. 어머니가 재혼한 이후에는 아버지에 관한 어떠한 언급도 입 밖에 내지 않았다.

"그 판에 박은 듯한 뻔한 말 알아요. 아버지는 감옥에 갔고 나는 아비 없이 자랐죠. 그래서 결국 감옥에 가게 되었다는 거죠." 조나단이 어깨를 으쓱하며 말했다.

"이미 상담하면서 충분히 겪어 봤거든요."

그는 더 이상 아버지에 대해 생각하지 않는다고 주장하면서 아버지를 용서했으며, 성장하기 위해 노력하고 있다고 했다. 감옥이 등장하는 꿈은 단지 스트레스 때문이라고 했다. 그러나 조나단은 아버지에 대한 비난을 멈추지 않았다. 그는 결코 아버지를 가족 체계의 일원으로 다시 받아들인 적이 없었고, 진심으로 자신의 아버지로 받아들인 적도 없었다. 특히 아버지가 될 가능성과 자신의 삶에 대해 지속적인 거부감을 느끼고 있었다. 이러한 조나단의 거부 상태는 아버지와의 얽힘이 분명했다. 제외된 아버지에게 충성하면서 그의 저항과는 대조적으로 아버지의 자리를 대신하기 위해 무의식적으로 그의 운명을 뒤따르고 있었다.

가족세우기를 통해 조나단은 아버지를 올바른 그의 자리로 돌아가게 할 수 있었다. 그는 먼저 세우기 문장을 이용해 아버지를 수용하는 선언을 했다.

"아버지, 저는 아버지의 아들이고, 당신은 저의 아버지이십니다."

"아버지는 할 수 있는 최선을 다하셨습니다. 이제부터는 제가 책임지겠습니다."라고 말하며 한 걸음 물러나 경계를 설정했다.

이로써 조나단은 아버지의 소속감을 존중하면서 얽힘을 풀어낼 수 있었다. 아버지를 찾아보거나 관계를 발전시키고자 하는 마음은 없었으나 더 이상 아버지라는 사실을 부정하지는 않았다. 그로써 있는 그대로의 삶 그 자체와 자신을 화해시킬 수 있었다. 괜찮은 아버지가 될 수 없다는 무언의 두려움이 사라지면서 그의 악몽도 멈췄다.

부모님을 탓하면 기분이 나아진다는 걸 나도 잘 알고 있다. 우리를 가장 사랑해야 할 사람들이 오히려 우리에게 준 상처들을 열거할 때 우리가 경험하는 마땅한 분노에는 달콤함이 있다. 그리고 불편함과 고통의 근원 자리로 우리를 계속 되돌리고 있음에도 불구하고, 우리가 선택한 피해자 역할에는 이상하게도 안전감이나 심지어 위안감이 있다. 왜냐하면 그것은 익숙하기도 하고 변명을 통해 자신을 보호하는 기능을 하기 때문이다. 하지만 당신은 이제 어른이며 당신의 인간관계를 결정할 힘과 그에 따른 선택을 할 수 있는 힘이 있다. 부모와의 역동에 변화를 주고 패턴을 바꿀 수 있는 유일한 사람은 바로 당신이다.

그렇다. 갈등이 있는 사람들이나 그들과의 역동을 다루어야 하는 일은 누구에게나 힘든 일이다. 그 사람이 어머니나 아버지일 때는 훨씬 더 힘들고 상처가 된다. 하지만 피해자의 자리에 머물면서 끊임없이 "이건 불공평해, 왜 나야!"라고 외치는 것은 삶에 대한 책임을 거부하고 자신의 힘을 낭비하는 일이다. 불평하고 비난하고 투덜대는 것은 행복에 전혀 도움이 되지 않는다. 이러한 행동은 점점 힘을 빠지게 만든다. 방어적인 행동을 하지 않을 때 자기 자신에게 더 높은 가치를 부여하고 진짜 자기를 옹호할 수 있다. 사랑은 존중이 선행되어야 한다. 우리가 우리 자신을 존중할 때 사랑은 자연스럽게 회복된다.

과거가 공정하지 않았다고 해서 과거를 바꿀 수는 없다. 그러나 과거와 우리의 관계는 조절할 수 있다. 우리의 분노, 고통, 실망은 내려놓을 수 있다. 항상 그렇듯이 현실과 논쟁하는 것을 멈추고 있는 그대로를 인정하면 된다. 우리의 부모님이 우리 부모다. 우리가 할 수 있는 유일한 선택은 어떤 기대도 내려놓고, 그것이 아무리 제한적인 것일지라도, 부모님이 주시는 것을 있는 그대로 받아들이는 것이다. 부모님을 사랑하지 않아도 되지만, 그들을 부모로써 받아들여야만 한다.

부모에 대해 실질적인 어려움이 따르는 지점이 바로 이 부분이다. 경고하지만, 다음 내용은 좀 어려울 수 있다. 내담자들이 종종 주저하는 부분이기도 하다. 화해를 이루기 위해 우리가 해야 할 일은 단지 기대를 내려놓는 것뿐이라고 이야기한다면 얼마나 좋을까. 하지만 부모님에 관한 한 있는 그대로를 인정한다는 것은 우리의 부모님이 우리 부모라는 현실을 받아들이는 것뿐 아니라, 우리 부모님이 우리에게는 유일하고도 올바른 부모라는 사실을 인정하는 것이다.

일상적이고 오래된 부모의 소소한 역기능까지 말하는 것이 아니다. 어떻게 해로운 부모가 우리에게 유일하고 올바른 부모라고 말할 수 있겠는가? 그래야 할 필요가 있는가? 가장 기본적인 의미에서 우리의 부모님은 단 하나밖에 없는 부모이기 때문에 우리에게 유일하게 올바른 부모이다. 그들이 없었다면 우리도 존재하지 않았을 것이다.

버트 헬링거는 다음과 같이 말했다.

"이분들 외에 다른 부모는 없습니다. 그러니 그들이 최고의 부모이자 유일하게 가능한 부모이며, 따라서 유일하게 올바른 부모입니다."[15]

우리의 존재는 우리를 창조한 특정한 두 사람이 그들의 유전적 유산을 결합했던 현실에 달려있다. 그 특별한 두 사람을 통하지 않는 다른 여정

---

15 Bert Hellinger, 『Looking into the Souls of Children: The Hellinger Pedagogy in Action』 (Berchtesgaden, 독일, 2014).

은 없다. 그러므로 그들이 어떠했는지 모든 의도와 목적에 관계없이 그들은 유일하게 올바른 부모이다. 이렇듯 단지 생명을 창조했다는 단순한 사실만으로 그들은 '유일하게 올바른 부모'이다.

하지만 우리가 이것을 인정하고 안 하는 것이 왜 중요할까? 잠깐 멈추어 보자. 눈을 감고 긴장을 풀고 심장 박동에 주의를 기울여 보라. 심장 박동 하나하나를 느끼면서 몸을 따라 움직이는 생명의 힘을 느껴보라. 이 생명은 부모를 통해 우리에게 왔다. 우리가 그것을 알았든 몰랐든 생명은 부모를 통해 우리와 연결된다. 양육의 질과 상관없이 부모는 생명력을 완전히 전달했다. 그 생명력에서 더하거나 덜 수 있는 것은 아무것도 없다. 그리고 이 생명의 선물을 통해 부모는 우리를 우리보다 더 위대하고 더 깊은 무언가에 필연적으로 연결한다. 우리보다 앞선 조상과의 연결뿐만 아니라 그것이 무엇이든 생명의 원천 그 자체에 연결한다. 우리 부모님이 우리에게 유일하게 올바른 부모임을 인정하는 지점에 도달할 수 있을 때, 우리는 생명의 힘 자체에 완전히 전적으로 순종하는 상태에 이르고 그에 따라 생명을 완전히 받아들일 수 있다.

진정으로 생동감 있고 활력과 성취감으로 충만한 삶을 살기 위해서는 그 생명력을 최대한 많이 받아들여야 한다. 현재 주어진 삶에서 부모가 주는 것은 무엇이든 받는 것이 자녀로서 우리의 유일한 할 일이다. 우리가 부모와 단절하고, 부모를 부정하고, 부모를 마음이나 생각으로 거부하거나 배척할 때 삶의 흐름은 우리와 멀어진다. 그렇다고 부모와 친밀한 관계를 유지해야 한다는 말은 아니다. 우리 중 많은 사람은 친부모를 알지 못한다. 입양되었을 수도 있고 기증된 난자나 정자를 사용했을 수도 있다. 그리고 이미 말한 바와 같이 우리 중 많은 사람은 학대하거나 해가 되는 부모 밑에서 자랐다. 우리 부모가 우리에게 유일하게 올바른 부모라는 사실에 동의한다고 해서 학대에 동의하는 것이 아니다. 가족세우기 촉진자 조이 마네 박사는 부모에게 학대당한 적이 있는 내담자들에게는 다음과 같은 문장이 어려움을 해결하는 데 도움이 된다고 했다.

"이제 나는 당신을 [나의 아버지/어머니]로 받아들입니다. 그리고 부모님이 치른 대가와 내가 치른 대가에 동의합니다."[16]

나는 이 문장을 좋아한다. 왜냐하면 이것은 부모의 책임('부모가 치른 대가', 곧 부모의 운명)을 강화하는 동시에 자녀의 경험('내가 치른 대가')도 존중하기 때문이다.

우리 부모님이 우리에게 유일하게 올바른 부모라는 것을 인정하고 받아들이는 것은 근본적으로 부모가 제공한 생명 그 자체를 받아들이도록 자신을 개방하는 것을 의미한다. 그것은 해가 되는 부모와는 소통하

---

16 Joy Manne, Ph.D., 『가족세우기: A Practical Guide to Uncovering the Origins of Familly Conflict』 (Berkeley, CA: North Atlantic Books, 2009).

지 않겠다는 선택처럼 상호 배타적인 경계를 설정한다는 말이 아니다. 친부모든 아니든 우리 자신과 부모 사이의 적절한 거리를 찾는 일은 자신에게 줄 수 있는 가장 큰 선물 중 하나이다. 비유적으로 말해서 분리해야 할 부모가 그 자리에 있지 않다면 우리는 그런 경계를 만들거나 진정한 자율성을 경험할 수도 없다. 또한 측정할 수 있는 적절한 거리라는 것도 없다. 가족 체계에서 부모의 부재는 일종의 중력장을 만들어 우리를 안전하게 지켜주기보다 역기능 쪽으로 더 끌어당길 수 있다. 가족 체계에 부모를 다시 포함한다는 말은 그들을 올바른 자리에 있게 하는 것이다. 그렇게 그들이 자기의 자리에 있을 때 그들이 존재하는 그대로 우리는 자유로워진다. 체계적 의식은 떠난 사람들이 남긴 빈자리를 채우기 위해 더 이상 누군가를 찾을 필요가 없게 된다.

세우기 문장

나는 부모님의 책임을 대신 지지 않습니다.
나의 부모님이 나에게 유일하고 올바른 부모입니다.
생명은 부모님을 통해 나에게로 흐릅니다.
생명을 선물로 주신 것에 감사드립니다.

연습

절하기

"우리는 생명이 우리에게 온 그대로
생명이 가져다준 모든 것과 함께
우리에게 온 생명 앞에 절합니다.
그 생명을 그대로 마음과 영혼으로 받아들입니다."
-버트 헬링거, 평화는 영혼에서 시작된다-

비록 간단한 동작이지만, 절하는 것은 어려운 행위일 수 있습니다. 고개를 숙이며 절하는 것은 우리의 자아를 내려놓게 합니다. 우리가 고개를 숙일 때 그 대상이 신이든 인간이든 우리는 다른 존재 앞에서 육체적으로 겸손해집니다. 그것은 또한 믿음의 행위입니다. 절을 할 때 우리는 문자 그대로 머리와 목을 노출하고 시야를 제한하면서 스스로를 취약한 상태에 놓이게 합니다. 서양에서는 적어도 코로나19 이전에는 악수가 그러한 경향을 나타냈습니다. 고개를 숙이는 인사는 존경, 숭배, 헌신의 행위일 뿐만 아니라 많은 문화에서 표준화된 인사법입니다. 배우들이 공연을 끝낸 후 마지막으로 무대에 나와 고개를 숙이는 것은 관객들에 대한 감사의 표시입니다. 그들의 작품, 그들의 창조물, 어떤 의미에서는 그들의 창조적인 힘인 그들의 생명력을 지켜본 우리의 행동에 대한 감사인 것입니다. 훌륭한 공연이 끝나고 배우들이 무대 위로 올라와서 인사할 때 박수갈채를 보내는 그 느낌은 우리에게도 짜릿함을 선사합니다. 그 순간 생명 그 자체가 우리 사이로 흐르는 것을 느낄 수 있습니다.

부모님이 주신 생명력을 받아들이는 연습 중 하나는, 다시 말해 우리 부모님을 유일하게 올바른 부모로 받아들이는 연습의 한 가지 방법은 부모님 앞에 고개를 숙이는 것입니다. 그 생명 앞에 절하는 것입니다. 실제 부모님 앞이 아니어도 좋습니다. 만약 하고 싶다면 부모님을 대신할 사진이나 부모님의 삶과 연결할 수 있는 어떠한 물건이든 사용할 수 있습니다. 부모를 대신해 모슬린 담요를 사용한 내담자가 있었습니다. 또 다른 내담자는 자라면서 주말 아침마다 부모님이 사용하시던 커피잔 세트를 사용하기도 했습니다. 만약 아직 부모님 이미지나 부모 또는 부모 역할을 대신할 일반적인 상징물에 절할 준비가 되어 있지 않다면 건강한 화초와 같이 생명과 공명하는 것에 절할 수도 있습니다.

무릎을 꿇기에 편한 요가 매트와 수건 또는 담요를 놓을 수 있는 조용한 공간을 찾아보세요. 가져온 물건을 작은 테이블이나 책더미 등 당신이 나름대로 생각한 공간 위에 올려놓으세요. 그 앞에 무릎을 꿇고 상체를 바닥으로 낮춥니다. 절을 하면서 위의 세우기 문장 중 하나를 떠올려 보세요. 최소한 10초 동안 절하기 자세를 유지하면서 주의력을 온몸에 집중해 보세요. 생명의 흐름 속에 휴식하면서 심장 박동과 숨결을 느껴보세요.

주고받기

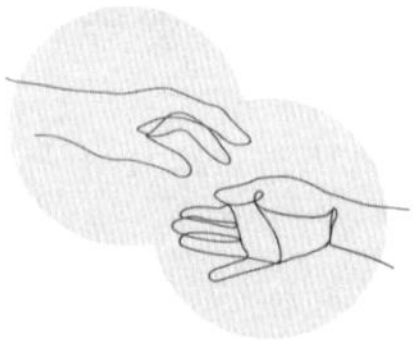

우리 부모님을 유일하게 올바른 부모로 받아들인다는 것은 어머니와 아버지 각자의 역할에서 우리에게 유일하게 올바른 어머니이자 아버지라는 사실을 필연적으로 받아들이는 것이다. 부모 중 누구 한 사람은 받아들이고 다른 사람은 받아들이지 않을 수 없다. 그렇게 단순하지 않다. 우리의 존재는 부모님 유전자의 결합에만 의존하지 않는다. 우리는 부모님이 이미 서로를 선택했다는 사실을 인정해야 한다. 어떤 면에서 그들의 운명은 불가분하게 얽혀 있다. 이것은 그들이 서로를 얼마나 잘 알고 있었는지 아닌지와 관계없이 엄연한 사실이다. 임신은 하룻밤의 관계와 오랜 관계를 구별하지 않는다. 정자 기증의 경우에도 그렇다.

앞서 언급했듯이 생물학적 어머니 아버지와 우리를 길러주신 분이 언제나 같은 한 분이 아닐 수 있다. 하지만 인간으로서 우리는 모두 난자와 정자의 결합, 즉 한편으로는 여성의 생명력과 다른 한편으로는 남성 생명력의 결합으로 이 땅에 태어난다. 이러한 유산을 통해 우리 각자는 성 정체성과 상관없이 여성성과 남성성의 혼합된 에너지를 갖게 된다.

이러한 각각의 에너지와 유산들은 삶을 더 풍요롭게 한다. 하나의 성을 거부하면 내 안에 있는 그 부분뿐만 아니라 삶에서 그와 관련된 부분들, 즉 성공, 창의성, 건강을 포함한 다른 측면들도 억압된다. 가장 순수한 형태로 이 에너지들은 받아들이는 것(여성성)과 취하는 것(남성성)의 본질이다. 이 에너지들은 우리의 성별 표현과는 별개이다. 사람들이 자신을 남성이나 여성 또는 비이성으로 구분하는 것과는 관계없이 정도는 다르지만 우리는 두 가지 성 에너지를 모두 지니고 있다. 여성성에서 오는 받아들이는 능력을 열린 상태가 되는 능력으로 생각해 보라. 다시 말해 다른 사람들, 아이디어, 직관에 열려 있어서 받아들이고 인식하는 능력을 말한다. 남성성에서 비롯된 취하는 능력은 행동을 취하는 능력으로 생각해 보라. 다시 말해 결단력 있고 목적의식이 있으며, 목표를 향해 나아가고 분석적으로 평가하는 능력을 의미한다. 여성적인 에너지와 남성적인 에너지는 상호보완적이다. 이 두 가지는 우리가 누구이며 우리가 무엇을 소중하게 여기는지, 우리가 우리 자신을 어떻게 이해하는지, 우리가 어떻게 세상에 접근하는지 등을 형성하는 독특한 방식과 맞물려 있다. 두 가지 특성 중 하나를 거부하면 그로 인한 고통을 겪게 된다. 번영을 위해서는 두 에너지 모두 필요하다. 이러한 에너지를 받아들이고 우리 삶에서 나타나는 모든 방식으로 그 에너지를 포용할 수 있으려면 그 에너지의 근원을 받아들이는 것에서부터 시작해야 한다. 그 근원은 삶에서 만나는 첫 번째 여성이자 첫 번째 남성인 친부모이다.

내 경험상 사람들은 대부분 부모 중 어느 한쪽보다 다른 쪽 부모와의 관계를 더 어려워한다. 흔히 어려운 쪽은 어머니이다. 솔직히 말해보자. 우리는 살면서 다른 사람에게는 거의 적용하지 않는 삶의 기준을 어머니에게 적용하는 경향이 있다. 우리는 이미 아버지보다 훨씬 더 많은 것을 어머니에게 기대하는 문화 속에 살고 있다. 여성에게 적용되는 기준은 거의 어느 누구도 만족시킬 수 없는 수준인 경우가 많다. 왜냐하면 그것은 기준이라기보다는 도저히 도달할 수 없도록 설계된 움직이는 표적과 같은 것이기 때문이다.

그 움직이는 표적 자체가 성차별과 성적 불평등의 기반 위에서 작동한다는 것은 염두에 두지 마라. 그러니 우리의 현재 문제와 관계를 살펴보고자 할 때 가장 먼저 가장 중요하게 고려해야 할 사람은 어머니이고, 두 번째로 중요한 사람도 어머니이고, 좀 과해 보이겠지만 세 번째로 중요한 사람 역시 어머니이다. 어머니가 우리 삶에서 일어난 모든 불행의 근원이라고 말하는 것은 절대 아니다. 그저 단순한 사실을 강조하는 것이다. 생명은 여성에게서 탄생한다는 사실을 말이다.

보라. 문자 그대로 우리는 어머니를 통해서 이 세상에 왔다. 어머니는 9개월 동안 우리를 자신의 몸에 품고 있었다. 실제로 여성이 임신하게 되면 그 여성은 3세대의 생명력을 지닌다. 그녀 자신의 생명력과 태어날 아기의 생명력 그리고 세대로 흐르는 생명력이 그것이다. 출산하는 과정에서 어머니는 우리의 생명을 위해 자신을 위험에 빠뜨린다. 과학과 의학이 이러한 위험을 줄이긴 했어도 위험은 여전히 인간의 심리에 깊이 새겨져 있다. 여성이 종의 생존을 보장하는데 더 큰 무게감을 지고 있는 것은 사실이다.

어머니는 우리 인생에서 첫 번째 여성이다. 그리고 우리 생명은 어머니에게 달려있다. 어머니와의 관계가 아무리 취약하더라도 그것은 우리가 경험하는 첫 번째 관계이다. 정신적 관계든 연인관계든 미래의 모든 관계는 어머니의 품 안에서 시작된 고리와 연결된다. 어머니는 보살핌, 안락함, 양육의 기본 자원이다. 어머니는 생명을 창조하고 유지한다. 이러한 모든 이유와 그 이상의 이유로 어머니는 여성성의 원형이다.

우리가 어머니를 거부한다면 본질적으로 여성성의 원형을 거부하는 것이다. 무의식적으로 보호, 안전, 안락, 보살핌과 같이 모성의 역할과 결부된 것들로부터 거리를 둘 수 있다. 또 자신을 돌보지 않을 수도 있다. 몸을 돌보지 않거나 몸과 제대로 연결되지 못할 수 있다. 그 결과 건강을 해치거나 감성이나 성적 감각으로부터 자신을 소외시킬 수 있다. 어쩌면 우리는 신체적으로나 정서적으로 친밀감을 나타내는 데에도 어려움을 겪을 수 있다. 또한 집과 환경을 돌보지 않아 어질러져 있거나 열악한 상태에 놓일 수 있다. 어쩌면 세상 어느 곳에서도 내 집처럼 편안하다는 느낌을 느끼지 못할 수도 있다. 또 안정적인 생활의 주요 원천인 돈 문제로 씨름할 수도 있다. 직관이 우리에게 말하는 신뢰할 수 있는 목소리를 듣지 못할 수도 있고, 글을 쓰고 예술을 창조하고 음악을 창작하거나 문제를 해결하는 능력 같은 창의력이 차단될 수도 있다. 예를 들어 음악을 듣고 감동의 눈물을 흘린다거나 소설이나 영화 또는 그림을 보고 우리의 시각이 변화되는 것과 같은 창의성과 연결되는 능력이 무뎌질 수 있다. 간단히 말해 여성성을 받아들이기 위해서는 어머니를 받아들여야만 한다.

어머니와 문제가 있든 없든 어머니를 어떻게 묘사할 것인지 스스로에게 자문해 보라. 어머니와 연결되어 있다고 느끼는가? 아니면 단절되었다고 느끼는가? 어린 시절 어머니는 어떤 분이셨는가? 어머니를 생각하면 가장 먼저 떠오르는 단어는 무엇인가? 대답을 기록해 보자. 단순히 떠오르는 형용사 목록을 만들어봐도 좋다. 더 자연스럽게 느껴지는 것이 있다면 마치 일기를 쓰듯 자유롭게 그 반응을 기록할 수도 있다. 어느 쪽이든 너무 깊게 생각하지는 마라. 이 연습의 목적은 즉각적으로 떠오르는 것과 연결하는 데 있다.

삶에서 여성성과 관련한 어려움을 겪는 부분은 어디인가? 예를 들면 도움이 필요할 때 도움을 받을 수 있는가? 자신만의 감각에 맞추어 몸이 현존하고 있음을 느끼는가? 자신을 돌보는 능력에 자신이 있는가? 만약 당신이 여성이라면 특히 직장과 같이 기회가 제한된 분야에서 다른 여성들을 지지하고 지원할 수 있는가? 만약 당신이 남성이라면 선생님이나 멘토와 같이 가족 이외의 여성들과 의미 있는 정신적 관계를 맺어본 경험이 있는가? 다른 사람의 작품을 감상하는 능력이나 자신의 창작 활동을 통해 창의성과 연결할 수 있는가? 질문들이 다소 덜 구체적이기는 하지만 답변을 기록해 보라. 너무 깊이 생각하지는 마라. 이 질문이 덜 구체적이라는 것은 인정한다.

이제 기록한 내용을 다시 읽어보자. 어머니를 묘사하기 위해 사용했던 언어와 여성성에 대한 당신의 태도와 경험 사이에 어떤 연결점이 보이는가?

다음은 나의 내담자 비비안의 사례이다. 엄격하게 통제된 그녀의 삶은 어머니를 둘러싼 수치심과 분노의 어두운 그림자를 반영하고 있었다. 비비안은 인생에서 감정적으로 매우 힘든 시기에 나를 찾아왔다. 심각한 암을 앓고 있던 어머니가 비비안의 집으로 들어와 손주들과 함께 살고 있었다. 비비안은 어머니의 간병인이 되었다. 비록 그녀가 이 의무를 원망하고 있지는 않았으나 어머니의 간병인이 된 것은 그녀에게 고통스러운 상처를 다시 떠올리게 했다. 비비안의 어린 시절 어머니는 집에 머물러 있지 않았다. 늘 멀리 떨어져 있는 존재였다기 보다는 번쩍이는 도깨비 같은 존재였다.

비비안은 우드스톡[17]에서 잉태되었다. 서로 다시는 보지 못할 열정적인 두 히피가 진흙탕에 몸을 던진 하룻밤의 결과였다. 비비안은 아버지가 어떤 사람이었는지 전혀 알지 못했고, 어머니는 그 주제에 전혀 관심이 없어 보였다. 내가 그녀의 임신 이야기가 얼마나 주목할 만한 것이었는지를 언급했을 때 비비안은 놀라는 것 같았다. 어쨌든 우드스톡은 문화적으로 중요한 의미를 지닌 역사적인 행사였다.

"정말 시끄럽고 축축하고 더러웠을 것 같아요."라고 그녀는 어깨를 으쓱하며 말했다. 그녀가 잉태되는 순간 지미 헨드릭스와 재니스 조플린과 같은 전설적인 음악가가 그곳에 있었다는 사실은 전혀 문제가 되지 않았다.

비비안이 태어나서 외할머니와 자라는 동안 어머니는 그녀가 원하던 여배우의 꿈을 좇고 있었다. 비비안은 당시의 어머니를 회상하며 사회적으로는 용납하기 어려울 정도로 파격적이고, 거침없이 자유롭고, 눈에 띄게 아름다웠으며, 욕망이 강하고, 성적으로 개방적이었다고 어머니를 묘사했다. 그녀의 특성들은 한편으로는 모두 훌륭한 것으로 해석

---

17 우드스톡 페스티벌은 전 세계 모든 록 페스티벌의 시초로 1960년대 후반 미국을 휩쓸었던 히피 문화의 절정 시절에 탄생했다. 정부의 규제로 공연 부지에 어려움을 겪던 중 한 농부가 농장 부지를 제공하여 개최될 수 있었고, 지미 헨드릭스 등이 출연해 대성공을 거두었다. 그러나 축제가 거듭되면서 많은 문제점이 야기되기도 하였다.

될 수 있는 것들이었지만, 그것들을 나열하는 비비안의 얼굴은 끔찍한 악취가 스며드는 것 같은 표정이었다. 그녀의 어머니는 배우로서 노골적으로 성을 표현하는 '예술 영화'에 출연하기도 했다. 비비안은 말했다.

"아마 그냥 포르노였을 거예요."

"나는 어머니가 부끄럽고 창피했어요."

비비안이 십 대였을 때 그녀의 어머니는 완전히 집으로 들어왔다. 외할머니와 함께 살고 있던 비비안의 삶에 어머니의 침입은 매우 불편한 것이었다.

"어머니는 내가 누구인지 어떤 사람인지 전혀 알지 못했어요. 어머니는 내가 열여섯 살이 아니라 여전히 엄마와 내가 마지막 밤을 보냈던 두세 살의 어린아이로 보고 있는 것 같았어요. 어머니는 여전히 믿을 수 없을 만큼 아름다웠고 나보다 훨씬 더 예뻤어요. 그리고 내 몸이 변하고 내가 성에 대한 인식이 커져서 당황스럽고 어색해하던 그 당시에도 자신의 성적 매력을 감추는 데에는 관심이 없었어요."

비비안의 어머니는 종종 열쇠를 잃어버리기도 하고, 비비안에게 돈을 빌리거나 마을로 차를 태워달라고 부탁하기도 했다. 그런 어머니를 그녀는 믿을 수 없을 정도로 미성숙하다고 생각했다.

"마치 내가 어른이고 어머니가 아이인 것 같았어요."

나는 비비안에게 어머니가 그녀를 사랑하는 것 같냐고 물었다.

"네." 비비안은 주저 없이 대답했다.

"하지만 어머니는 이기적이었어요. 성장하지도 않았고, 어떤 것도 책임지지 않았어요."

비비안은 눈에 띄는 여성이었고, 매우 '여성적인' 매너를 보여주었다. 나는 그녀가 머리카락이 흐트러지거나, 화장이 완벽하지 않거나, 매니큐어에 윤기가 흐르지 않는 모습을 본 적이 없다. 그녀는 우아한 스타일을 지니고 있었다. 그러나 모든 것이 고도로 통제되어 있었다. 비비안은 융통성이라고는 없었다. 그녀는 운동과 먹는 것에 대해서는 엄격했지만 스스로 인정하듯, 육체적 쾌락과는 완전히 멀어져 있었다. 그녀는 이혼한 상태였고 몇 년 동안 섹스를 하지 않았다.

"섹스는 저랑 맞지 않아요."라고 그녀가 씁쓸하게 말했다.

외모를 유지하는 것 외에 비비안은 어떤 종류의 자기 관리도 하지 않았다.

"나는 그럴 시간이 없어요."라고 그녀가 말했다.

"나는 한부모 가정 엄마라서 보살펴야 할 아이들에다 지금은 어머니까지 돌봐야 해요."

비비안은 파트너와 만족스러운 성생활을 원했으나 데이트는 거의 불가능했다. 남자들에게 마음을 열려고 애를 써보기도 했다. 하지만 데이트는 서너 번 이상을 넘기지 못했다. 개인적인 관계로 발전되어 친밀해질 만하면 그녀의 성벽은 높아지기 시작했다. 그리고 성공적인 성인 생활이 어때야 하는지에 대한 그녀의 생각, 즉 '올바른' 교육이나 '올바른' 직업에 부합하지 않는 그 누구도 받아들이지 않았다. 비비안의 모든 삶은 부정의 연속이었다. 그녀가 어머니를 부정했던 것처럼 자신의 사랑, 편안함, 휴식, 자발성, 교제를 스스로 부정했다. 어머니를 그녀의 집으로 모셔 오면서 그녀는 30년 전 어머니가 그녀의 삶에 '침입'했던 것을 재연하고 있었다. 투병 중인 어머니를 돌보면서 사춘기 때와 마찬가지로 어머니의 육체와 다시 싸우고 있었다. 그리고 자신에게 생명을 준 어머니에게, 심지어 어머니의 삶이 마지막에 가까워졌음에도, 여전히 그녀에게 화가 나 있는 자신에 대해 이제는 죄책감에 시달렸다.

비비안의 결심은 강렬했고 아름다웠다. 첫 번째 영이 이끄는 가족세우기에서 비비안은 어머니의 발자국을 자신의 발자국 앞쪽에 놓았다.

"기분이 어떠세요?" 하고 내가 물었다.

"슬프고 혼란스럽습니다."라고 그녀가 대답했다.

"그쪽으로 가고 싶지만 두려워요."

비비안과 그녀의 어머니는 올바른 자리에 있지 않았다. 비비안은 가족세우기에서 어머니에게 올바른 자리를 내주는 것을 거부했다. 어머니가 있어야 할 그녀 뒤의 자리는 비어 있었다. 그녀는 의지할 사람이 없다는 것을 직감했다. 비비안이 어머니의 발자국을 그녀의 뒤쪽 어머니가 있어야 할 자리에 돌려놓았다. 그러자 긴장이 눈에 띄게 풀렸다.

"어머니를 판단해서 미안해요."

"저는 어머니가 살아온 삶을 인정합니다. 그리고 어머니가 주는 것을 받겠습니다."

비비안은 등 뒤의 어머니 자리에서 새로운 힘이 느껴진다고 말했다. 다음 작업에서는 어머니와 명확한 경계를 설정하는 세우기를 진행했다. 그것은 비비안이 어린 시절 어머니의 성생활에 대해 알게 되면서 무너진 경계였다.

"어머니, 이제 어머니의 일은 어머니에게 맡깁니다. 그것은 나의 일이 아닙니다. 나는 어머니의 딸이지 엄마가 아닙니다. 어머니가 저의 어머니이십니다."

계속되는 다음 작업에서 그녀는 어머니가 더 이상 '그녀의 앞'에 위치하지 않았기 때문에 사춘기에 접어든 자녀를 더 잘 볼 수 있었다. 어머니의 성적 표현을 중심으로 한 수치심에서 벗어나게 되자 자신의 성에 대해 탐구할 힘이 더 생기기 시작했다. 더 이상 여성성과 성적 매력에 부담스러워하기보다는 오히려 힘을 느꼈다. 자신을 '완벽하게' 단장하는 데 들이는 시간을 줄이고 몸에 귀 기울이는데 더 많은 시간을 투자했다. 유산소 운동 수업을 중단하고 수영을 시작했다. 물속에서 지지받는 것 같은 자유로운 기분을 느꼈는데, 이는 일종의 자궁으로의 회귀였다. 어머니를 보살피면서 그녀가 전해준 생명의 선물을 돌보는 데에도 유연해졌다. 비비안이 어머니를 받아들이면서 여성성을 수용할 수 있었고, 여성성을 수용하자 어머니 유산의 일부인 힘과 권력도 마침내 받아들일 수 있었었다.

아버지와의 관계도 어머니와의 관계 못지않게 중요하다. 하지만 육체적으로나 정서적으로나 아버지는 종종 어머니보다 더 많은 거리를 두기 때문에 아버지와의 관계는 부차적이라고 할 수 있다. 어머니와의 유대는 자궁에서부터 시작하는 데 반해 탄생하기까지 아버지와 자녀의 유대는 더 추상적인 성격을 띤다. 그리고 역사적으로도 남성들은 아이의 탄생에 책임지지 않으면서 더 쉽고 더 빈번하게 유대를 끊어버리는 것을 볼 수 있다. 또 생명을 창조하는 일에 남성들은 상대적으로 책임을 덜 진다. 그들은 아이를 업고 다닐 필요가 없으며, 출산할 필요도, 출산 후 회복할 필요도 양육할 필요도 없다. 아버지들에게는 초기 요구 사항이 거의 없다. 그래서 아버지가 해야 할 일에 대한 기준이 꽤 높아야 한다고 생각할 수 있지만 그렇지 않다. 아버지에 대한 기준은 어머니들보다 훨씬 더 낮다. 기저귀 하나만 갈아도 아버지는 사실상 영웅으로 칭송받는다. 반면에 문화적으로 엄격한 기준을 따라야 하는 사람은 어머니라고 배웠기 때문에 어머니가 그 기준을 충족하지 못한다고 느끼는 경우가 흔하다. 흥미롭게도 우리는 종종 어머니에게 부과된 충족할 수 없는 그 기준을 제시하는 사람이 아버지라고 느낀다.

이러한 느낌은 여성성을 폄하하고 남성성을 왜곡하는 문화에 의해 강화된다. 모든 사람은 여성적인 에너지와 남성적인 에너지를 모두 가지고 있다. 표현력, 감정, 직관, 수용력과 같은 여성적 에너지 특성은 특히 다른 사람들과의 관계를 건강하고 깊이 있게 유지하는 데 매우 필요한 자질이다. 그러나 우리 문화는 종종 이것들을 약한 것으로 취급하여 소년이나 남성들에게 그 특성들을 조심하고 피해야 할 것으로 가르친다. 한편, 구조, 논리, 이성과 같이 똑같이 필요하면서도 아름다운 남성적인 에너지 특성들은 자아와 권력을 위해 이용되기도 한다. 그 특성들은 지나치게 강조되어서 균형이 깨져 있다. 그래서 아버지는 지배력을 행사하고 복종을 요구하는 무감각하고 경직된 인물이 되기도 한다. 유대-기독교 문화에서 아버지의 원형은 우리가 응답해야 하는 절대적 권위자로 표현된다.

우리 문화가 남성적 에너지를 왜곡해 온 방식을 제외하면, 우리에게 남성적 자질들이 얼마나 필요한지 그리고 그것이 얼마나 기능적이고 의미 있는 삶을 가능하게 하는지 잘 알 수 있다. 어머니와 여성성처럼 우리 삶에서 남성성을 받아들인다는 것은 인생의 첫 번째 남성인 친아버지를 받아들이는 것에서부터 시작한다. 그가 얼마만큼 남성성을 표현했는지 또는 그가 얼마나 현존했는지, 그리고 친아버지가 없을 때 그를 대신한 남자가 누구였는지와 관계없이 남성성은 친아버지를 받아들이는 데서부터 시작한다. 아버지는 피난처, 보호자, 안내자, 탐험가이다. 아버지는 어머니가 양육에 집중할 수 있는 공간을 만들고 지키며, 지속적인 보살핌을 가능하게 하는 것들을 가져오기 위해 세상에 나간다.

우리가 아버지를 거부하면 본질적으로 남성성의 원형을 거부하는 것이 된다. 그 결과 아버지와 관련된 무의식적인 것들, 즉 자신과 타인을 보호하는 능력, 삶에 대한 권위, 기술 습득, 충성심, 모험과 같은 것들로부터 거리를 두게 된다. 약속을 지키는 데에 어려움을 겪을 수 있고, 우정을 쌓고 관계를 유지하는 것이 힘들어질 수도 있다. 용기가 부족해 안전지대를 벗어나지 못하고, 미지의 세계를 두려워할지도 모른다. 자신의 완전한 능력을 깨닫지 못한 채 이성적인 의사결정을 거부하고 충동적인 행동으로 힘들어질 수도 있다. 마치 삶이 우리의 의지에 의해서라기보다는 우연히 일어나는 것처럼 허무하게 느껴질 수도 있다.

아버지와 문제가 있다고 느끼든 아니든 아버지를 어떻게 표현할 것인지 스스로에게 질문해 보라. 아버지와 연결되어 있다고 느끼는가? 아니면 단절되었다고 느끼는가? 어린 시절 아버지는 어떤 사람이었는가? 아버지를 생각하면 가장 먼저 떠오르는 단어는 무엇인가? 질문에 답을 기록해 보라. 단순히 떠오르는 형용사 목록을 작성해도 좋다. 만약 일기를 쓰듯 자유롭게 쓰는 것이 더 자연스럽게 느껴진다면 그렇게 해도 좋다.

어느 쪽이든 너무 어렵게 생각하지 말고, 즉각적으로 연상되는 생각을 떠올리는 것이 중요하다.

삶에서 남성성과 관련된 어려움을 느끼는 부분은 어느 지점인가? 예를 들면 필요할 때 도움을 요청할 수 있는가? 경계를 설정하고 당신의 안전을 지킬 능력이 있는가? 목표를 세우고 그것들을 끝까지 유지해 나갈 수 있는가? 아니면 결정해야 할 때 주저하면서 변화를 주도할 의지가 부족하다고 느끼는가? 만약 당신이 남성이라면, 삶에 관해 편안하게 이야기할 수 있는 남성들과 의미 있는 정신적 관계를 맺고 있는가? 만약 당신이 여성이라면 굳이 비위를 맞추지 않아도 되는 남성들과 친밀한 관계를 맺고 있는가? 새로운 아이디어를 찾고, 낯선 음식을 먹어보고, 도전적인 활동에 참여하는 모험 정신과 연결될 수 있는가? 일반적으로 자신의 한계에 도전하는가? 반복하지만 답을 기록하면서 너무 깊이 생각하지는 마라.

이제 기록한 것을 다시 한번 읽어보자. 아버지를 묘사하기 위해 사용했던 언어와 남성성에 대한 당신의 태도와 경험 사이에 어떠한 연결이 보이는가?

피에르라는 내담자가 있었다. 그에게 아버지가 없는 것은 아니었지만 존재감이 없었고, 그의 어머니는 그가 해바라기하는 태양과 같은 존재였다. 피에르는 세 아이 중 막내였다. 그에게는 두 명의 누나가 있었고 그는 유일한 남자였다. 어머니는 특별히 그를 사랑했다. 어머니와 그의 관계는 매우 밀착되어 있었다. 반면, 아버지가 그의 삶에 미치는 중요한 영향은 어떤 것이라도 완전히 부인하는 것처럼 보였다.

"아버지는 항상 일만 하셨어요."라고 그가 말했다.

아버지와는 거리감이 있으며, 지루하고 감정이 없는 사람이라고 묘사했다.

"아버지는 일을 마치고 집에 돌아오시면 TV만 보셨어요. 예능도 아니고 케이블 뉴스만 보셨죠."라고 그가 눈을 이리저리 굴리며 말했다.

주말에 아이들과 시간을 보내는 대신 아버지는 삼촌과 테니스를 쳤다고 했다.

"우리는 서로에게 할 말이 별로 없어요."라고 피에르가 아버지와의 관계에 대해 말했다.

피에르는 어머니를 활기차고, 모임에서 활력소이자 모두에게 가장 친한 친구라고 소개했다. 또한 훌륭한 요리사이면서 동시에 뛰어난 솜씨와 미적 감각을 가진 완벽한 가정주부라고 묘사했다.

"어머니가 아버지에게서 어떤 면을 보셨는지 모르겠어요."라고 그가 말했다.

"부모님의 성향은 완전히 정반대예요. 어머니는 매우 활기차고 재미있습니다. 항상 우리와 함께 시간을 보내셨죠. 어머니는 놀라운 상상력을 가졌고, 최고의 게임을 만들어 내셨어요."

피에르가 어머니를 묘사하는 방식이 나에게는 이상하게도 정체되어 있다는 느낌으로 다가왔다. 마치 그가 아직도 왜 '우리 어머니가 최고'인가를 외치는 어린아이처럼 느껴졌다. 성인이 된 자녀가 부모에 대해 이야기할 만한 어떠한 특성도 언급되지 않았다.

피에르는 결혼생활이 무너지고 있다고 생각했기 때문에 나를 찾아왔다. 아내가 이혼을 원하고 있었고, 그 때문에 상심해 있던 터였다. 부모님이 거의 40년 동안 결혼생활을 유지했던 것을 고려할 때 피에르는 자신에게 이혼 문제가 일어나고 있다는 사실을 믿기 어려워했다. 그는 '결손 가정'의 사람들만 이혼한다고 생각하는 것 같았다.

여기서 한 가지 흥미로운 점은 이상화 역시 일종의 거부라는 사실에 주목해야 한다는 것이다. 부모를 이상화한다는 것은 그들이 좋은 면과 부족한 면을 모두 지닌 통합적인 존재임을 있는 그대로 받아들이지 않고 있다는 것을 의미한다. 우리가 어떤 사람의 이상적이지 않은 부분을 거부하면서 그런 면이 없다고 주장한다면, 우리는 그 사람을 충만한 인간성을 가진 사람으로 보고 있지 않은 것이다.

피에르는 어머니를 이상화하는 동시에 아버지를 거부했다. 아버지는 그의 완벽한 어머니에게 맞는 '충분히 좋은' 사람이 아니었다. 그리고 지금 피에르의 아내 역시 그에게 충분히 좋은 사람이 아니었다. 아내는 피에르가 자신을 끊임없이 비하하고 깎아내린다고 분명하게 그에게 말했다. 피에르도 때때로 그녀에게 원치 않는 방식을 '제안'했다고 인정했다. 그것은 어머니가 하던 방식이었다. 그러나 피에르의 아내가 그것을 하든 하지 않든 그것은 중요하지 않았다. 왜냐하면 그것은 그의 상상 속에 존재하는 실제보다 더 확대된 어머니에게 기반을 둔 것이었기 때문에 그녀는 그의 기대를 충족시킬 수 없었다. 그의 아내는 피에르가 특히 부부 상담사를 만나기로 한 약속을 지키지 않았다고 끊임없이 불평했다고 피에르가 말했다. 그리고 남편이 새로운 것을 시도하지 않는 것에 불만을 삼았다고 했다. 그의 아내는 피에르에게 삶을 통제당하고 있다고 느꼈으며, 그들의 삶과 결혼생활이 답답하고 진부하다고 느꼈다.

피에르는 여러 가지 불안정과 씨름하고 있었다. 그들 부부가 살고 있는 동네는 그리 안전한 동네가 못되었다. 그는 이사할 여유가 없다는 사실을 부끄러워했다. 피에르는 직장에서 승진하는 데 실패했다. 그의 직장 상사 말에 의하면 주도성이 부족했기 때문이라고 했다. 그는 미래의 자녀 양육에 대해서도 걱정하고 있었으며 누나들이 자신을 무시한다고 느꼈다. 피에르가 긍정적인 관계를 맺고 있는 것처럼 보이는 유일한 여성은 그의 어머니였다. 여전히 그는 60마일을 운전해서 일주일에 한 번씩 부모님 댁에 가서 저녁을 먹고 돌아왔다.

"그냥 어머니 때문에 가는 거예요."라고 그는 말했다.

그에게 아버지도 함께 저녁 식사에 참여했는지 물었다.

“네, 하지만 어색했어요.”

“지난번 집에 갔을 때 언제 와서 테니스 한번 치지 않겠냐고 물어보셨는데, 나는 항상 핑계를 대야 했기 때문에 아버지가 묻는 게 싫었어요.”

알고 보니 아버지는 수년 동안 매주 피에르에게 함께 경기하자고 시합에 초대했었고, 실제로 어린 시절에는 아버지와 테니스를 쳤던 경험이 있었다.

“하지만 지루했어요. 전 테니스를 싫어해요.”라고 그가 말했다.

피에르의 첫 가족세우기 장에서 그는 결혼생활의 진짜 문제가 드러나는 것에 저항했다. 문제는 그의 아내도 그들의 소통 불능도 아니었다. 심지어 어머니가 아내를 매우 사랑했다고 피에르가 말했던 어머니와 아내와의 관계도 아니었다. 그것은 어머니에 대한 이상화와 그로 인해 아버지와는 단절되었기 때문이었다. 피에르의 삶은 남성성과 깊이 단절되어 있었다. 그 결과 그의 남성성은 기능이 마비된 상태였다. 피에르의 어머니가 자신을 아직도 어린아이인 것처럼 묘사했다는 그의 말은 일리가 있었다. 성인기와 그에 따르는 요구는 그를 압도했다. 그는 또한 아내와도 정서적으로 연결되지 못했다. 세우기 장에서 그는 어머니 남편의 자리를 차지하고 있었으며, 그 과정에서 아버지 자리를 빼앗았음이 밝혀졌다.

피에르가 아버지 자리에서 물러나 자신의 자리로 돌아가자 아버지가 자리할 수 있는 공간이 생겼다. 그는 아버지에게 죄스러운 마음을 표현했다.

"아버지! 저와 어머니 사이에 아버지를 위한 공간이 없었던 것에 대해 죄송하게 생각합니다."

비록 그가 어머니를 탓하지는 않았으나 어머니가 건강하지 못한 역동을 만들어 냈다는 것을 알게 되었다. 그는 어머니가 오래된 가족 역동에 얽혀 있었을 것이라는 점을 인정하고 자신을 위한 경계를 설정했다.

"어머니! 사랑합니다. 하지만 저는 어머니의 아들이지 어머니의 남편이 아닙니다."

가족세우기가 끝나고 며칠 동안 피에르는 몸이 가벼워지는 것을 느끼기 시작했다. 더 활기차고 덜 피곤했다. 그는 경력을 쌓는 데 도움이 되는 자격 과정을 찾았고 야간 수업에도 등록했다. 아내에게는 부부 상담을 받으러 가자고 제안했으며 아버지와도 가끔 테니스를 치기 시작했다. 아버지와 테니스를 칠 때마다 그는 점점 더 평온함을 느꼈다.

"우리가 실제로 많은 이야기를 나누지는 않아요. 하지만 테니스 코트에 함께 있으면 서로의 존재를 느낄 수 있어요. 우리가 연결되어 있다는 어떤 리듬감이 느껴져요."

나는 테니스 경기처럼 아이와 양육자의 역동을 묘사하는 '서브 앤 리턴 상호작용(Serve and Return Dynamic)'이라는 아동 발달 개념을 떠올리지 않을 수 없었다. 서브 앤 리턴 상호작용에서 유아는 눈 맞춤, 옹알이, 손짓 등으로 상호작용을 '서브'하고, 양육자는 그 동작을 거울처럼 미러링해서 옹알이에 답하기, 몸짓 따라 하기, 미소 돌려주기로 '리턴'한다. 서브 앤 리턴은 우리가 어떻게 연결되는지 보여준다. 피에르가 남성성을 위한 공간인 아버지를 위한 공간을 만들면서 동시에 자기 삶의 권위에 저항하는 것을 멈추고, 자기를 위한 성장의 공간을 만들었다. 또한 이상화된 어머니의 이미지에서 한 걸음 물러나 자기 안에 타인을 위한 공간을 만들었다. 그 공간은 특히 그의 아내를 위한 것으로 진정한 여성성을 위한 공간이었다.

우리가 부모를 거절하는 이유는 복합적이다. 어머니와 관련해서는 항상 어머니와 유대가 끊어진 곳으로 거슬러 올라가서 살펴보아야 한다. 아주 어린 시절에 어머니와 문자 그대로 분리를 경험했을 수 있다. 예를 들어 어머니가 병원에 입원했다거나 다른 가족을 돌보기 위해 집을 떠나야 했을지 모른다. 그러면 '손을 뻗는 움직임'은 방해받는다. 가족세우기에서는 이것을 '중단된 움직임'이라 부른다. 다시 말해 어머니가 필요해서 어머니에게 닿으려 손을 뻗었는데, 어머니가 거기에 없을 때를 말한다. 이러한 중단된 움직임은 필요한 것을 충족시키기 위해 다른 사람에게 의지할 수 없다고 가르친다. 그래서 우리는 종종 다가가려는 모든 움직임을 방어적으로 멈춘다. 또는 정서적으로 유대가 단절되는 경험을 했을 가능성이 높다. 예를 들면 어머니가 자기중심적이었다거나, 다가갈 수 없었다거나, 당신에게 무관심했다거나 혹은 당신을 있는 그대로 보지 못하고 있다고 느꼈던 경험들이 그것이다. 아마 당신은 올바르고 진정한 유대를 깨뜨리면서 자녀 역할보다는 남편이나 아내의 역할을 맡아야 했을지도 모른다.

아버지에 대한 거부는 종종 우리가 선택하지 않은 거리감인 거부당했다는 느낌에서 비롯된다. 우리는 영유아기에 아버지와는 공유하지 않는 친밀감을 어머니와 공유한다. 이것은 새롭게 등장하는 아버지에게 자신을 위한 공간을 찾기 어렵게 만들기도 한다. 떠나는 아버지나 처음부터 존재하지 않았던 아버지, 일 중독자인 아버지, 사랑을 느끼지만 표현하지 못하고 거리를 두는 아버지들이 있다. 이처럼 아버지와의 역동에서는 물리적 정서적 거리감을 흔히 찾아볼 수 있다. 그리고 가족과 가정을 자기 의지의 연장선으로 대하는 권위적이거나 지배적인 아버지를 많은 사람은 경험했을 것이다. 이렇듯 아버지와의 관계에서는 많은 사람들이 '충분히 좋은' 관계가 될 수 없다고 느낀다.

우리가 필요하거나 원하는 만큼 부모님이 우리를 사랑해 주지 못한 이유가 무엇이었든 간에 우리는 그것을 개인적인 것으로 느꼈을 수 있다. 어떻게 그렇지 않을 수 있겠는가? 하지만 사실 그것은 우리와 아무런 상관이 없을 가능성이 높다. 우리는 부모를 대문자-P의 부모(PARENTS)로 보는 경향이 있다. 자녀인 우리는 그 역할이 그들 정체성의 전부라고 여긴다. 하지만 부모는 자신들을 그렇게 보지 않는다. 우리 부모는 우리가 태어나기 훨씬 전부터 각자의 삶을 살아왔다. 어머니와 아버지는 그들만의 희망과 포부를 가지고 있었고, 그들만의 어려움과 그들만의 가족 체계 그리고 물려받은 트라우마와 개인적인 상처들을 지니고 있었으며 지금도 지니고 있다. 우리가 부모로부터 사랑의 결핍을 경험했다면 그들이 줄 만한 상태가 아니었을 수 있다. 우리를 사랑했음에도 부모의 주의와 관심이 이러한 트라우마로 인해 분산되었을 수 있다. 그것이 무엇이든 그리고 우리가 그것에 대해 알든 모르든 그것은 중요하지 않다. 단지 그 행동의 근원이 우리에게 있지 않고 그들에게 있다는 사실이다. 그들은 그들이 가지고 있는 수단으로 할 수 있는 일을 했을 뿐이다.

나도 어머니와의 관계에서 많은 불행한 세월을 보냈다. 어머니는 어른이며 나의 어머니이기 때문에 나의 사고방식을 이해해야만 하고, 내가 원하는 대로 나를 돌봐야 하며, 내가 기대하는 방식으로 나를 사랑해야 한다고 생각했다. 내게 어머니는 완벽해 보였고, 일종의 슈퍼우먼이었다. 그녀는 성공한 변호사였으며 믿을 수 없을 정도로 지적이었다. 게다가 아름답고 친절했으며, 내가 보기에는 삶을 어려움 없이 살아가는 것처럼 보였다. 솔직히 나는 어머니가 부러웠다. 나는 어머니를 병상에

누일 때조차도 원망을 멈추지 않았다. 나는 힘들고 불공평한 삶을 산다고 느꼈다. 어머니가 아무렇지 않고 문제가 전혀 없다고 생각하는 지점에서도 나는 예민하게 굴었고 쉽게 상처받았다. 나는 어머니가 나에게 빚을 지고 있다고 느꼈다.

어머니는 나의 영웅이기도 했지만, 무의식적으로는 나의 적이었다. 나는 나 자신을 어머니가 선택한 희생자라고 생각했다. 나는 부모님이 마련해준 여행이었던 영국에서의 경험에 깊은 분노를 느끼고 있었다. 부모님의 이혼에 대해서도 화가 나 있었다. 나는 전혀 이혼에 동의하지도 않았을 뿐만 아니라 아버지가 나를 버렸다는 훨씬 더 큰 희생을 치렀다고 생각했다. 나는 어머니가 나만큼 힘들어하지 않았을 뿐만 아니라 나에게 지속적으로 고통을 더하고 있다고 생각했다.

시간이 지남에 따라 가족세우기와 같은 치료법을 통해 나의 어머니가 다양한 면모를 지닌 여성이었으며, 있었던 그대로 그녀만의 특별한 어머니 모습을 만들었다는 것을 이해하게 되었다. 어머니는 완벽하지 않았을 뿐만 아니라 완벽할 수도 없음을 이해하게 되면서 실수를 허용하기 시작했다. 어머니가 완벽하지 않은 사람이라는 것을 알게 되자 나는 엄청난 해방감을 느꼈다. 왜냐하면 결코 충족시킬 수 없는 기준에 나 자신을 스스로 가두는 것을 그만두었기 때문이다. 또한 나 자신을 어머니와 경쟁하는 존재로 보는 것을 멈추었다. 비록 그 당시에는 그렇게 표현하지 않았다 해도, 비교하는 것은 경쟁의 한 유형이었기 때문이다. 내가 어머니와 경쟁하는 것을 그만두자 자기중심적인 생각이 줄었으며, 어머니 입장에 더 관심을 가질 수 있게 되었다. 우리는 어머니의 삶과 경험에 대해 긴 대화를 나누기 시작했다. 어머니와의 관계가 필연적인 관계가 아니라 의도적인 관계로 느껴지기 시작했다. 그보다 어머니를 있는 그대로 받아들이게 되었다. 나는 항상 어머니와의 관계가 가깝다고 표현해 왔다. 하지만 진정한 친밀감은 내가 '엄마의 어린 딸'이 되는 것을 멈추었을 때 찾아왔다. 어머니에 대한 강박적인 사랑은 더 진실한 깨달음이 있는 사랑으로 바뀌었다. 그 사랑이 충만한 인간성을 가진 어머니를 마음으로 환영했고, 어머니가 주는 것을 있는 그대로 받아들이며 정확하게 보게 했다.

부모 노릇을 잘 한다는 것은 참으로 어려운 일이다. 우리 중 일부는 다른 사람들보다 더 나은 능력을 갖춰서 더 좋은 양육자가 되기도 한다. 비록 의도가 없었더라도 아무리 '좋은' 부모조차도 자녀들에게 실수하기도 하고 어쩔 수 없이 상처를 주기도 한다. 문제는 부모가 우리에게 한 일이 아니라 그 상처를 붙잡음으로써 스스로에게 해를 끼치는 일이다. 우리가 어머니나 아버지에게 어떻게 되어야 한다고 요구하거나, 그들이 우리를 위해 무엇을 해야 한다고 요구한다면 우리는 절대로 그들이 우리에게 주는 것을 받을 수 없다. 그것이 아무리 제한적이라 해도 말이다. 우리 어머니나 아버지가 우리에게 유일하게 올바른 부모라는 것을 인정한다는 말은 그들이 주는 것을 정확히 있는 그대로 받는 것을 의미한다.

세우기 문장

나는 내 안의 여성성을 받아들입니다.
나는 내 안의 남성성을 받아들입니다.
어머니/아버지는 저에게
유일하게 올바른 어머니/아버지입니다.
어머니/아버지는 저에 대한 당신의 사랑을
증명할 필요가 없습니다.
어머니/아버지가 주시는 그대로
부모님의 사랑을 받습니다.

연습

사랑의 움직임 실습하기

"사랑의 움직임이 방해받을 때는 상처, 거부감, 절망,
증오, 체념 그리고 슬픔 같은 강한 감정을 동반합니다.
이 감정들은 근원적인 사랑을 덮어버립니다.
하지만 그러한 감정들은 사랑의 뒷모습에 불과합니다.
어린아이는 그들이 사랑하는 사람과 연결되지 못할 때
강하게 거부당하는 느낌을 받습니다.
마치 뭔가 자기에게 잘못이 있다고 생각해서 움직임을 멈춥니다."
—버트 헬링거, 숨겨진 사랑의 균형—

유대가 끊기는 중단된 움직임은 아이가 받을 수 있는 상처 중 가장 깊은 것입니다. 이러한 중단은 흔히 우리가 너무 어렸을 때 발생해서 기억하지 못하거나 표면적으로는 트라우마가 아닌 것처럼 보일 수 있습니다. 다음 질문에 답하면서 부모와 유대가 단절된 경험이 있는지 확인해 보세요. 만약 다음 중 한 곳이라도 '예'라고 대답했다면, 중단된 움직임

을 경험했을 가능성이 있습니다. 시간을 내어 답을 적어보고 '예/아니요' 보다 더 자세히 기록해 보세요. 만약 '예'라고 대답했다면 이어서 다음과 같은 질문에도 답해 보세요. 그 일이 일어났을 때는 몇 살이었습니까? 그것에 대해 무엇을 기억하고 있나요? 만약 그 사건이 너무 어린 나이에 발생해서 기억할 수 없다면 그것에 관해 어떠한 이야기를 들었나요?

어머니가 당신을 임신했을 때 불안이나 우울 또는 심한 스트레스를 받고 있었나요?

당신의 어머니는 임신 기간 중 부부 사이에 어떤 어려움이 있었나요?

당신의 어머니는 임신 중 또는 출산 중 어떤 합병증이 있었나요?

당신의 어머니는 산후우울증을 겪으셨나요?

당신은 생후 첫 3년 동안 트라우마 또는 부모와의 이별을 경험했나요?

생후 첫 3년 동안 당신의 부모 중 한 분이 트라우마를 경험했나요?

당신의 어머니는 당신이 태어나기 전 유산을 경험한 적이 있나요?

당신이 태어나기 전 부모님 중 한 분이 자녀의 죽음을 경험한 적이 있나요?

중단으로 인한 상처를 치유하기 위해서는 움직임을 완성해야 합니다. 다시 말해서 우리는 손을 뻗어 다가가야 하고, 누군가는 손을 내밀어 잡아주어야만 합니다. 하지만 우리 안에 있는 거절에 대한 두려움 때문에 그렇게 할 용기를 내는 것이 쉽지 않을 수 있습니다. 그래서 나는 자주 사랑의 고리를 완성할 수 있도록 손을 뻗는 연습으로 내담자들을 안내합니다. 세우기 장에서 나는 부모를 대리하는 사람에게 자녀를 포옹하게 합니다. 그런 다음 손으로 목 뒤쪽을 부드럽고 사랑스럽게 작은 원을 그리듯 문지르며 안아주라고 합니다. 이것은 부모와 자녀 사이에 중단되었던 사랑의 움직임을 다시 흐르게 합니다. 부모 대리인의 오른손을 잡고 함께 원을 그리듯 쓰다듬으면서 상징적으로 사랑의 고리를 완성할 수도 있습니다.

세우기 장을 벗어난 곳에서 당신은 부모님에게 안아달라고 한 뒤, 목 뒤로 손을 둘러 작은 원을 그리듯 쓰다듬어 달라고 요청할 수도 있습니다. 만약 어느 한쪽이 그렇게 하는 것을 불편해하거나 다른 사람을 더 선호하는 경우에는, 믿을 수 있고 안전하다고 생각하는 사람에게 요청할 수 있습니다. 마지막으로 이것은 혼자서도 연습할 수 있습니다. 또 그렇게 연습할 수 있어야 합니다. 자신이 부모가 되어줄 수 있습니다. 자기 자신을 위해 손을 내밀고 잡아주는 선물을 줄 수 있습니다. 자신을 돌보고, 자신에게 관용을 베풀고, 자신에게 부드럽게 대하는 선물을 줄 수 있습니다. 내면이 평화로워질 때까지 자신의 손을 둘러 목 뒤쪽을 쓰다듬어 주세요. 누워서 목 베개나 목 해먹을 사용해 그것들이 역방향에서 팽팽하게 긴장하도록 하면서 몸을 완전히 이완시킬 수도 있습니다. 핵심은 지지받고 있다는 느낌으로 마음을 편안히 하는 것입니다. 우리가 '내면의 어머니'로부터 자기애와 자기 존중을 기꺼이 받아들이고자 하면 할수록 내면의 평화를 이루기가 더 쉬워질 것입니다.

Chapter

04

성숙한 사랑

트라우마를 넘어선

가족치료 이야기

질서와 무질서

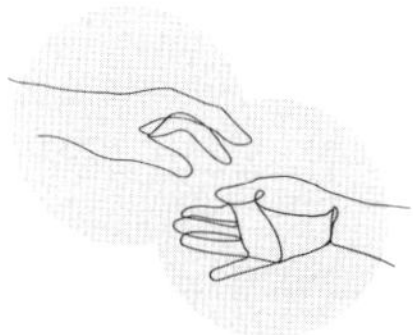

삶에서 주도권을 가지고 살아간다는 것은 쉬운 일이 아니다. 그러니 여기에서 잠시 자신이 힘든 일을 하고 있다는 것과 그 일을 해내고 있는 자신을 인정하는 시간을 가져보자.

부모님으로 인해 생긴 상처는 매우 현실적이다. 그것이 바로 우리가 부모님을 유일하게 올바른 부모로 받아들이는 것부터 시작하는 이유이다. 우리가 부모를 거부하는 이유를 먼저 생각해 보면, 종종 변명하기로 이어지는 경우가 많다. 적극적으로 관여하고, 직접 나서서 해내야 할 일들을 회피하기도 한다. 물론 부모를 피하는 구체적인 이유는 그것을 경험하는 개인들만큼이나 독특하다. 하지만 가족세우기는 거부하는 마음에 들어있는 보편적인 이유를 드러낸다. 가족 체계의 무질서가 그것이다.

가족세우기 장에서는 질서를 부여하는 일에 많은 관심을 기울인다. 가족 체계는 항상 질서를 추구한다. 지금까지 우리가 알게 된 것이 있다면 바로 그것이다. 체계는 항상 모든 것이 제자리에 있고 모든 자리가 채워지기를 원한다. 사물이나 사람들이 제자리에 있지 않거나 벗어나면 모든 예정된 것은 흐트러지고 체계는 혼란스러워진다. 이러한 질서의 의미에 대해 자세히 살펴보면 매우 흥미롭다는 것을 알 수 있다. 질서(order)의 가장 분명한 첫 번째 의미는 사물이나 사람의 배열이다. 그것은 서로의 관계에 따르는 특정한 순서나 패턴의 배열을 말한다. 하지만 '법과 질서(law and order)', '절차에 따른 회의 개최(calling a meeting to order)'에서는 좀 더 사회적인 의미를 지닌다. 심지어 종교집단(religious order)을 설명할 때도 사용된다. 이렇듯 두 번째 의미의 질서는 집단을 운영하는 방식에 관한 일련의 규칙이며 그 규칙들이 지켜지는 상태를 의미한다. 사람들은 대부분 첫 번째 의미의 질서에 관해 이야기한다. 하지만 가족 체계는 두 가지 유형의 질서와 관련돼 있다. 하나는 서로의 관계 속에서 특별한 자리나 역할에 따라 배열된 사람들의 순서이고, 나머지는 그 순서로부터 발전하여 가족 체계가 기능할 수 있도록 하는 규칙의 질서이다.

그리고 가족 체계에 흐르는 가장 기본적인 규칙 또는 질서 중 하나는 소속될 권리이다. 이것은 어쩌면 가장 중요한 질서에 해당할 것이다. 부모 자녀 관계에서 자녀의 소속을 보장하고 보호하는 것은 부모의 기본적인 역할이며 책임이다. 부모는 다음 세 가지 기본 약속을 말과 행동으로 전달함으로써 이를 실행한다.

- 나는 너를 본다.
- 나는 너의 말을 듣는다.
- 나는 너를 인정한다.

'나는 너를 본다.'라는 것은 아이를 있는 그대로 어린아이로 본다는 의미이다. 그렇게 하는 것은 아이가 가족 체계 안에서 자신의 정당한 자리를 차지하도록 허용하는 것을 의미한다. 자녀는 부모의 삶에서 사라진 가족 구성원, 특히 배우자를 대체하는 사람이 되어서는 안 된다. 자녀를 배우자 대신 취급하는 부모는 자녀를 보지 못한다. 자녀에게 정서적 지원을 구하는 부모도 자녀를 보지 못한다. "내 아이가 나의 가장 든든한 친구다."라고 말하는 부모는 자녀를 제대로 보지 못하는 것이다.

"지난번에 내가 너를 열받게 했었니?"라는 식으로 아이에게 묻는 것이 밀레니얼 부모 세대에서는 보통 있는 일이 되었지만, 중요한 것은 자녀는 부모의 친구가 아니라는 사실이다. 자녀는 사회적 정서적 기반과 생존을 부모에게 의존한다. 또한 자녀는 잘 살아가는 어른이 되는데 필요한 기술을 배우고 익히기 위해 부모에게 의존한다. 이것은 친구에게 요구되는 것이 아니다. 친구는 서로를 선택할 수 있지만 자녀가 부모를 선택할 수는 없다. 부모도 자녀를 선택할 수 없는데, 이러한 사실을 많은 사람이 잊고 지내는 것 같다. 이것은 잠시 뒤에 더 이야기할 것이다. 가족 체계에서 아이들이 정당한 자리를 차지하도록 허용하지 않는다면 그들을 소속에서 배제하는 것이다.

'나는 너의 말을 듣는다.'라는 말은 자녀의 말을 경청하고 정서적으로 도움이 되는 존재가 되는 것이다. 이것은 아이들이 가진 다양한 감정과 느낌의 실체를 받아들인다는 의미이다. 그리고 아이들이 필요한 것을 다양한 방법으로 우리에게 말할 때 실제로 귀 기울여 듣는 것을 말한다. 부모가 자녀에게 '너무 예민하다'라고 말한다면 실제로는 부모가 그들의 감정을 느끼는 것이 불편하다고 말하는 것이다. 아이들이 부모의 주의를 끌려 할 때 부모가 계속해서 핸드폰을 보고 있다면, 그것은 부모의 우선순위가 어디에 있는지를 분명하게 드러내는 것이다. 아이들의 두려움을 무시하는 것은 아이들이 진지하게 받아들일 만한 가치가 없는 존재라고 가르치는 것과 같다. 결국 자신의 말을 듣지 않는 부모를 둔 아이는 스스로 침묵하거나 관심을 끌기 위해 부정적인 행동을 하게 된다. 침묵하는 아이는 배제된 아이이다.

'나는 너를 인정한다.'라는 말은 아이를 한 개인으로 보고 그 개인을 있는 그대로 지지하는 것을 의미한다. 아이들은 부모의 연장선으로 있는 것이 아니다. 이것은 너무나 많은 부모가 잊고 있는 사실이다. 자녀는 부모 자신이 달성하지 못한 목표나 꿈을 대신 이루기 위해 그 자리에 있는 것이 아니다. 부모의 자존심을 세워주기 위해 그 자리에 있는 것도 아니다. 우리는 어떠어떠한 사람 또는 무엇이 될 사람을 자녀로 선택할 수 없다. 지지적인 양육을 통해 그들의 성격 형성에 도움을 줄 수는 있지만 우리가 선호하는 이미지로 만들 수는 없다. 자녀에게 특히 성차별적 표현이나 자라서 특정한 유형의 사람이 되라고 요구하는 부모들은 아동기 자녀의 정체성을 지우고 있는 것이다. 이러한 정체성 지우기는 아이로 하여금 소속에 대한 결핍을 경험하게 하는 또 다른 방식이다.

체계의 무질서는 부모가 자녀를 보고 듣고 인정해 주기를 바라는 소속감이라는 자녀의 욕구를 충족하지 못할 때 발생한다. 왜냐하면 아이들은 그들이 어떻게 대우받든 어떻게 배제되었든 상관없이 또는 배제되었기 때문에 가족에게 소속되기 위해 무엇이든 할 것이기 때문이다. 아이들은 무엇보다도 특히 부모에게 지독하게 충성한다. 그것은 일종의 자기 보호를 넘어서는 충성심으로 위험하면서도 잠재적으로 자기를 소멸시키는 눈먼 사랑 또는 '맹목적인 사랑'이다. 이 '맹목적인 사랑'은 자신에게 최고의 삶을 선사하지도 않으며, 그들의 운명과 숙명을 부모의 운명에 종속시키는 그런 사랑이다.

버트 헬링거는 다음과 같이 말했다.

"자녀들에게 일어날 수 있는 최악의 상황은 가족으로부터 외면당하는 일입니다. 그것은 매우 근원적인 문제입니다. 아이들은 자신이 그 가족에 속한다는 자각 속에 살아갑니다. 가족은 그들이 속하고 싶은 곳이며, 가족의 운명이 어떻든 그들과 함께 운명을 공유하고 싶어 합니다. 그러므로 아이들은 소속감을 지키기 위해 자기 자신은 전혀 돌보지 않고 무엇이든 할 것입니다."

내담자 조지의 경우는 아버지에 대한 내면 아이의 충성심이 성인기 행복을 방해하는 장애물로 나타난 사례이다. 조지가 겨우 두 살이었을 때 어머니는 아버지를 떠났다. 그 후 9년이 지나서야 어머니를 다시 보게 되었다. 그는 아버지의 가장 든든한 친구로 아버지가 여성들에 대해 '미친', '드라마를 좋아하는', '믿을 수 없는' 등의 형용사를 써가며 끊임없이 늘어놓는 불평을 들어주는 '작은 사내'였다. 조지는 어머니가 어디에 있으며 무엇을 하는지, 혹은 어머니로부터 다시 연락이 올 지 등 어머니에 대한 어떠한 관심도 표현하지 않아야 한다는 것을 재빨리 터득했다. 특히 절대로 슬픔을 나타내지 말아야 한다는 것을 배웠다. 조지가 슬픈 표정을 지을 때면 아버지는 '농담하듯' 이렇게 말했다.

"뭐가 문제야 사나이, 내가 너한테 충분하지 않니? 걱정하지 마, 우리에게 네 엄마는 필요 없단다. 우린 서로가 있잖니."

조지의 아버지는 조지에게 정서적 지원을 원하면서 특히 자신의 연애사를 그와 나누었다. 조지의 아버지는 가정에 깊은 무질서를 만들고 있었다. 그는 조지를 어린아이 그대로 보지 못했다. 대신 그를 성인 문제를 의논할 적합한 친구로 여겼다. 조지는 아버지를 불편하게 할 것 같은 감정을 드러내기보다는 침묵하는 법을 먼저 배웠기 때문에 아버지는 조지의 말을 듣지 못했다. 조지는 가족 체계에서 소속에 대한 확신을 느끼지 못했다. 마음속 깊은 곳에서는 자신이 하고자 하는 말을 듣지 않거나 자신의 속마음을 보려 하지 않는 아버지에게 거부당했다고 느꼈다.

성인이 된 조지는 여성들과의 연애 관계에서 어려움을 겪었다. 그는 상호 의존적이었으며, 애정결핍이 있었다. 또한 끊임없이 여성들을 시험하다가 결국에는 멀어지게 했다. 헤어진 후에도 그는 전 여자 친구에게 '복수하기'에 집착하면서 소셜 미디어에 과시적인 사진들을 올리고는 그들과 정신적으로 경쟁했다. 그는 몇 달 이상 지속되는 연애를 해본 적이 없었다. 문제는 사귀었던 여성들에게 있었던 것이 아니라 자신에게 있다는 것을 충분히 깨달을 만큼 자각 능력이 있었으나…, 그는 모든 문제를 어머니 탓으로 돌렸다. 반면 아버지는 그의 '영웅'이자 '버팀목'이며 '가장 든든한 친구'로 여겼다.

나는 조지와 함께 모자 관계에 관해 많은 내면 아이 작업을 진행했다. 조지의 어머니는 할 수 있는 한 최선을 다했고, 더 이상 돌볼 형편이 못 되었기 때문에 그를 떠나는 것이 사랑의 행위였다는 현실과 화해할 수 있었다. 그는 마침내 그녀를 유일하게 올바른 어머니로 받아들였다. 우리가 그의 어머니와의 관계부터 시작한 것은 정말 치유가 필요한 관계였기 때문이었다. 조지가 삶을 완전히 받아들이고 열린 마음을 갖기 위해서는 어머니를 거부하는 마음을 거두어야 했다. 그리고 조지가 아버지를 완벽하지 않은 존재로 보는 것을 극도로 거부했기 때문이기도 했다. 그의 소속감은 아버지 운명을 공유하는 것에 있었다. 어머니에 대한 분노와 원한이 가라앉고 나서야 조지는 아버지와 있었던 문제들을 인정할 수 있었다. 그 문제에 대해 마음을 열고 인정한 것이 반드시 자각해야 할만큼 대단한 것은 아니었지만 가족세우기를 통해 조지는 자신이 아버지 앞이 아니라 아버지의 옆에 자리하고 있다는 중대한 발견을 했다. 그는 즉시 무질서를 알아차릴 수 있었고 더 이상 그것을 부정하지 않았다. 조지가 자녀 자리인 아버지 앞쪽 올바른 자리에 서자 척추가 곧게 펴지면서 어깨가 눈에 띄게 내려앉았다.

"마음이 한결 가벼워요…."라고 그가 나에게 말했다.

"저는 아버지의 아들이지 친구가 아닙니다."라고 그가 아버지에게 말했다.

"아버지에 대한 저의 충성을 증명하려고 저의 관계를 해칠 필요는 없습니다. 저는 아버지와 같은 숙명을 살지 않겠습니다."

아버지와의 관계를 바로잡은 후 그는 당분간 데이트를 중단하고 자신을 알아가는 데 집중하기로 마음먹었다. 그동안 아버지와 너무 얽혀 있었기 때문에 인간관계는 물론이고 자신이 인생에서 정말로 무엇을 원하는지 알지 못했었다. 이제 그는 어머니를 악당으로 아버지를 영웅으로 보는 것을 멈추었고, 그들을 단지 평범한 감정을 가진 평범한 사람들로 존재하도록 허용했다. 다시 말해 드디어 자신에게도 똑같은 은혜를 베풀 줄 아는 사람이 되었다.

세우기 문장

나는 가족들에게 보이고, 들리고, 인정받고 있습니다.
나는 소속되어 있습니다.
나는 자리가 있습니다. 나는 나의 견해가 있습니다.
나는 고유한 존재입니다.
나는 나의 길을 가기 위해 이곳에 존재합니다.

연습

사랑의 질서 – 소속감 키우기

내가 많은 내담자에게서 목격했고 나 자신도 경험한 것은 소속의 욕구는 성인이 되어서도 지속적으로 우리에게 영향을 미친다는 것입니다. 특히 어린 시절 소속감의 결핍을 경험한 경우라면 더욱 그렇습니다. 친구 관계, 직장 동료, 특히 사랑하는 연인 관계에서 우리는 보이고 들리고 인정받기를 원합니다. 하지만 우리는 종종 실망합니다. 내가 깨달은 것은 성인 관계에서 우리가 있는 그대로 진정으로 누군가에게 이해받고 깊이 존중받고 있다고 느끼는 그 감정은 우리가 타인에게 똑같은 은혜를 베풀 때만 온다는 사실입니다. 삶에서 중요한 사람들을 있는 그대로 바라보고, 그들의 이야기를 주의 깊게 듣고, 그들을 인정할 때 그들과의 연결은 깊어집니다. 이러한 진실하고 의미 있는 연결을 통해 소속감을 발견할 수 있습니다.

이 연습은 주로 깊은 경청을 통해 다른 사람들을 보고 듣는 능력을 향상하기 위한 것입니다. 이것은 타인과 대화할 때 언제든지 할 수 있습니니다. 페이스타임을 통해 장거리 친구와 대화할 때나 자녀와 소꿉놀이할 때, 부모님과 마주 앉아 차를 마실 때나 휴게실에서 동료들과 만날 때 또는 연인과 함께 있을 때 등 언제든지 가능합니다.

주목하기: 다른 사람을 보고 듣고 인정한다는 것은 그들을 위해 함께 있는 것에서부터 시작됩니다. 누군가가 언어적으로나 비언어적으로 당신의 관심과 애정 그리고 인정받기 위해 연결을 시도하려 할 때, 핸드폰을 보고 있거나 생각에 빠져 있다면 이를 알아차리는 것은 불가능합니다. 다른 사람과 시간을 보낼 때, 특히 그들이 말하고 있을 때는 핸드폰을 내려놓으십시오. 이것은 당연히 그렇게 할 수 있을 것 같지만 실제로 그렇게 할 수 있는 사람은 많지 않습니다.

눈을 바라보기: 좋습니다. 이제 핸드폰은 치워졌군요. 자, 이제는 실제로 함께 있는 사람을 바라보십시오. 그들이 이야기하고 있는 동안 창밖에 있는 다른 사람을 쳐다보거나 청바지의 느슨해진 실을 만지작거리는 손을 바라보지 마십시오. 한 치의 흔들림 없이 계속 응시할 필요는 없지만 아시다시피 누군가를 본다는 것은 그들과 눈을 마주하는 것에서부터 시작합니다.

아무 의도 없이 경청하기: 누군가의 말을 진심으로 경청한다는 것은 단순히 그들이 말하는 것을 듣고 받아들이는 것입니다. 그것은 머릿속으로 어떻게 반응할 것인지 생각하지 않는 것입니다. 반박할 생각을 하거나 그들이 어떤 요점을 놓치고 있는지 그들이 왜 틀렸는지 심지어 왜 옳은지도 생각하지 않는 것입니다. 일단 한번 생각을 시작하면 더 이상 그들의 이야기를 듣지 않는 것입니다. 그때 하는 유일한 대화란 머릿속에서 자신과 나누는 대화뿐입니다.

이야기 중간에 끼어들지 않기: 이것이 전부입니다. 내가 여기서 하고자 하는 이야기는 이게 전부입니다. 이야기 중에 끼어들지 마십시오. 이것은 아주 간단해 보이지만 실천하기는 매우 어렵습니다.

인정하고 반영하기: 상대방의 말이 끝났을 때 그들이 했던 말을 다시 반영해 주면서 인정해 보세요. 그것을 개인적인 이야기로 끌어오지 마십시오. 많은 사람이 그렇게 하는 것을 공감하는 것으로 착각하고 있습니다. 하지만 대부분은 자기중심적인 태도입니다. 만약 실직한 친구가 찾아와서 직장 상사가 얼마나 편파적이었는지를 이야기할 때, "네가 일을 그렇게 열심히 했는데, 상사가 편파적이어서 해고당했다니 너무 불공평한 것 같아."라고 말할 수 있습니다. "자기 사위를 고용하기 위해 나

를 강제로 내보낸 형편없는 상사가 있었는데, 그때 나도 너무 화가 났었어."라고 말하지 마십시오.

동료(친구/가족/파트너)에게 감정표현 허용하기: 상황을 가볍게 보거나 고치려 하거나 구원하려 하지 마세요. 단지 도우려 한다 해도 그렇게 할 때는 다른 사람의 부정적인 감정이나 고통을 보는 우리 자신의 불편감 때문인 경우가 많습니다. 우리가 상황을 더 나아지게 하려고 한다면 기본적으로 그 사람을 위해 그 순간, 거기에 있지 않다는 것을 보여주는 것입니다. 그럴 때 거기에는 순전히 당신과 당신 감정만 있을 뿐입니다. 그들이 한 말을 인정하고 반영해 준 후에 "지금 당신에게 정말 필요한 것이 있다면 무슨 일이 있었는지 그냥 얘기하고 싶은 건가요? 아니면 다음에 어떻게 해야 할지 얘기하고 싶은가요?"와 같은 질문을 해 볼 수 있습니다.

내면 아이의 안전기지

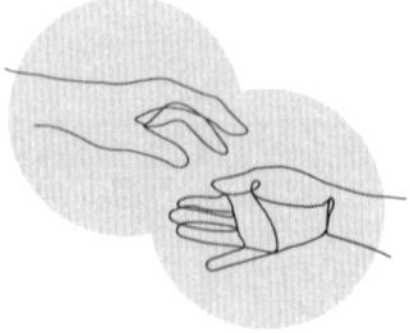

어린아이들이 소속감을 확보하기 위해 '무슨 일이든' 하려고 할 것이라는 말은 의식적으로든 또는 무의식적으로든 부모의 욕구를 충족시키기 위해 그들 자신을 맞춘다는 의미이다. 이는 그들이 부모의 눈에 보이지 않고 들리지 않고 인정받지 못한다는 것을 '받아들이는' 것뿐만 아니라, 무의식적으로 부모를 대신해 부모의 고통을 감당할 수 있다는 순수한 마음으로 그 고통을 떠안는 것을 말한다. 자신이 그 짐을 대신 지게 되면 부모는 안도하고 가족 체계의 질서는 회복되고 소속감은 되찾을 수 있을 거라고 믿는다. 그래서 기꺼이 부모의 고통을 대신 지는 것으로 그들의 불행을 덜어주려고 한다. 이런 식으로 얽힘은 항상 우리의 충성심과 사랑이 어디에 있는지를 보여준다. 내담자 조나단처럼 부모에게 아무런 감정을 느끼지 않는다고 믿고 있거나 의식적으로 반감을 느끼고 있는 경우도 마찬가지이다. 우리는 부모에 대한 충성심 때문에 부모와 얽히게 된다. 그것은 맹목적인 사랑의 한 형태이다.

하지만 아이들이 다른 사람의 운명을 대속하거나 적어도 그 운명을 그들과 함께 공유할 수 있다고 믿는 것은 일종의 환상이다. 특히 부모보다 자신이 더 잘 안다고 생각하는 어린 시절의 착각에서 비롯되는 경우 그렇다. 그것은 천진하고 미숙한 형태의 마술적 사고방식이다. 그리고 이 환상에 빠진 아이들은 삶의 기본 질서 중 하나인 '부모는 주고 자녀는 받는다.'라는 사실을 위반하게 된다. 내가 촉진자로서, 대리인으로서, 관찰자로서 가족세우기에서 목격하는 가장 빈번한 가족의 역기능은 자녀가 어머니 아버지를 돌보는 어른이 되고 어른이 아이가 되는 경우이다.

우리는 그것이 아이들을 어디로 이끌지 잘 알고 있다. 하지만 우리는 이제 어른이다. 더 이상 어린아이가 아니다. 우리가 잘 알고 있지 않은가? 어린 시절이 현재의 우리를 형성하는데 얼마나 깊은 영향을 미치는가는 사람들 대부분이 잘 알고 있을 것이다. 종교적 정치적 신념과 같이 우리에게 전수된 분명한 가치관이나 가족의 특수한 경제 상황, 교육, 직업, 성숙한 태도 사이 연결고리를 우리는 쉽게 찾아볼 수 있다. 하지만 우리 성격의 일부인 아이처럼 느끼고 반응하는 내면 아이의 존재가 우리의 선택과 행동에 얼마나 지속적으로 많은 정보를 주고 영향을 미치는지 아는 사람은 거의 없다. 여전히 내면 아이는 충성스럽다. 이것이 우리가 부모의 실수와 불행을 되풀이하는 이유일 뿐만 아니라 부모보다 더 잘 지낼 수 없는 이유이기도 하다. 왜냐하면 그렇게 하는 것은 일종의 배신처럼 느껴지기 때문이다.

내면 아이는 치유가 시작될 때까지 상처 입은 채로 남아 있다. 치유는 우리가 다른 사람들을 바꿀 수도 없고 그들을 구할 수도 없다는 것을 인정하는 지점에서 시작된다. 그렇지만 이 사실을 받아들이기까지는 상당한 손실이 따른다. 버트 헬링거는 가족의 문제를 안고 고통받는 것을 '해결하는 것보다 더 견디기 쉬운'이라고 아름답게 표현했다.

"고통을 계속해서 견디고 있는 것은 순수함과 충성심에 깊이 연결되어 있기 때문입니다…. 그것은 자신의 고통을 통해 누군가가 구조되기를 바라는 간절한 소망입니다."라고 했다. 누구도 부모를 대신 치유할 수 없다. 우리가 치유할 수 있는 유일한 사람은 우리 자신뿐이다. 마찬가지로 이것은 가족에게 줄 수 있는 커다란 선물이 되기도 한다. 왜냐하면 우리 자신을 치유함으로써 다음 세대를 위한 치유 공간을 제공하기 때문이다.

내담자 레슬리의 내면 아이가 마침내 어머니를 구원할 수 없다는 것을 받아들였을 때, 그녀는 슬픔과 동시에 깊은 치유를 경험했다. 우리가 함께 치유 작업을 시작했을 때 레슬리는 43세였다. 결혼 13년 차였지만 적어도 그중 10년은 불행한 결혼생활이었다. 레슬리는 자신을 하찮게 만들고 비하하는 남편의 습성을 이야기했다. 그녀가 비록 그러한 단어를 쓰지는 않았지만, 나는 그녀의 남편이 언어적 감정적으로 레슬리를 학대했다는 것을 분명히 알 수 있었다. 그러나 그녀는 두 사람의 의사소통을 개선하는 데에만 집중했다. 레슬리는 자신을 강인한 사람으로 묘사했다. 남편이 '폭발'하는 이유는 그녀의 강인함이 남편에게 위협이 되었기 때문이라고 했다. 레슬리의 강인함은 그녀의 어머니와 극명한 대조를 이루었다. 그녀는 어머니를 원망했고, 그녀가 13세가 될 때까지 학대하는 아버지와 함께 지낸 어머니를 불쌍히 여기는 것 같았다.

"아버지는 적어도 일주일에 한 번은 엄마를 괴롭혔어요. 그리고 해가 더해갈수록 점점 더 심해졌어요. 하지만 아버지가 엄마에게 총을 겨누고 나서야 어머니는 아버지를 떠났어요. 그런 일이 벌어지는 동안 나는 내 동생은 돌봐야 했어요. 난 동생을 보호해야 했죠. 저는 동생에게 무슨 일이 일어나지 않게 지켜야 했어요. 엄마는 껍데기만 남은 사람이었어요. 우리를 위해 최소한의 일만 해주셨죠. 난 절대 엄마처럼 되지 않겠다고 맹세했어요. 그래서 내가 강인해진 거예요. 전 누구에게도 무시당하지 않아요."

하지만 레슬리가 알아차리든 알아차리지 못하든 그녀는 어머니의 고통을 대신 지고 있었다. 비록 처음에는 그녀가 남편의 행동에 대해 '속상하다'라고 묘사했지만, 남편의 폭발을 미리 막거나 피하려고 그의 눈치를 보는 것이 분명했다. 남편이 '너무했다' 하면서도 왠지 모르게 남편이 비난하는 것에는 어떤 식으로든 자기에게도 잘못이 있다고 설명했다.

그녀의 자존감은 땅에 떨어져 있었다. 자신은 어리석고 생각이 없고, 이기적이며 매력적이지 않다는 온갖 모욕적인 말들로 고통을 받으면서도 의식하지 못하는 사이 그것들을 믿고 있었다. 어머니처럼 육체적으로 학대받지는 않았지만, 레슬리 역시 정서적 학대를 당하고 있었다. 그럼에도 자신을 '껍데기만 남은 사람'으로 만드는 결혼생활을 유지하고 있었다. 그리고 주로 직장이나 사회생활에서 드러났던 영감을 주는 인용구들로 짜깁기한 것 같은 '강한 여성'으로서의 정체성은 무엇보다도 진실로부터 자신을 보호하는 방패 역할을 했다.

13세가 되던 해에 용기를 내어 결혼생활을 청산했던 엄마처럼 레슬리도 결혼 13년 차에 도움을 청하기로 결심했다는 사실을 나는 놓치지 않았다. 레슬리의 내면 아이인 어린 소녀 레슬리는 엄마와 완전히 일치했다. 결혼생활에서는 학대당하는 관계에 머물면서 어머니의 운명을 떠맡았고, 어머니를 구원하기 위한 시도로 자신의 이야기를 통해 어머니의 운명을 다시 쓰려고 노력했다. 가족세우기에서 레슬리는 앉아 있는 '어머니'를 안아서 일어서게 하는 것을 도왔다. 어머니와 그녀가 자리를 바꾸었을 때 그녀는 울기 시작했다. 그리고 마침내 레슬리가 일어설 준비가 되자 어머니는 레슬리의 뒤로 와서 자리를 잡았다.

"의자에 앉았을 때 내가 다시 어린아이로 돌아간 것 같았어요. 그리고 어린아이로 있을 때 살아남기 위해서 억누르고 애써 참아왔던 두려움과 슬픔을 그대로 느낄 수 있었어요. 그것은 마치 내가 내 어린 소녀에게 '슬퍼하고 무서워해도 괜찮아. 더 이상 아닌 척하지 않아도 돼. 내가 널 돌봐줄게.'라고 말하는 것 같았어요. 그리고 내가 일어서고, 엄마가 엄마 자리로 갔을 때 비로소 내가 진짜 어른이 된 것 같았어요."

레슬리가 어머니의 사랑을 받아들이고 어머니에게 올바른 자리를 내어주자 마침내 분노와 원망이 공감으로 바뀌는 것을 느낄 수 있었다. 그동안 레슬리가 가졌던 분노는 어머니가 느꼈던 절망과 두려움을 공개적으로 받아들이지 않아도 되는 보호막 역할을 했었다. 공감이 밀려오면서 레슬리는 어머니에 대한 깊은 슬픔을 경험했다. 그녀는 누군가를 돌보던 내면 아이로서가 아니라 과거의 잘못을 바로잡을 수 있다는 환상을 포기한 어른으로서 반응하고 있었다.

치유를 위한 과제는 내면 아이를 인정하고, 그 아이를 알아가고 수용하고, 사랑하는 방법을 배우는 일이다. 어른으로서 우리의 역할은 내면 아이에게 약속하는 것이다. 나는 너를 본다, 나는 너의 말을 듣는다, 나는 너를 인정한다는 약속 말이다. 내면 아이에게 이러한 약속을 지킬 수 있는 가장 좋은 방법의 하나는 가족에 대한 사랑, 특히 부모에 대한 사랑을 회복하는 것이다. 그것은 맹목적인 사랑에서 성숙한 사랑으로 전환된 사랑을 말한다. 내면 아이는 맹목적인 사랑을 경험하지만 완전한 어른이 된 성인은 성숙한 사랑으로 전환되는 경험을 한다. 맹목적으로 사랑할 때는 소속되기 위해 자신의 최고선(최고의 가치)을 희생한다. 그리고 사람들을 있는 그대로 보지 못하고, 현실을 있는 그대로 보지 못한다. 맹목적인 사랑은 그들을 거부하거나 이상화하면서 우리를 두려움과 의무감으로 몰아간다. 사랑을 깨닫게 되면 다른 사람들을 달래거나 기쁘게 하려고 자신의 최고선을 희생하지 않는다. 자신의 가치에 부합하는 선택을 할 수 있고, 다른 사람들 또한 매우 잘 지원한다. 판단하지 않고 사람들을 있는 그대로 바라보고 그들의 결점뿐만 아니라 그들이 우리에게 준 것도 인정한다. 현실을 받아들이고, 우리의 통제 너머에 있는 다른 사람들도 받아들인다.

성숙한 사랑의 핵심은 경계를 정하는 것이다. 경계를 정하면 통제할 수 있는 유일한 사람은 자신뿐이라는 것을 암묵적으로 인정하게 된다. 그것은 자신의 삶에 주인의식을 갖는 방법이기도 하다. 경계는 문자 그대로 한계를 의미한다. 그것은 한 장소와 다른 장소를 구분하는 선 또는 테두리이다. 경계는 한 사람과 끝내고 다른 사람과 시작하는 지점을 나타낸다. 경계는 당신이 넘지 않는 선이자 다른 사람이 넘어오지 못하도록 강제하는 선이다. 경계가 부족하면 내가 어떻게 생각하고 행동하고 느끼는지를 다른 사람들이 결정하도록 허용한다. 그렇게 되면 다른 사람들의 욕구나 필요와 달리 자신의 고유한 정체성은 약해질 수 있다. 하지만 당신이 경계를 설정하면 기꺼이 받아들이려는 것과 그렇지 않은 것을 분명하게 구분할 수 있다. 예를 들면 다른 누군가의 감정을 책임지는 것과 같은 자신의 것과 아닌 것 사이에 분명한 선을 긋게 된다. 경계를 정하면 자신만을 위한 공간을 만들 수 있다. 이는 침범할 수 없는 공간으로 그 안에서는 자신이 누구인지, 어떻게 살고 싶은지, 특히 다른 사람들과의 관계 속에서 어떻게 있고 싶은지를 자유롭게 판단할 수 있다. 경계를 설정하는 것이 다른 사람들과 멀어지는 것처럼 보일 수 있지만, 건강한 경계는 멀어지게 하기보다는 더 가깝게 만들면서 존중을 불러일으키며 실제로는 관계를 개선한다.

나와 부모 사이 적절한 거리를 찾는 것, 즉 한계를 정하는 것은 문자 그대로 관계를 조망해 볼 수 있는 유일한 방법이다. 하지만 그것이 익숙하지 않을 때 경계를 설정하는 것은 이상하게도 경계를 위반하는 것처럼 느낄 수 있다. 하지만 이렇게 생각해 보자. 건강한 가정 내에서 자녀들은 부모와 분리하는 법을 배운다. 아이들에게 있어서 이러한 초기 분리는 일종의 경계 위반이다. 아이들은 보통 두세 살쯤 거짓말을 시작한다. 이것은 좋은 일이다. 아이들이 그들 자신과 어머니 아버지와의 차이를 이해하고 부모가 접근할 수 없는 그들만의 내면이 있다는 것을 보여주는 첫 번째 지표이기 때문이다. 청소년기에 우리는 통금 시간을 지키지 않거나 부모가 인정하지 않는 누군가와 데이트하며, 담배를 피우거나 술을 마시는 등 부모와의 분리를 위해 자신의 경계를 더욱 시험한다.

자녀를 사랑하는 부모는 자녀가 독립을 향해 나아가고 있다는 것을 알기 때문에 걱정하면서도 이러한 시험을 환영한다. 독립하기 위해서는 부모와 자식 사이의 경계가 필요하다. 버트 헬링거는 청소년기 위기의 건강성을 강조하면서 다음과 같이 말했다.

"모든 아이들이 계속 성장하기 위해서는 규칙을 넘어서야 합니다. 그래야 성장이 이루어집니다. 부모는 필요하다고 생각해서 무언가를 금지하지만, 은근히 아이가 그 제한을 어기기를 기대하기도 합니다."

나의 내담자 레이첼은 그녀의 가족을 '정말 친밀한' 그리고 '매우 사랑하는' 이라고 묘사하고는 했다. 24세인 그녀는 뉴욕에 살고 있었는데, 플로리다에 살고 계시는 부모님과 매일 통화했다. 그즈음 너무나 사소한 결정들조차도 그녀를 마비시킬 정도로 극심한 불안감 때문에 나를 찾아왔다. 그녀는 자신이 하는 모든 결정 뒤에는 비참한 결과가 도사리고 있을 거라고 믿으면서 잘못된 선택을 하지 않을까 끊임없이 두려워했다.

"저희 부모님은 안전에 집착하세요." 그녀가 내게 말했다.

"아마 그래서인 것 같아요. 부모님은 사방에 카메라를 설치해 놓으셨거든요. 그래서 제가 자연스럽게 의심하고 위험을 회피하는 성향이 생긴 것 같아요."라고 말했다.

나중에 알게 되었지만 레이첼이 단순히 안전에만 집착하는 부모님 밑에서 자란 것이 아니었다. 특히 안전은 부모님의 주된 집착 중 하나였는

데, 그녀가 무엇을 공부하는지, 어떤 종류의 일을 하고 어디에서 일하는지, 어디에서 살고 있는지, 누구와 사귀는지 등 레이첼이 삶에서 내리는 모든 결정은 부모님의 검증을 받아야 했다. 그녀를 진료할 의사도 부모님이 선택했다. 레이첼이 대학을 마치고 뉴욕에서 경력을 쌓기 위해 플로리다로 떠날 때에도 부모님은 그녀가 그녀 친구들 대부분이 살고 있는 브루클린이 아니라 어퍼이스트사이드에 살 것을 주장했다. 그 결과 레이첼은 사회적으로 고립되었고 외로움을 느꼈다. 친구들을 만나려면 지하철을 타고 한 시간 이상 이동하거나 비싼 택시를 타야 했다. 이스트강을 건너 그녀가 살고 있는 상류까지 자발적으로 걸어오는 친구들은 거의 없었기 때문이다.

하지만 레이첼은 24세였다. 그런데 왜 그녀는 자신이 원하는 대로 하지 않았을까? 특히 그 질문에 대해 생각해 본 적 없는 레이첼에게는 더더욱 그 대답이 복잡했다.

"저는 부모님과의 문제로 치료실에 오지 않았어요."라고 그녀가 강조하며 말했다.

"저는 그냥 끝없는 불안과 두려움의 근원을 알고 싶었을 뿐이에요. 부모님은 굉장히 지지적이세요."

그러나 바로 그 지지적인 것이 문제였다. 꽤 부유했던 부모님은 재정적으로 그녀를 지원해 주었다. 집세, 공과금, 식료품비, 심지어 그녀의 계좌에 매달 '용돈'까지 입금해 주었다. 만약 레이첼이 부모가 원하는 대로 하지 않으면 돈을 입금하지 않았다. 그들은 레이첼을 재정적으로 통제하고 있었다. 부모님과 그녀가 믿고 있는 것처럼 그것이 사랑에서 비롯된 것이라 해도 그것은 여전히 통제였다. 그들은 레이첼을 한 개인으로 인정하지 않았다. 그녀는 부모의 연장선이었으며, 지켜봐야 하고 보호해야 할 또 다른 소유물이었다.

부모님이 너무 오랫동안 그녀 대신 모든 결정을 내렸기 때문에 그녀는 자신이 진정으로 원하는 것이 무엇인지 거의 알지 못했다. 그 결과 자신으로부터 깊이 소외되어 있었고, 부모에게서 독립하지 못했다. 정체성이 없었으며 어떻게 해야 할지 몰랐다. 부모님이 반대할 것 같은 결정을 하려 할 때는 그 사실을 비밀로 했고 그 때문에 불안은 더욱 커졌다.

아이러니한 상황이었다. 레이첼을 안전하게 보호하려던 부모님의 욕구가 그녀를 깊은 불안으로 이끈 것이다. 왜냐하면 그녀는 부모와 경계가 없었기 때문이다. 그녀의 삶을 부모가 지배한 결과 부모와 경계가 없었을 뿐만 아니라, 일반적으로 경계를 설정하는 방법도 결코 배우지 못했다. 건강한 경계가 없으면 우리는 자연스럽게 안전하지 못하다고 느낀다. 나와 타인 사이의 경계를 설정하지 않으면 타인이 내 삶에 침입하는 것을 막을 수 없다. 레이첼의 극심한 불안은 부모님 '지원'의 직접적인 결과였다. 그녀의 불안은 뉴욕으로 이주하면서 시작되었고 계속해서 커져만 갔다. 그 이유는 스스로 전혀 확신하지 못했던 자신의 판단에 처음으로 의존해야 했기 때문이다. 적어도 그 시간만큼은 자신을 믿지 않았다. 그녀는 스스로 안전하다고 느끼지도 못했으며 자신을 소중하게 여기지도 않았다. 그녀의 가치는 부모님을 기쁘게 하는 것에 있었다.

레이첼이 부모님의 통제 욕구가 어떻게 자신의 정체성을 지우고 정신을 억압해 왔는지 받아들이게 되자, 그녀는 몹시 화가 나고 원망스러워졌다. 그녀의 첫 번째 충동은 그들을 삶에서 완전히 차단하고 연락을 끊는 것이었다. 거부였다. 그것은 이해할 만한 것이었다. 레이첼의 내면 아이는 거부당했다고 느꼈고 반격하기를 원했다. 하지만 우리는 그녀가 먼저 부모님을 그녀의 유일하고도 올바른 부모로 받아들인 후에, 어떻게 하면 그녀의 내면 아이를 진정으로 도울 수 있을까에 대해 이야기했다. 그녀가 어떻게 하면 자기자신을 재양육할 수 있을까? 어떻게 하면 그녀가 자신을 알아볼 수 있을까?

매우 힘들고 두려울 것이라고 예상했음에도 레이첼은 돈에 관한 한 부모님과 확고한 경계를 설정해야 한다고 결심했다. 그녀는 부모님께 경제적으로 지원받는 것을 중단했다. 그것은 힘들고 두려운 일이었다. 하지만 그렇게 하는 과정에서 레이첼은 또 다른 경계들을 정하기 시작했다. 자신이 무엇을 허용하고 허용하지 않을지, 무엇에 가치를 둘지, 그러한 가치들을 위해 타협할 것과 하지 않아야 할 것들을 알아가기 시작했다. 예산을 세운다는 것은 음식, 옷, 심지어 친구들까지 고르고 선택하는 것을 의미했다. 그녀가 더 이상 저녁 외출 비용을 부담하지 않을 때 누가 그녀 곁에 있어 줄까? 승진이 늦어진다는 것이 앞으로 1년에서 3년을 더 빠듯한 월급으로 생활해야 한다는 뜻이라면, 여전히 직장에서의 성차별적이고 낮은 수준의 대우를 받아들일 수 있을까? 이제 더 이상 부모님 돈으로 연착륙할 수 있는 완충 지대가 사라진 지금 그녀가 진짜 신경 써야 하는 것은 무엇일까?

레이첼의 우정은 깊어만 갔다. 그녀의 일상생활은 바뀌었다. 그녀는 자신을 위해 요리를 시작했다. 배달 음식은 더 이상 일상적인 선택이 아니었다. 열정을 가질만한 취미도 발견했다. 어떠한 남자 친구라도 부모의 허락을 받아야만 했던, 과거에는 너무나 부담스러웠던 연애도 시작했다. 더 이상 삶의 모든 세세한 사항을 부모님과 공유하지 않았고 더 이상 중요한 고비마다 부모님에게 조언을 구하지도 않았다. 초기 레이첼과 부모님과의 관계는 고통스러웠다. 부모님은 상처받았고 화가 났으며 거부당했다고 느꼈다. 그러나 성숙한 사랑으로 부모님과의 만남을 지속하면서 레이첼이 삶에 대한 자신의 능력을 보여주고 계속해서 신뢰를 쌓아가기 시작하자 부모님 역시 그녀를 신뢰하기 시작했다.

거부는 방어기제이다. 거부가 결국에는 우리에게 더 해를 끼치는 전략이 된다 해도 부모가 준 고통에 대해 충분히 이해할 만한 반응이다.

왜냐하면 부모와의 관계에서는 우리의 내면 아이가 주도권을 쥐고 있기 때문이다. 아이들이 어른들의 보호 없이 스스로 살아갈 방법은 제한적이다. 하지만 우리는 성인이다. 우리는 내면 아이에게 그러한 보호를 제공할 수 있다. 내면 아이를 스스로 양육할 수 있다. 우리가 내면 아이의 쉼터가 될 수 있고, 쉼터가 되어 주어야 한다.

세우기 문장

나는 다른 사람을 변화시키거나
고치거나 구할 수 없습니다.
나에게 가장 도움이 되는 선택을 하는 것이
사랑의 행위입니다.
나는 나 자신을 돌볼 수 있는 권한을 나에게 부여합니다.

연습

경계 설정하기

우리 대부분은 두려움 때문에 경계를 설정하는 데 어려움을 겪습니다. 경계를 설정하게 되면 관계를 잃거나 누군가의 감정을 상하게 하거나, 타인으로부터 까다로운 사람으로 인식될 것 같은 두려움을 느낍니다. 또는 인정이나 승인을 포기하게 될까 봐 두려워할 수 있습니다. 본질적으로 거절당함으로써 소속감을 잃는 것을 두려워합니다. 우리는 주로 부모의 영향 속에서, 어린 시절 경계에 대한 가르침을 내면화합니다. 가족 체계가 무질서할 때는 자신의 욕구를 타인에게 유리하게 맞추면서 경계를 느슨하게 하는 것이 소속을 확보한다는 사실을 재빨리 터득합니다. 그런 사람이 성인이 되어 경계를 설정하려고 할 때, 내면 아이는 당황스러워할 수 있습니다. 재앙이 닥칠 거라고 이야기할지도 모릅니다. 경계를 정하지 않으려고 꾀를 쓰거나 애원하거나 협상하려 할 수도 있습니다. 그러나 기억하십시오. 우리는 이제 성인입니다. 당신의 내면 아이를 가장 잘 배려하는 일은 내면 아이의 부모가 되어주는 일입니다. 어른이 되어주는 일입니다. 내면 아이를 보호하고 안전하게 지키며, 당신이 진심으로 보고 듣고 인정한다는 것을 내면 아이에게 보여줌으로써 내면 아이 스스로 안정감을 가지도록 도와주어야 합니다. 당신이 보고 듣고 인정하는 것을 강화하는 경계를 설정하는 것으로 이것을 실천해 보세요. 다시 말해 다른 사람들의 필요와 가치보다 당신의 필요와 가치에 먼저 반응하십시오.

경계는 경직된 경계, 느슨한 경계, 건강한 경계가 있습니다. 우리가 항상 마지막 형태의 건강한 경계를 목표로 하지만 많은 사람들이 적어도 삶의 일부 영역에서는 처음 두 가지 형태와 씨름합니다. 먼저 경직된 경계는 너무 융통성이 없는 경계입니다. 경직된 경계는 위협적이라고 인식되는 모든 것의 침입을 막기 위해 고안된 방어기제로 벽처럼 굳어진 경계입니다. 경직된 경계는 성장과 친밀감을 방해합니다. 다음으로 느슨한 경계는 너무 허술한 경계입니다. 쉽게 해체되거나 넘기 쉬운 경계로 자기와 타인의 구분이 모호하거나 사라진 경계입니다. 당신의 경계가 느슨하다면 다른 사람들이 당신을 대신해 암묵적으로든 혹은 명시적으로든 결정을 내리도록 허락한다는 것입니다.

경계에는 여러 가지 유형이 있습니다. 몸을 둘러싼 신체적 경계, 감정을 둘러싼 정서적 경계, 생각과 아이디어에 관한 지적 경계, 돈과 소유물에 관한 물질적 경계, 타인과 시간을 둘러싼 시간적 경계 등이 있습니다. 물론 이러한 다양한 경계를 설정하는 데 편안함을 느끼는 정도는 사람마다 다를 것입니다. 예를 들어 일반적으로는 건강한 신체적 경계를 설정했으나 지적 경계는 느슨한 사람이 있을 수 있습니다. 그리고 언제 어떻게 어떤 경계를 설정하느냐도 맥락에 따라 달라집니다. 즉 경계의 본질은 다양한 환경과 사람들과의 관계에 따라 달라질 수 있으며, 친구 가족 동료 연인을 대할 때마다 변할 수 있습니다.

다시 말하지만, 경계를 설정하는 것은 쉽지 않습니다. 쉽다고 가정하지 않겠습니다. 그러나 그럴 필요가 없는 것이 왜냐하면 우리는 결국 해낼 것이기 때문입니다. 모든 어려운 일들이 그렇듯, 시간이 흐르면서 반복하다보면 자연스럽게 더 쉬워집니다. 편안하게 자기주장을 하려면 작은 것부터 시작하십시오. 처음에는 부담이 적은 경계를 설정하는 것부터 연습하세요. 각각의 성공은 더 어려운 상황에 도전할 수 있는 용기를 키워줄 것입니다. 부담이 적은 수준의 경계를 설정한다는 말은 이미 신뢰하고 있고 건강한 관계를 맺고 있는 누군가, 즉 그 방식이 받아들여 지지 않아도 괜찮을 사람에게 "아니요."라고 말하는 것입니다. 아마 그 친구는 당신에게 저녁을 같이 먹자고 하는 친한 친구일 것입니다. 그들이 내가 감당할 수 없는 비싼 식당에 가자고 제안할 때 싫다고 거절해 보십시오. 동의 먼저 하고 비용이 얼마나 드는지 불안해하고 원망하며 시간을 보내기보다 다음과 같이 말해보십시오.

"나도 너를 빨리 보고 싶어. 하지만 체즈 루이스 레스토랑은 지금 내 형편에 맞지 않으니 좀 더 작은 레스토랑으로 가는 건 어때?"

믿을 만한 사람, 다시 말해서 자기중심적이지 않은 사람을 선택하라고 한 것을 기억하십시오. 친구가 보이는 정상적인 반응은 더 큰 도전을 지속하게 하는 작은 성취가 될 것입니다. 시작할 준비가 되셨나요?

경계 파악하기: 경계를 설정하는 첫 단계는 당신의 경계를 아는 것입니다. 경계를 파악하는 좋은 방법은 어머니와의 관계나 상사와의 관계에서 필요한 것, 원하는 것이 무엇인지 스스로에게 솔직하게 묻는 것에서부터 시작하는 것입니다. 시간을 내어 그것을 기록해 보십시오. 다음으로는 당신의 권리와 가치에 집중하십시오. 여기서 '권리'란 각자가 태어남으로써 당연히 가지는 기본적인 권리를 말합니다. 예를 들면 신체적 자유에 대한 권리, 해를 입지 않을 권리, 판단에 대한 두려움 없이 감정을 표현할 권리 등입니다. 그 권리들이 무엇이라고 생각하는지 목록을 떠올려 보십시오. 마지막으로 자신의 가치에 주목하십시오. 그리고 목록을 작성하십시오. 처음 15개 또는 20개를 목표로 하고, 그다음 10개로 좁히고 5개로 범위를 좁혀가세요. 이것들을 읽어 내려가면서 이러한 가치들에 대해 언제 타협할지, 어디까지 어느 정도로 할 것인지 스스로 점검해 보십시오. 이제 당신이 필요하고 원하는 것에 대해 작성한 것을 다

시 한번 살펴보십시오. 이러한 욕구를 충족하고 있는 관계는 어떤 관계인지, 또는 그렇지 못한 관계는 어떤 관계인지? 그 관계가 당신의 권리를 존중하고 있는지? 그 관계에서 당신의 가치에 충실할 수 있는지? 이러한 질문에 답하는 것은 더 나은 경계를 설정할 곳이 어디인지 구분하는 데 도움을 줄 것입니다.

경계 지키기: 자신의 필요를 최우선에 두기로 약속하십시오. 언제나 책임을 인식하고 그것에 집중하십시오. 당신의 감정과 선택 그리고 행동에 대한 책임은 당신에게 있습니다. 하지만 타인의 감정과 선택 행동에 대한 책임은 당신에게 있지 않습니다. 스스로 편안해지려고 노력하십시오. 행복은 다른 사람의 이해와 승인에 달려 있지 않습니다. 통제하려는 시도를 포기하십시오. 당신은 타인을 변화시키거나 구조하거나 구원할 수 없습니다. 경계가 지켜지지 않을 때를 대비해 후속 조치를 계획하고 이를 실행하십시오. 당신을 몰아붙이는 데 익숙한 사람들에게 화를 내고 혼란스럽게 할 가능성 같은 경계를 설정하고, 예상되는 가능한 부정적인 결과를 받아들일 계획을 세우십시오. 그렇게 하면 두려움을 극복하고 경계를 유지할 수 있으며 약속을 지키기가 더 쉽습니다.

경계 표현하기: 될 수 있으면 누군가 경계를 침범하기 전에 무엇보다

먼저 이야기하십시오. 주저하지 말고 분명하고 차분하게 표현하십시오. 이 말은 존중하는 태도를 유지한 채 직설적으로 단호하게 말하는 것을 뜻합니다. 모호하지 않게 아니라고 말하십시오. "아니요"는 완전한 문장입니다. 경계가 중요한 이유와 그 경계를 위반했을 때 어떤 결과가 초래될지 말해주세요. 자기 자신에게 초점을 맞추십시오. 다른 사람의 행동이나 그들을 처벌하는 것에 초점을 맞추지 마십시오. 예를 들어 직장 동료와 시간 경계를 설정해야 할 경우 "퇴근 후에 이메일 보내지 마세요." 라기 보다 "저는 근무 중에만 이메일에 응답합니다."라고 말할 수 있습니다. 만약 가족들과 경계를 설정한다면 "나는 내가 말할 때 가족들이 내 말을 들어주는 것을 중요하게 생각해요. 만약 내가 말하고 있는 중간에 끼어들거나 무시당하는 느낌이 들면 대화에서 빠지겠어요."라고 말하는 것이 좋습니다. 대신 "만약 내가 이야기하는 동안 당신이 끼어들면 나는 더 이상 말하지 않겠어요."라고 말하지 마세요. 정당화하고, 논쟁하고, 방어하고, 설명하려 하지 마세요(Don't JADE: justify, argue, defend, explain). 당신은 자기 결정권이 있습니다. 대부분의 인간관계에서 누군가 당신의 경계에 도전할 때 자신을 설명해야 할 의무는 없습니다. 사과할 필요는 더욱 없습니다. 어떤 사람이 당신의 경계를 존중하지 않는데도 여전히 그들과 관계를 유지한다면, 당신은 그 경계에 의문을 제기할 만한 타당한 이유가 있는지 살펴볼 것입니다. 하지만 그런 이유는 없습니다.

서열과 우선권

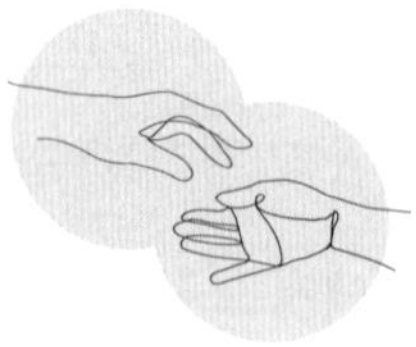

이번 장은 가족 체계가 세 가지 질서에 의해 지배된다는 버트 헬링거의 개념을 빌려와 '사랑의 질서'라는 부제를 붙이려 했던 장이다. 여기서 질서란 체계가 작동하는 방식에 관여하는 일련의 규칙들을 말한다, 체계 내에서 이 규칙들은 거의 자연법칙처럼 작동한다. 이러한 질서가 지켜질 때 사랑은 가족 체계 안에서 자유롭게 흘러 다음 세대로 전해진다. 지금까지 이 질서에 대해 알아보긴 했으나 그다지 명시적으로 언급하지는 않았다. 전문용어는 적을수록 좋지만, 지금부터는 질서와 무질서에 관해 이야기해 보려 한다.

지금까지 이야기한 사랑의 첫 번째 질서인 소속에 대해서는 이해했을 것이다. 사랑의 두 번째 질서는 균형이다. 가족 체계 내의 모든 사람은 자기 자리를 가진다. 사랑의 세 번째 질서는 표면적으로는 약간 자의적으로 보일 수도 있겠는데, 그것은 서열이다. 서열이란 무엇인가? 기본적으로 가족 내 관계 역동에서 먼저 온 사람이 우선권을 가진다는 의미이다. 먼저 질서에 대해 이야기했던 것 중에서 순서와 관련된 부분이다. 부모는 자녀보다 우선하고, 자녀는 부모의 새로운 배우자보다 우선하며, 형들은 동생들보다 우선한다. 먼저 온 사람이 먼저 받는 것이다. 서열은 누가 우선권을 갖는지 알려준다. 이것이 우리 자리를 알 수 있는 하나의 방법이다.

그러나 우선권이란 특정한 가족 구성원이 더 나은 대우나 더 많은 관심을 받을만하다는 것을 의미하지는 않는다. 그런 것이 아니라 우선권은 우리의 관심을 어디에 적절하게 기울여야 하는지 아는 것이다. 우선권의 무시나 결여는 가족 체계의 질서에 커다란 위협이 된다. 그것은 우리 대부분이 자라면서 경험하는 역기능적 역동의 핵심이기도 하다. 그리고 지금 우리는 스스로 그것을 영속화할 위험에 놓여 있다. 우리가 경험하는 일차적인 가족 역동은 부모와의 관계이다. 이차적 가족 역동인 부모 상호 관계, 새로운 부모의 유무, 형제간의 유대감이나 유대감의 결핍, 특히 입양의 경우 등은 우선순위를 왜곡한다. 이러한 것은 가족 체계에 무질서라는 깊은 우물을 만들면서 사랑의 자유로운 흐름을 차단한다.

어린 시절 경험하는 가장 중심적이고 가장 압도적인 관계는 부모 또는 보호자와의 관계이다. 하지만 그 관계의 질에 결정적인 영향을 미치는 것은 부모 상호 간의 관계이다. 부모는 자녀보다 먼저이다. 그것이 서열이다. 새로운 인간을 창조하기 위해서는 문자 그대로 두 사람 간 유전 물질의 결합이 먼저 있어야 한다. 자녀는 이 결합 이후에 있다. 서열은 부부의 관계가 부모-자녀 관계보다 우선한다는 것을 말해준다. 특히 자기 자녀에 대한 일종의 숭배적 헌신을 찬양하는 우리 문화에서는 이것이 낯설게 느껴질 수 있다. 당연히 자녀가 먼저여야 한다고 생각할지 모른다. 다른 어떤 것도 용납하기 어려울 만큼 우선적이다. 그러나 우선권을 우리의 관심을 적절하게 유도하기 위한 도구라고 생각한다면 이해하기가 훨씬 쉽다. 아이들은 안전감을 느끼고 싶어 한다. 가정생활이 안정적으로 느껴질 때, 다시 말해 부모가 서로 강한 유대를 맺고 있다는 것을 당연하게 받아들이고 의심할 필요가 없을 때 아이들은 안전감을 느낀다. 이것이 아이들에게는 안전함이다. 서로 간 관계의 질에 집중하고 사랑과 헌신을 키워나가는 부모는 자녀를 위해 애정 어린 환경을 제공한다. 배우자에게 우선권을 준다는 말은 자녀의 요구를 제대로 다루지 못하거나 아이의 요구를 부차적인 것으로 취급한다는 말이 아니다. 오히려 정반대이다. 배우자에게 우선권을 준다는 말은 실제로는 동시에 자녀의 행복을 소중히 여긴다는 의미이다. 자녀가 부모의 주된 관계가 되는 것은 매우 해롭다. 이는 가정에서 불안정을 초래할 뿐만 아니라 자녀가 부모에 대해 억지로 느끼는 의무감이나 부담감처럼 대신 갚아야 할 관심이나 시간, 사랑이 있다는 죄책감을 불러일으킬 수 있다. 아이들은 부모에게 빚을 지고 있지 않으며, 결코 빚을 지게 해서도 안 된다. 생명의 선물은 되갚을 수 없다. 단지 미래 세대로만 갚을 수 있다.

아이들은 한부모 가정에서도 물론 행복할 수 있고 또 실제로 행복하다. 아이들이 잘 적응하고 번영하기 위해서는 한 가정에 두 사람의 부모가 있어야 한다고 말하려는 것이 아니다. 부모가 서로를 존중해야 한다는 말이다. 심지어 이혼한 부모라 하더라도 자녀들보다 그들 사이의 건강한 관계를 우선해야 한다. 결혼의 50%가 이혼으로 끝난다는 통계가 자주 언급되고 있다. 맞는 말이다. 이것이 검증된 수치는 아니지만 그것을 사실로 받아들이는 것은 우리 사회에서 이혼이 얼마나 흔한지 그리고 얼마나 일상화되어 있는지를 보여준다. 하지만 어떤 것이 흔하다고 해서 그 영향이 미미하다는 의미는 아니다. 이혼한 부모를 둔 아이들 대부분은 불행한 관계에 놓인 채 살았던 것보다 더 나은 삶을 살고 있다. 하지만 이혼은 여전히 자녀의 삶에서 대단히 중요한 순간이다. 이혼은 그들이 당연하게 바라보던 무언가가 끝났다는 것이며, 현실의 갑작스러운 변화이며, 새로운 생활 방식과 새로운 관계로의 전환을 의미한다. 불행하게도 자녀를 공유하는 어른들 대부분은 그들의 이별을 가능한 한 형편없는 방식으로 해내고 있다. 자녀를 낳고 기르던 이전 관계를 완전히 무시한 채 노골적인 비난과 비통함 그리고 악의로 가득한 상태에서 전혀 존중 없이 이루어지곤 한다. 어른들의 폭풍이 너무 자주 아이들을 휩쓸어 버린다. 부모는 아이들에게 공공연하게 혹은 은밀하게 누구를 따라갈 것인지 선택하라고 요구한다. 자녀들을 이 전쟁의 중심에 놓고 그들에게 상담가나 중재자 역할을 기대한다는 것은 파괴적이며 부적절한 처사이다.

이혼할 때 부부의 관계를 우선시한다는 말은 부모가 분노와 상처를 경험할 수 없거나 경험하지 말아야 한다는 의미가 아니다. 학대가 있었던 관계의 경우에는 특히 그렇다. 부모가 전남편이나 전 부인을 조금이라도 좋아해야 한다는 의미가 아니다. 결국엔 불만족스러운 배우자로 끝나게 된다. 거의 모든 관계에서 양 당사자는 가정의 해체에 어느 정도 책임이 있다. 하지만 어떤 경우는 그 책임이 자신에게 단지 1%에 불과하다고 생각할 수 있다. 관계를 끝내게 한 99%의 책임을 지고 있는 누군가를 떠나면서 어떻게 그 관계를 우선시 하면서 떠날 수 있을까? 자신의 이야기와 그 안에 담긴 모든 것, 특히 양쪽 부모라는 요소를 간직하고 있는 자녀들을 존중하면서 관계를 끝내야만 한다. 나의 멘토인 수지 터커는 "한쪽 부모를 거부하는 것은 아이 내면에 있는 다른 부모도 거부하는 것"이라고 말했다. 사랑과 존중으로 이전 배우자를 받아들이지 않는다면 어떻게 아이들을 있는 그대로 사랑하고 받아들일 수 있겠는가? 상상할 수 있는가? 부모를 거부하는 것과 마찬가지로 자녀를 함께 낳은 배우자를 거부하는 것은 삶 자체를 거부하는 것이다. 다시 말해 자녀의 삶뿐만 아니라 배우자가 물려준 생명의 선물도 거부하는 것이다.

가족 체계는 이혼한다 해도 똑같이 유지된다. 이혼으로 부모의 사랑 이야기는 끝나지만 자녀에 대한 사랑은 의심받지 말아야 한다. 만약 부모가 자녀들의 내면에 함께 남아 있는 경우, 다시 말해 부모가 어머니와 아버지로서 그들의 역할을 적극적으로 수행하며 아이들을 이혼에 끌어들이지 않는다면, 가족 체계는 자녀에게 항상 안전한 발판을 제공할 것이다. 그들은 아이들을 위해 한 쌍으로서 항상 '함께' 존재하며, 앞으로도 그럴 것이다. 결혼생활에서 남녀 결합에 관한 것은 그들만의 일이고 또 그렇게 유지되어야 한다. 여기서 수지 터커는 "부부가 서로에게서 멀어지더라도 서로를 포용한다면 자녀는 더 쉽게 적응할 수 있다."라고 조언한다. 결과적으로 자녀는 부모의 일에 간섭해서는 안 된다. 부모는 그들 자신의 선택을 감당해야 하고, 어린 자녀는 부모의 미래가 아닌 자신의 미래에 초점을 맞추어 역할을 해나가야만 한다. 버트 헬링거가 말했듯이 '이혼은 부모의 문제이지 자녀의 문제가 아니다.'

이혼 후 많은 사람이 재혼하거나 새로운 파트너를 찾는다. 자녀의 삶에 새 부모로 개입하는 일은 최소한 복잡하고, 최악의 경우 자녀와 새 부모 모두에게 고통스러울 수 있다. 두 가족이 합치거나 기존의 두 가족 체계가 균형을 맞추기란 결코 쉬운 일이 아니다. 이 새로운 역동에서 자신의 자리나 다른 사람들의 역할을 이해한다는 것은 혼란스럽고 방향감각을 잃기 쉽다. 이전 배우자의 자녀는 새로운 배우자와의 관계보다 분명히 우선한다. 그들은 서열과 우선권을 가진다. 또는 이론적으로는 그래야 한다. 안타깝게도 부모는 종종 자신의 중요성을 확인받고 싶어 하는 새로운 배우자와 부모에 대한 충성심을 확인하고자 하는 자녀라는 두 가지 상반된 불안정 요소와 씨름해야 하는 경우가 많다. 우리 정신문화 속에 뿌리 깊게 새겨진 사악한 계모의 원형은 새로운 가족을 선택한 부모에 의해 보호받지 못하는 것에 대한 자녀의 두려움을 잘 보여주고 있다. 하지만 자녀와 새 부모 모두 가족 체계에서 그들의 서열과 우선권이 존중되고 올바른 자리에 자리매김할 때, 양쪽 모두는 더 안전감을 느끼고 서로에게 개방적일 수 있다. 자신에 대한 부모의 변함없는 헌신을 느끼는 자녀는 그 믿음 안에 안주할 수 있다. 그들은 부모가 자신보다 새 부모를 선택하지 않을 것이라고 믿으며 더 이상 새 부모를 경쟁자로 보지 않는다. 그들은 부모에게 마음을 열고 상호 존중하는 건강한 관계를 형성해 나간다.

마찬가지로 자녀에 대한 재혼 배우자의 약속을 완전히 받아들이고 이해하고 지지하는 계부나 계모는 배우자와 더 건강하고 더 사랑스럽고 더 나은 관계로 발전한다. 경계를 넘지 않으면서 자녀의 친아버지나 친어머니를 존중하고 공경하는 새 부모는 새 자녀와의 관계에서도 더 좋은 유대감을 형성한다. 전 배우자에 대해 함부로 말하거나 경멸하는 태도를 보이는 새 부모는 의도치 않게 자녀에게 충성도 테스트를 받게 되며, 이 경우 새 부모는 패배할 수밖에 없다. 자녀는 부모에게 충성을 다한다는 것을 기억해야 한다. 새로운 부모와 긍정적인 관계를 맺는 것조차도 아이에게는 배신처럼 느껴질 수 있다. 새 부모가 아이에게 자신이 예전 부모에게 위협이 되지 않는다는 것을 아이가 확신할 수 있도록 안심시킨다면, 자녀들이 가질 수 있는 잠재적인 죄책감은 가벼워질 것이다.

성인이 되고 나서 부모가 헤어지더라도 부모의 결혼생활 해체와 그에 따른 후속적인 관계를 시작하는 것이 자녀에게는 매우 불안한 요소일 수 있다. 내가 가족세우기 촉진자가 되기 위해 공부하고 있을 때, 수지 선생님은 꼬박 하루를 새 부모나 이붓자매 그리고 이복형제 자매와 같은 혼합 가족 교육에 할애했다. 수업을 시작하면서 선생님은 새 부모가 있는 사람은 손을 들어달라고 했다. 나는 어떻게 대답해야 할지 몰랐다. 그 순간 가족 체계에서 나의 입지가 얼마나 불안정한지를 깨닫고는 놀랐던 기억이 있다. 당시 아버지와의 관계 개선에 집중하고 있었지만, 아시다시피 내가 우상화했던 어머니와의 관계도 내가 생각했던 만큼 원만하지 않다는 사실을 직시해야만 했다.

부모님은 내가 22세가 되던 해에 이혼하셨다. 그래서 그 시점에 이미 나를 성인으로 대우했었고, 이론적으로는 내가 알아야 할 모든 것을 가르쳐주셨다. 할 일을 마친 어머니는 2년 후 재혼하셨다. 내가 어머니의 새 파트너를 아주 싫어한 것은 아니었지만 그를 알고자 하는 흥미라고는 전혀 없었다. 나는 아무런 관심이 없었다. 이것은 좀 무례하다 할 수도 있겠는데, 나는 그를 새아버지라고 불러야 한다는 생각에 가슴이 철렁 내려앉았다. 내가 볼 때 어머니의 새 파트너는 그들이 함께 만든 새로운 관계일 뿐 나와는 전혀 관련 없는 사람이었다. 나는 같은 집에서 살지도 않았으며 같은 나라에서 살지도 않았다. 나에게 그는 가족의 일원이 아니었다.

하지만 어머니는 그럼에도 우리가 가족으로 관계 맺기를 원하셨다. 나는 이것을 깊이 원망했는데, 개인적으로는 내가 이미 가졌던 완벽한 가정을 어머니가 무너뜨렸다고 생각했다. 성인이 다 된 나였는데도 나를 거부한 것같이 느껴졌었다. 마치 어머니가 예전의 삶을 뒤로하고 나 대신 새로운 삶을 선택한 것 같았다. 그러나 나는 여전히 망설이고 있는 내 모습에 죄책감을 느꼈으며, 어머니의 파트너에게 무심한 듯한 내 행동이 괜찮은지 아니면 약간의 행동 수정을 해야 하는지 궁금했다. 나는 수지 선생님께 내 상황을 설명했다. 그녀의 대답은 아주 명확했고, 그를 받아들이기에 수월하게 해주었다.

"그는 어머니의 남편이지 새 아버지가 아닙니다. 어머니는 이 남자분과 함께 있으면서 당신을 보는 거예요. 마음의 문을 열고 건강한 경계로 그를 당신의 개인 공간에 포함시킬 수 있는 방법을 찾아보는 게 좋겠어요."라고 내게 말했다.

그를 새아버지로 받아들일 필요가 없다는 것을 깨달은 후, 어머니의 배우자로 받아들일 수 있게 되었다. 그 과정에서 여유를 가질 수 있었고, 그렇게 함으로써 나는 어머니의 딸로서 원래 있었던 자리로 돌아갈 수 있었다. 이 간단한 접근법은 완벽하게 효과가 있었고, 나는 어머니와의 새로운 관계에서 편안함을 느낄 수 있었다.

자녀가 먼저 독립한 후에 부모가 이혼하고 재혼하면 일반적으로 새로운 파트너는 여러 면에서 새 부모가 되지 못한다. 이미 각자의 길을 가고 있기 때문이다. 이 경우 새 파트너를 새 부모로 대하는 것은 가족 체계에 혼란을 초래할 수 있다. 그것은 새 사람에게 다른 사람이 차지하거나 차지해야 할 가장 좋은 자리를 내어주는 것과 같다. 부정적이든 긍정적이든 우리는 부모에 대한 우리의 감정을 대체하기 위해 그 자리를 이용할지도 모른다. 나의 경우 단지 아버지와 나와의 관계를 치유하기 위해 어머니의 파트너와 쉽게 친밀한 관계를 원하는 잘못된 시도를 했을 수 있다.

입양된 아이들은 특히 복잡한 가족 체계(사실상 두 체계) 안에 존재한다. 그들에게는 서열과 우선권에 관해 특별히 더 큰 존중이 요구된다. 간단히 말하자면, 새 부모는 친부모가 우선이라는 사실을 알아야 한다. 친부모가 없었더라면 아이도 존재하지 않았을 것이다. 비록 친부모가 양육에 대한 권리는 잃을지라도 그들의 자리는 잃지 않는다. 새 부모는 친부모의 민족과 인종과 문화가 자신과 다를 때 그것을 존중하고 인정할 수 있어야 한다. 그래야만 진정으로 자녀를 존중할 수 있다. 새 부모가 진심으로 "당신들 덕분에 부모가 되었습니다."라고 말할 수 있다면 새 부모는 있는 그대로 아이를 위한 공간, 즉 궁극적으로 자녀가 입양을 받아들일 수 있는 공간을 만들어 주는 것이 된다.

아이들과 진실을 공유하는 것, 즉 입양되었다는 사실을 말해주는 것은 중요하다. 그들의 기원에 관한 기본적인 권리를 빼앗을 수는 없다. 만약 빼앗는다면 어떻게 아이들이 자신의 자리를 찾거나 자신의 존재를 온전히 받아들일 수 있다고 기대할 수 있겠는가? 입양된 아이는 부모의 결정이라는 현실에 동의해야 한다. 이러한 인식과 동의를 통해서만 입양된 아이는 평온하게 자랄 수 있다. 입양된 아이에게 거짓을 말한다면 입양아의 현실은 왜곡된다. 두려움과 불안에 기반한 관계를 형성한다면 그들 정체성 일부에는 흠결이 생기고 무질서가 나타날 것이다.

아이들에게 친부모의 존재를 드러내놓고 사랑하도록 격려하고 허용할 때, 아이들이 그것을 위해 은밀하고 파괴적인 방법을 찾을 가능성은 낮아진다. 입양은 어른들의 결정이었지 아이들의 의견이나 가치와는 전혀 무관하다. 오히려 아이들의 삶의 가치를 인정한 결정이었음을 더 잘 이해할 것이다. 자녀는 입양에 대해 아무런 책임이 없다. 입양 행위에 대해 책임지거나 삶을 살아가면서 어른들을 대신해 속죄할 필요가 없다.

내담자 마이클은 10대 후반이 되어서야 자신이 입양되었다는 사실을 알게 되었다. 이것은 그를 완전히 혼란에 빠뜨렸다. 가족은 물론 자신이 근본적으로 누구인지 안다고 생각했던 모든 것을 흔들어 놓았다. 게다가 입양에 관한 부모님의 설명은 화가 날 정도로 모호했다. 마이클의 부모님은 그를 입양한 기관 이름이나 심지어 마이클이 어디에서 태어났는지조차 알려주지 않았다. 그가 알고 있는 것은 그 당시 부모님이 살고 있던 미국에서도 가장 인구가 많은 캘리포니아주에서 입양되었다는 것뿐이었다.

"비공개 입양이었단다."라고 마이클의 어머니가 말했다.

마이클이 집을 떠나 대학에 갈 준비를 하던 사춘기 후반이라는 매우 중요한 시기에 부모님에 대한 그의 신뢰는 산산조각이 났으며 안정된 기반은 무너졌다. 20대 후반에 '23 and Me'와 같은 DNA 추적 사이트가 등장했다. 마이클은 부모님의 완강한 거부에 좌절을 느낀 나머지 스스로 혈육을 찾아보기로 결심했다. 그러나 그다음 일어난 일은 그의 자존감을 더 뒤흔들어 놓았다. 그는 친여동생으로 보이는 사람과 만났다. 같은 어머니 같은 아버지였다. 마이클은 친부모가 자신의 양육을 포기한 이후에도 함께 지내며 또 다른 딸을 낳아 길렀다는 것을 알게 되었다. 마이클이 여동생과 다시 만난 후 알게 된 사실은 여동생이 결혼하고 임신한 후에야 부모님이 오빠 마이클의 존재를 밝혔다는 것이었다. 지금 그녀에게는 어린 아들이 있다. 외동아들이었던 마이클은 양가감정을 느꼈다. 자신에게 여동생이 생겼다는 사실은 매우 기뻤지만, 동시에 친부모에게 자신은 버려지고 여동생은 지켜졌다는 사실에는 깊은 거부감을 느꼈다.

마이클은 양가 부모가 자녀들에게 진실을 말했더라면 상황이 달라졌을지도 모른다는 생각을 지울 수가 없었다. 그는 평생 소속감의 부재, 수치심, 지속적인 우울증에 시달려 왔다. 만약 마이클의 부모가 그에게 진실을 말했더라면 어땠을까? 어린 시절부터 자신의 이야기를 들려줬더라면 말이다. 마이클은 더 나은 삶을 찾기 위해 노력한 사람들의 사랑과 그런 삶을 주고 싶어 했던 사람들이 만든 사랑의 산물로 자신의 존재를 인식하며 자랐을 것이다. 오히려 더 큰 자기수용과 안정감을 느끼며 자라지 않았을까. 그의 부모는 그에게 입양되었다고 말하면 그가 기분 나빠하지 않을까, 그가 자신들을 덜 사랑하지 않을까 걱정했다. 하지만 오히려 그들의 비밀 유지와 침묵은 무언가 감춰야 할 게 있다는 분위기를 만들었다.

우리가 가족세우기를 시작한 직후 우리는 즉시 마이클의 내면 아이를 보호하는 치유 작업에 들어갔다. 여러 차례 화상을 통해 만난 후, 그는 친부모와 경계를 설정했다. 그들은 마이클이 미처 준비도 되지 않았는

데, 심지어 마이클이 그것을 원하는지 스스로도 확신하지 못하는 상태였음에도 불구하고 강렬한 가족관계로 빠르게 나아가고 싶어 하는 분들이었다. 마이클은 친부모와의 상호작용에 대한 모든 세부 사항에 대해서 알고 싶어하는 그의 부모와도 경계를 설정했다. 그는 거짓말이 포함된 관계를 지속하고 싶지 않다는 점을 모두에게 분명히 했다. 여동생과는 부모의 개입 없이 만나기로 했다. 여동생과 조카를 만나면서 마이클의 깊은 치유는 시작되었다. 그와 마찬가지로 그녀도 비밀을 모른 채 자랐다. 그들은 함께 이야기를 나누었다. 거기에는 신랄함이나 역습이나 비난 같은 것은 없었다. 그곳은 그들에게 무슨 일이 일어났는지 탐색하고 이야기할 수 있는 안전한 장소였다. 입양에 전혀 관여하지 않았던 여동생과의 관계에서는 편안함을 느꼈다. 그녀 역시 외동딸이었기 때문에 항상 그녀의 삶에서 '중요한 무언가' 혹은 누군가 잃어버렸다는 느낌을 받아왔다. 마이클이 여동생과 조카를 자신의 삶에 통합시키면서, 그는 점점 더 과거를 받아들일 수 있었다. 그들은 자신의 기묘한 숙명을 일부라도 진정으로 공유하는 유일한 사람들이었다. 부모님의 두려움, 부모님의 선택, 그리고 그들의 깊은 사랑에 공감하게 되면서 그의 분노는 점점 잦아들기 시작했다. 마침내 그는 부모님 운명에 대한 존중과 성숙한 사랑으로 친부모와 양부모 모두를 '유일하게 올바른 부모'로 받아들일 수 있게 되었다. 언제나 그렇듯이 받아들이기는 과거를 뒤로 하고 온 마음으로 삶을 살아가는 가장 빠른 방법이다.

부모와의 관계 다음으로 우리 대부분이 어린 시절 경험하는 가장 흔하고도 친밀한 역동은 형제자매 관계이다. 그들과 지금 얼마나 친한지, 과거에 얼마나 친했는지와 관계없이 형제자매는 우리 삶에서 다른 누구와도 비교할 수 없는 독특한 자리를 차지한다. 그들은 진정으로 숙명을 공유하는 유일한 사람들이다. 형제자매는 우리처럼 부모와 조상의 혈통을 공유함으로써 존재하게 된 유일한 사람들이다. 그 관계는 어떤 유대관계보다 오래 지속되는 관계이기도 하다.

첫 번째 동료인 형제자매는 사회 경험의 가장 초기 시험 대상이다. 형제자매 관계는 협력과 경쟁, 충성과 적대감, 경쟁과 팀워크, 동맹과 개인주의 등 인생의 많은 대립적이고 상호보완적인 관계 역동을 탐색하고 배우는 곳이다. 성인이 되어 우리가 주어진 환경에서 어떻게 자리를 차지하고 어떻게 자리를 공유하는가 하는 것은 그 초기의 관계 역동으로 거슬러 올라가 찾아볼 수 있다.

형제자매는 우리의 가장 든든한 친구일 수도 있고 가장 혐오스러운 적이 될 수도 있다. 형제자매는 어떤 다른 사람들보다 우리를 이해할 준비가 되어 있지만, 그 누구보다도 우리를 심각하게 오해하기 쉽다. 그것은 어린 시절 형제자매 관계는 결코 직접적인 관계가 아니었기 때문이다. 우리가 형제자매를 어떻게 보는가는 가정 내 부모와 맺는 관계의 자리를 통해 매개되기 때문이다. 사실 형제자매간의 경쟁심과 긴장감은 결코 형제나 자매 관계에만 국한되지 않는다. 결국 부모가 우리를 어떻게 대했는지와 항상 관계된다는 말이다. 형제자매와 경쟁해야 할 필요를 느끼는 때는 나이가 몇 살이든, 부모가 아직 살아계시든 아니든 상관없이 부모의 자원인 부모의 시간, 관심, 인정을 얻고자 할 때이다.

비록 많은 부모가 의도한 것은 아니지만, 아이들의 뚜렷한 장점을 칭찬하기보다는 자녀를 비교하는 실수를 범하기 마련이다. 부모의 기대가 한 아이에게서 다른 아이에게로 옮겨가기도 한다. 그들은 한 아이를 다른 아이들보다 더 많이 동일시할 수 있다. 한 아이의 특별한 요구는 부모의 시간을 더 할애하게 할 수 있다. 사실 부모는 자녀를 편애할 수 있다. 편애는 서열에 기반한 우선권과는 다르다. 그것은 첫째 아이가 더 많이 더 좋은 것을 받을 자격이 있고, 이후의 자녀는 각각 더 적게 받는다는 의미가 아니다. 전혀 아니다.

그렇다면 서열과 우선권이 형제자매에게 의미하는 바는 무엇인가? 어쩌면 우리가 방금 다룬 이야기들은 질서 위반이고 우선권과 서열을 존중하지 않은 예일 것이다. 어째서 그럴까? 다시 말하지만, 우선권이란 우리의 관심을 적절하게 끌어내는 방법을 아는 것과 같다. 여러 명의 자녀가 있을 때 서열과 우선권을 염두에 두면 가족 체계에서 자녀의 위치를 고려하면서 그들의 독특한 욕구를 채워줄 수 있다. 그것은 자녀들을 비교하는 것이 아니다. 올바른 위치에서 정확히 바라보는 것이다. 예를 들어 맏이는 부모로부터 집중적으로 관심을 받는 유일한 형제자매이다. 그 또는 그녀는 더 자연스럽게 주도권을 잡을 수 있다. 타협을 잘 할 수 있는 중간 아이나 스포트라이트를 잘 받을 수 있는 작은 아이를 장남과 비교하는 일은 가족 체계의 질서에 저항하는 것으로 질서를 무너뜨릴 수 있다.

각각의 아이들이 있어야 할 자리가 있다는 것을 이해한다면 아이들을 비교할 수 없다. 자녀들을 비교하는 부모는 무질서를 만든다. 편애가 존재한다면 그것은 거의 서열을 무시한 결과이다. 우선권이 지켜지지 않고 소속감이 부족한 가정의 부모는 한 아이가 동생이나 형제의 역할을 대신 맡아주기를 기대할 수도 있다. 그것은 형제자매간 긴장감이나 질투심 그리고 분노를 불러일으키는 원인이 된다. 부모가 서열의 질서를 지키면 자녀가 확실히 보이고 들리고 인정받는 소속감을 보장하기 위해 더 좋은 능력을 갖추게 된다.

어른으로서 우리는 우리가 선택한 가족 내의 질서를 유지하면서 어머니나 아버지가 했던 것과는 다른 양육 방식을 선택할 수 있다. 그러나 과거로 돌아가 부모의 선택을 되돌릴 수는 없으며, 현실에서 그것들을 통제할 수도 없다. 형제자매간의 유대를 더 깊게 하거나 다른 누구보다 자기 자신에게 도움이 되지 않는 해로운 원망을 그냥 놓아버리고 싶다면 자신의 자리를 잘 알고 받아들이는 것에서부터 시작할 수 있다. 그것은 사람들이 종종 부정적인 방식으로 사용하는 '너의 분수를 알라.'라는 말처럼 작은 존재로 있으라거나 자신을 위해 더 많은 것을 꿈꾸지 말라는 뜻이 아니다. 대신 가족 체계에서 각자의 독특한 자리가 지니는 강점을 진정으로 이해하고 그것을 축복하라는 의미이다. 더이상 형제자매와 비교하는 것을 그만두어라. 형제자매와 얼마나 비슷하고 얼마나 다른지, 왜 좋고 나쁜지 비교하지 마라.

사실 우리는 결코 형제자매와 똑같은 관점을 공유할 수 없다. 어떤 두 형제자매에게 가족 공동 경험에 관해 이야기해 달라고 요청하면 매우 다른 두 이야기를 듣게 될 것이다. 비록 형제자매가 상당한 정도의 숙명을 공유했다고 하더라도 동시에 각각의 자녀는 대부분 다른 성격의 부모를 가질 것이다. 아마도 우리가 태어났을 당시에 부모는 젊었으나 경제적으로 불안정했을지 모른다. 하지만 동생이 태어났을 때는 더 나이 들었으나 경제적으로 안정되었을 수 있다. 어쩌면 형이 태어났을 때 어머니는 여전히 법률이나 의료 또는 교육업에 종사하고 있었지만, 우리가 태어난 이후에는 전업주부가 되기로 결심했을 수 있다. 상황이 어떻든 이런 식으로 형제자매는 매우 다른 운명을 가진다. 자신의 운명을 존중하듯 그들의 운명도 존중하라. 있는 그대로를 받아들이는 성숙한 사랑과 건강한 경계로 판단 없이 그들에게 다가가라.

나의 내담자 로베르토는 그의 동생 빅토르보다 관계를 맺는 데에는 관심이 없는 사람이었다. 로베르토의 눈에 비친 빅토르는 자신의 삶을 '훔친', 원래 자기 것이어야 할 모든 것을 앗아간 존재였다. 로베르토는 마음속으로 생각했다. 동생 빅토르는 자신과 달리 어떤 것을 위해 일할 필요가 없는 아이라고. 로베르토는 농장에서 자랐지만 농사짓는 일에는 관심이 없었다. 그는 변호사나 금융업자를 꿈꾸었고 그 꿈을 실현하기 위해 매우 열심히 공부했다. 그래서 명문 대학에 입학했다. 그는 가족 중 대학에 들어간 최초의 사람이었다. 그런데 로베르토가 대학에 입학한 첫 해 중반에 동생 빅토르가 끔찍한 교통사고를 당하고 말았다. 동생은 의료팀에 의해 유도 혼수상태에 빠졌고, 의료팀은 만약 빅토르가 살아남는다면 영구적인 장애를 갖게 될 것이라며 부모님에게 준비를 당부했다. 당시 14세였던 빅토르를 돌보는 것은 부모님의 하루 일상이었다. 부모님은 유일한 수입원을 잃지 않기 위해 로베르토에게 학교를 휴학하고 농장 일을 맡아달라고 간청했다. 로베르토의 휴가는 1년에서 2년 그리고 3년으로 연장되었다. 결국 로베르토는 등록을 완전히 취소해야만 했다. 학교는 그를 더 이상 기다려주지 않았다.

로베르토는 결국 가족 농장을 전업으로 운영하게 되었다. 그는 주변 농장 땅을 사고, 농작물을 다양화하면서 부모님의 소유지를 확장해 나갔다. 또한 자신의 농업기술과 경영 전략을 더 발전시키기 위해 짬을 내어 지역 농업대학에도 다녔다. 농장은 매우 성공적이었고 로베르토의 부모가 관리할 때보다 더 많은 수익을 냈다. 그러나 여전히 로베르토는 농사일을 싫어했다. 그는 농장에 갇혔다고 느꼈다. 농장을 운영하고 싶어도 더 이상 운영할 수 없었던 부모님은 그에게 많은 부분을 의지했다. 그는 일을 중간에 바꾸기에는 너무 늦었다고 생각했다. 농장 일은 부모님이 관리하던 때보다 훨씬 더 정교해졌기 때문에 부모님이 원한다 해도 더 이상 할 수 없었다. 한편, 빅토르는 오랜 세월에 걸쳐 서서히 회복했다. 비록 그가 신체적으로 영구적인 장애를 입기는 했지만, 인지적으로는 아무런 문제가 없었다. 로베르토와 마찬가지로 그는 지적이고 추진력이 강했다. 농장을 운영하는 일은 너무나 노동 집약적이어서 확실히 그에게는 불가능했다. 빅토르는 결국 로베르토가 입학 허가를 받고 한 학기만을 다녔던 명문 대학에 입학하게 되었다. 로스쿨에 진학해 변호사가 된 건 다름 아닌 빅토르였다.

두 형제는 서로를 미워했다. 내가 로베르토에게 빅토르가 형을 싫어하는 이유를 아는지 묻자, 로베르토는 동생이 자신의 분노에 배신감과 상처를 입었기 때문이라고 인정했다. 빅토르는 로베르토를 아주 형편없다고 여겼다. 형 로베르토는 빅토르가 고통을 겪었고, 자신에게서 아무것도 빼앗으려 하지 않았다는 것을 인지적으로는 알고 있었지만, 그것을 안다고 해서 로베르토의 마음이 달라지지는 않았다. 그러나 로베르토의 부모님이 짧은 시간 내에 한 분씩 갑작스럽게 돌아가시자 그에게 선택의 기로가 찾아왔다. 부모님은 그에게 농장을 남겨두고 떠나셨다. 로베르토는 나에게 농장을 팔고 싶다고 말하면서 눈물을 흘렸다. 죄책감과 슬픔이 그를 사로잡았다.

로베르토와 나는 농장 문제를 해결하기 위해 세우기를 이용해 치유 작업을 했다. 농장 자체가 부모와의 관계를 나타내는 부모의 대역이라는 것이 분명했다. 농장을 돌봄으로써 로베르토는 그들의 사랑을 지켰다. 그는 빅토르가 자신의 삶을 훔친 게 아니라 부모의 사랑을 훔친 것에 대해 원망하고 있었다. 내면 깊은 곳에서 로베르토는 빅토르의 사고 이후 부모님으로부터 예전만큼 사랑받지 못한다고 느꼈었다. 로베르토가 농장을 팔고 싶어 하는 것을 알았지만, 부모님뿐만 아니라 동생과의 관계를 먼저 치유하지 않고는 팔 수가 없었다. 사실 로베르토는 일상생활에서 빅토르와 재회하고 싶은 지점까지 도달하지는 못했다. 하지만 괜찮았다. 마음속으로 빅토르와 화해했기 때문이다. 동생에 대한 원망을 내려놓으려고 노력했고, 그와 '경쟁하는 것'에 대해 더 나은 경계를 설정했다. 그는 빅토르의 소셜 미디어를 확인하던 습관을 멈추었고, 두 사람의 삶을 비교하는 것도 멈추었다. 그리고 빅토르의 운명이 매우 힘들고 현실적이라는 것을 받아들였다. 그는 부모님의 사랑, 특히 농장의 형태로 주었던 사랑을 받아들였다. 이 농장은 이제 그를 평생, 거의 평생을 살게 해줄 기반이 되었다. 마침내 로베르토는 농장을 팔았다. 그리고 37세의 나이에 상당히 부유한 사람이 되었다. 학교로 돌아가서 학사 학위를 마치기로 결심한 그는 40세에 로스쿨에 합격했다. 내가 로베르토와 마지막으로 이야기를 나누었을 때 그는 시험공부를 하느라 밤을 새우고 있었고, 그 어느 때보다 행복해 보였다.

"마린 선생님! 생각해 보니 사실 20대에는 내가 로스쿨을 좋아하지 않았던 것 같아요."라고 웃으며 말했다.

"농장을 운영하던 수년 동안의 세월이 에어컨이 설치된 도서관을 그렇게 고맙게 만들었어요. 아마 이게 원래 운명이 의도했던 방식이었던 것 같아요. 왜냐하면 그렇게 할 수밖에 없었으니까요."

세우기 문장

나는 나의 자리를 알고 있습니다.
나의 자리는 나만의 것입니다.
다른 누구도 내 자리를 차지하거나 채울 수 없습니다.
나는 내가 누구인지
그리고 내가 어디에 속하는지 잘 알고 있습니다.

연습

소속감 명상

이 명상은 모든 사람이 자신의 가족 체계에서 올바른 자리를 가진다는 원칙을 깊이 체화하기 위한 것입니다. 먼저 전체 명상 내용을 읽어보시고, 괜찮다면 스마트폰이나 다른 기기를 사용하여 명상 내용을 읽어가면서 자신의 목소리로 녹음하시기를 권합니다. 그렇게 하면 다음 페이지를 확인하기 위해 명상을 중단할 필요 없이 녹음된 내용을 들으면서 시각화에 집중할 수 있습니다.

평화롭고 편안하게 느낄 수 있는 안락한 공간을 찾아보세요. 그곳에 가부좌를 틀고 앉으세요. 소파나 의자에 앉는다면 바닥에 발을 단단히 고정하십시오. 손바닥을 편 상태로 허벅지 위에 놓으세요. 이 자세는 방어가 아닌 개방적이고 수용적인 자세입니다.

심호흡을 세 번 한 후 눈을 감으십시오. 당신이 어디에 있든 지금 이 순간 당신은 안전하고 보호받고 지지받고 있습니다.

우선 해야 할 일은 몸과 연결하는 것입니다. 몸을 알아차리십시오. 발이 바닥에 닿아 있는 것을 느껴보세요. 다리에서 그리고 엉덩이, 배, 가슴, 팔, 목, 얼굴에서 호흡을 느껴보세요. 당신은 자신과 완전히 연결되어 있고 평화롭습니다. 몸에서 느껴지는 긴장이나 감각을 알아차려 보세요. 이해하려 애쓰지 마세요. 단지 그것들을 알아차리고 기쁜 마음으로 받아들이세요.

이제 가족을 시각화합니다. 지금은 단 한 사람만 보일 수도 있고, 열 명이나 스무 명이 보일 수도 있습니다. 어쩌면 부모님과 형제자매만 보일 수 있습니다. 아니면 조부모님이 함께 계실지도 모릅니다. 그것은 중요하지 않습니다. 그냥 가족들에게 함께 하자고 요청하십시오. 하지만 그들의 자리를 정해주지는 마세요. 그들이 원하는 대로 그저 당신에게 와서 그들이 원하는 어떤 자리라도 차지하게 두십시오.

몸의 감각에 주의를 기울이세요. 그 감각들을 반갑게 맞이하고 계신가요? 아니면 차단하고 싶은가요? 거리를 두고 숨고 싶고 도망치고 싶은가요? 그 감각과 하나가 되고 싶은가요? 감각이 이끌리는 곳에 주의를 두십시오. 어머니가 근처에 있나요? 아니면 형제자매가 근처에 있나요? 그들이 등 뒤쪽에 있기를 원할 수도 있고, 앞쪽에 있기를 원할 수도 있습니다.

가족과 함께 있는 기분이 어떤지 거기에 주의를 기울여 보세요. 당신이 초대한 가족들을 바라보고 그들을 환영하세요. 그리고 가족들 한 명한 명을 바라보면서 큰 소리로 혹은 조용히 말해보세요.

"당신이 속하듯이 나도 속합니다."

"당신이 속한 곳에 저도 속해 있습니다."라고.

시간을 가지고 천천히 해보세요.

이제 내면 아이를 초대하세요. 예전에 당신이었던 어린 소년 또는 소녀를 초대하세요. 그리고 다시 한번 가족과 함께 있을 때처럼 그들에게도 자리를 차지하게 해주세요. 통제하려고 하지 마세요. 어쩌면 지금 당신의 내면 아이는 당신에게서 조금 더 멀어졌을 수도 있고 더 가까이 있을 수도 있습니다. 혹은 당신 뒤에 있을 수도 있습니다. 그냥 그녀를(그를) 사랑과 연민으로 바라보세요. 그들과 연결되어 있다고 느낄 때 큰 소리로 또는 조용히 말하세요.

나는 너를 보고 있어. 나는 너의 말을 듣고 있어. 나는 너를 인정해. 너는 자리가 있어. 그리고 누구도 그 자리를 빼앗을 수 없어. 오늘 너는 너의 자리를 차지할 권리가 있어. 아직 준비되지 않았다고 느끼더라도 괜찮아. 내가 너를 위해 여기에 있을 거야. 나는 바로 여기에 서서 너를 기다리고 있을 거야. 나는 너를 보고 있어. 나는 너의 말을 듣고 있어. 그리고 나는 너를 인정해. 넌 소중한 존재야.

마지막으로 당신이 선택한 가족, 즉 배우자와 자녀가 있다면 그들을 초대하십시오. 가까운 친구들도 초대하세요. 그리고 마찬가지로 그들이 원하는 대로 자리를 차지하도록 두세요. 당신은 그들을 통제할 필요가 없습니다. 단지 지금 이 순간 삶의 모든 사람과 모든 것이 어떻게 연결되어 있는지 살펴보세요. 당신이 선택한 가족들을 보고 큰 소리로 또는 조용히 말해보세요.

내가 나의 가정을 꾸릴 수 있었던 건 우리 가족들 덕분입니다. 가족들 중 누구도 내 과거, 내 치유, 내 우선권, 내 책임을 위해 여기에 있지 않습니다. 우리는 함께 삶을 즐기기 위해 여기에 있습니다. 정말 감사합니다. 나는 내 과거를 소중히 여깁니다. 그리고 내 어린 시절 내면 아이와 화해하며 현재의 삶과 내 가정을 충만히 받아들입니다. 나의 뿌리가 나의 힘입니다. 언제든 내가 원할 때 날개를 펼칠 책임은 나에게 있습니다. 난 언제든 내 가족에게 돌아갈 수 있습니다. 나는 소속되어 있습니다. 나는 나의 자리가 있습니다.

준비가 되었다고 느낄 때, 아주 천천히 그리고 부드럽게 눈을 뜨십시오.

Chapter

05

예, 예, 예

트라우마를 넘어선
가족치료 이야기

아빠 문제

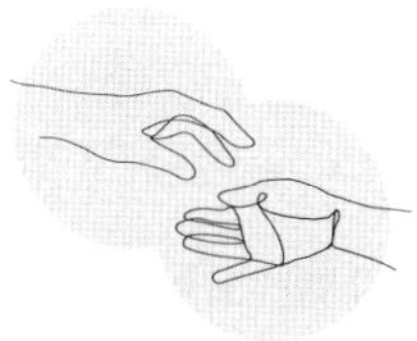

우리는 모두 사랑하고 또 사랑받기를 원한다. 우리 문화는 끊임없이 낭만적인 사랑이 성취의 최고봉이라는 메시지를 담은 노래와 이야기를 집중적으로 쏟아낸다. 그러나 아무리 원하고 노력한다 해도 건강한 관계를 쉽게 맺고 유지할 수 있는 사람은 극히 적다. 나와 함께 치유 작업을 했던 사람들 중 열에 여섯은 연애 생활에 변화를 주기 위해 나를 찾아왔다. 그들은 관계 속에서 어려움을 겪고 있거나 관계를 맺기 위해 애를 쓰면서 빠른 변화를 준비하고 있는 사람들이었다. 이런 사람들 대부분은 파트너의 잘못된 점들을 나열하거나 자신의 잘못된 점들을 줄줄이 늘어놓으며 이야기를 시작한다. 몇몇 사람들은 아이러니하게도 대중 심리학에서 단골로 등장하는 주제인 아빠 문제를 언급하기도 한다. 하지만 거의 모든 경우 문제는 실제로 상대방이나 그들과의 관계에 있지 않다. 심지어 관계 자체에 있지도 않다. 그것은 해결되지 않은 가족 체계 문제와 그로 인해 생기는 무의식적인 충성심, 얽힘, 역동에 있다.

사랑과 관계는 언제나 가족 체계에 흐르는 역동의 자연스러운 연장선이며, 내면 아이가 충성심을 증명하고 소속감을 확보하기 위해 지속적으로 추구해 온 것이다.

여러분이 내 삶을 조금이라도 들여다본다면 의문의 여지가 없을 것이다. 아빠 문제가 그것이다. 대부분의 내담자와 마찬가지로 나도 그것을 당연한 '진실'로 받아들였다. 가족세우기는 우리에게 그 진실이 결코 당연한 것이 아니라는 것을 보여준다. 많은 다른 내담자와 마찬가지로 나도 내 연애 문제를 단순한 반복의 문제라고 생각했다. 그러나 나는 아빠에게 받은 상처로 인해 남성들과 고통스러운 관계를 선택하고 있었다. 그 결과 내가 발견한 것은 조심스럽게 충성심을 보여주고 소속감을 확보하려는 내면 아이의 맹목적인 사랑이었다.

내 인생에서 가장 이상한 날은 2008년 1월의 어느 평범한 일요일이었다. 쌀쌀하지만 화창한 파리의 겨울날이었는데, 보도 위에 녹아있는 흙더미와 습기 때문에 더 춥게 느껴지던 날이었다. 남동생은 브르타뉴에 있는 기숙학교에서 주말을 맞아 집에 와 머물고 있었다. 엄마, 아빠, 나, 남동생 이렇게 우리 넷은 점심을 먹기 위해 식탁에 앉아 있었다. 이것은 20년 동안 우리 가족이 수없이 함께 나누었던 식사였다. 하지만 그 날은 앞으로 10년이 넘도록 나누지 못할, 우리가 가족으로서 함께 나누는 마지막 식사였다.

지난 몇 주 동안 엄마와 나는 함께 살 새 아파트로 들어갈 준비를 하느라 이삿짐을 하나씩 꾸렸다. 신문지로 접시를 포장하고, 이불을 정리하고, 사진첩과 책들을 가지런히 쌓아두었다. 평생 쌓인 추억들을 정리하고 선물로 받은 꾸러미에서 가져갈 물건들을 추려내면서도 무슨 일이 일어나고 있는지 아무 말도 하지 않았다. 28년 결혼생활 끝에 부모님이 이혼하신다는 사실을 말이다.

부모님 사이에 뭔가 잘못되어 가고 있다는 느낌이 분명해진 지 1년여 되던 때였다. 엄마는 점점 더 집을 비우는 일이 잦았고, 출장은 점점 늘어만 갔다. 내가 볼 때 그것은 고통과 걱정거리를 대하는 엄마의 대처 방식이었다. 그리고 내가 십 대가 된 이후로 전혀 쉽지 않았던 아빠와의 관계가 점점 더 경직되고 소통이 없어지던 때였다. 집안에서 우리는 서로 접촉을 피해 다녔다. 그럼에도 부모님은 남동생과 나에게 무슨 일이 일어나고 있는지 직접적으로 말하지 않았다. 우리는 눈치를 보며 상황을 추측할 수밖에 없었다. 부모님께서는 부부생활에서 있었던 어려움을 우리에게 말하지 않으셨다. 내가 감사하게 생각했던 것은 항상 함께하는 모습을 보여주신 것과 절대로 우리 앞에서 싸우지 않았던 것이었다. 하지만 지금은…, 내가 미쳐가는 것만 같았다. 그 어떤 것도 평범하지 않았고, 다시는 그 어떤 것도 평범해지지 않겠지만 우리는 모든 것이 평범한 척 가장하고 있었다. 적어도 여기서는 아무 일도 일어나지 않았으니까.

그 환상은 얼마 지나지 않아 완전히 깨졌다. 나는 아빠가 갑자기 말을 시작했을 때, 부엌 시계를 올려다보면서 동생이 기차를 타기 위해 떠날 때까지 시간이 얼마나 남았는지 궁금해했던 것을 기억한다. 아빠의 어조는 무심하고 형식적이었다.

"잘 들어라, 난 너희들을 미워하지 않는다." 아빠는 나와 동생에게 말씀하셨다

"하지만 너희 엄마가 떠난다면 우리는 더 이상 가족이 될 수 없어. 우리 넷이 함께하는 것이 아니라면 끝이야."

그날 나머지 오후 시간은 기억나지 않는다. 남동생이 아빠와 이성적으로 대화를 하려고 시도했다는 것은 알고 있다. 단지 엄마와 아빠가 이혼한다고 해서 우리가 서로 만나지 않을 필요가 없다고 말하려 했다는 것을. 그러나 그 대화는 아무런 소용이 없었다. 집을 나가는 길에 동생의 화풀이로 망가진 우편함만이 유일한 대화의 증거였다. 다음 날 아침 아빠는 우리가 떠나는 것을 보지 않으려고 엄마와 내가 잠에서 깨기 전 아침 일찍 출근하셨다. 우리는 작별 인사도 나누지 못했다. 그 일요일 점심이 20대의 남은 시간 동안 아빠를 본 마지막 날이었다.

7년 동안 아빠는 우리와 대화하거나 연락을 취하는 것을 거부했다. 남동생은 그사이 아빠를 한번 본 적이 있었는데, 머리를 자르고 있던 미용실에 아빠가 들어왔다가 동생을 발견하고는 못 본 척 그냥 돌아서서 가

버리셨다고 했다. 아빠의 침묵으로 몇 년을 보내던 중 내가 유일하게 소통했던 때는 친할머니가 돌아가시는 꿈을 꾸고 난 직후였다. 조금의 망설임도 없이 나는 아빠에게 이메일을 보내 할머니의 안부를 물었다. 그리고 "아빠가 잘 지내길 바래요." 하고 끝인사를 전했다. 아빠의 신랄한 대답은 "네 할머니는 잘 지내고 계신다. 그리고 나는 말이다. 내가 어떻게 잘 지낼 수 있겠니? 네 엄마는 날 떠났고, 나는 혼자다."였다. 아빠가 혼자라고요? 나는 아빠가 자신을 희생자로 보거나 내가 아빠에게 미안해할 거라고 기대했다는 것을 믿을 수가 없었다. 아빠가 혼자라고요? 아빠가 우리를 떠난 거잖아요.

2008년 8월, 아빠와 대화를 끊은 지 8개월 만에 나는 겨우 두어 달 사귄 남자와 결혼했다. 서로에게 깊이 빠져 있던 초기 관계는 결국 급격하게 통제하고 학대하는 관계로 변했다. 1년 후 별거하기 시작했고 그 후 몇 년 동안은 서로 우물쭈물 시간을 끌다가 힘겹게 이혼했다. 두 번째 결혼은 2014년에 했었는데, 역시 잘 살지는 못했다. 서른이 되기까지 두 번의 결혼에 실패했다. 그 이후 나는 모든 관계에서 의식적이든 무의식적이든 그렇게 사랑을 원했음에도 행복한 관계로 발전할 것 같은 모든 기회에 저항했다.

성인이 되면 자신의 가족 체계에서 해결하지 못한 것이 무엇이든 간에 연인 관계를 통해 그것을 다시 해결하려 할 것이다. 그것은 친밀감에 대한 두려움, 헌신에 대한 두려움, 벽 쌓기, 의존성, 신뢰 부족, 질투, 불성실, 상실감, 자기파괴 행위 같은 것들이다. 가족 역동을 통해 치유되지 못했던 것, 이해할 수 없었던 것, 해결할 수 없었던 것은 그것이 무엇이든 90%의 확률로 연인에게 대신 처리해 달라고 요청할 가능성이 있다. 상대에게 무언가를 명시적으로 요청한다는 의미가 아니다. 파트너와의 역동을 통해 무의식적으로 오래된 상처를 치유하려고 할 것이다. 사랑하는 연인이 다음 상대이다. 여기서 불편한 진실은 사랑에 우연은 없다는 것이다. 다시 말해 우리는 상대를 무작위로 선택하지 않는다.

그렇다. 전통적인 통념에서는 사람들이 부모를 떠올리게 하는 대상을 선택한다는 말이 있다. 하지만 내가 여기서 말하려는 것은 이것이 아니다. 대부분의 통념과 마찬가지로 이것도 약간은 맞지만 거의 틀린 말이다. 나의 내담자들도 그렇지만 우리 대부분이 어머니나 아버지를 떠올리게 하는 상대를 의도적으로 선택하지는 않는다. 드러내놓고 역사를 재현하려고 하지 않는다. "오! 나의 할머니는 50세가 되기 전에 미망인이 되셨고, 우리 엄마도 그랬으니 나도 젊어서 죽을 사람을 찾아보자." 라고 하지는 않는다. 가족 체계의 문제를 해결하기 위해 관계를 이용할 때는 우리 부모가 어떤 사람이었느냐보다 부모 사이의 역동 그리고 가족 체계의 역동을 살펴보고, 그것이 현재 우리의 관계 형성에 어떻게 영향을 미쳤는지 살펴보아야 한다.

나의 내담자 라일라에게는 너무나 성격이 다른 남편과 아빠가 있었다. 아빠는 내성적이었으며 손으로 하는 일을 좋아했다. 그는 출세를 추구하는 일보다는 독특한 일들을 하셨다. 그리고 화가 나면 말하지 않는 방법으로 딸에게서 사랑을 거두었다. 반면 남편은 카리스마 있고 외향적이었다. 그는 시인이자 명문 대학 교수였다. 그는 사람들과 의견이 맞지 않을 때 욕설을 퍼붓고 고함을 지르기 일쑤였다. 우리가 함께 치유 작업을 시작했을 때 그녀는 남편의 압도적인 부정성으로 인해 그녀의 삶이 제한받고 있다고 느끼면서 매우 불행해했다. 그녀의 표현대로라면 부부생활에서 일어나는 모든 것은 남편이 하지 말라는 것에 맞춰져 있는 것 같았다. 그는 아이를 원하지 않았으며 반려동물도 좋아하지 않았다. 채식주의자여서 아내가 집에서 고기를 먹지 않기를 바랐다. 그녀가 뜨개질과 퀼트 장인이었는데도 불구하고 '어수선한' 것을 좋아하지 않아서 공예품 만드는 것을 싫어했다. 또 지저분하다고 생각해서 그녀가 화초를 키우는 것도 싫어했다. 시시콜콜한 것부터 인생을 바꾸는 중대한 것까지 목록이 끊이지 않았다.

라일라는 쉽게 화를 냈던 아빠와의 불편한 어린 시절을 떠올렸다. 아빠는 자신의 시간, 관심, 공원 산책, 장난감이나 간식 등 어떠한 요구도 개인적인 무례함으로 받아들였다.

"나는 아빠에게 무언가를 묻는 것만으로도 아빠를 화나게 할 거라는 걸 알고 있었어요."라고 그녀는 말했다.

"만약 우리가 공원에 갔을 때 아이스크림 트럭이 서 있었다면, 나는 아빠에게 물어볼 생각조차 하지 않았을 거예요. 물어보면 아빠가 짜증을 낼 것이고 아빠의 대답은 어차피 '안돼'라는 걸 알고 있거든요."

마지막 문장을 말하면서 그녀는 흔들렸다. 그녀와 아빠 사이 역동의 중심 주제인 '안돼'를 큰 소리로 표현한 첫 순간이었다. 남편과 지낸 14년 동안 그녀는 항상 그가 아빠와 얼마나 다른지를 말해 왔었다. 그동안 내내 가정을 편안하게 하려고 자신의 욕구를 억누르고 부정해 오면서 동일한 역동을 재현하고 있었다.

그녀가 왜 이런 역동을 반복하는지가 당연히 이 문제의 핵심이다. 해결되지 않은 가족 체계의 문제와 관계 문제에 있어서, 우리 내면 아이가 여전히 충성심을 증명하고 소속감을 얻으려고 애쓰는 일은 흔한 일이다. 라일라는 아빠가 전혀 자신에게 귀를 기울인 적이 없다고 느꼈다. 아빠는 그녀의 편이 아니었으며 그녀의 욕구를 충족시키지 못했다. 아이들은 자기 말을 들어주는 이가 없다고 느낄 때 소속되지 못한다고 느낀다. 거부당했다고 느낀다. 남편과 이러한 역동을 이어가면서 라일라의 내면 아이는 여전히 자신이 정말 착한 아이라는 것을 아빠에게 보여주고 싶어 했다. 그것이 바로 아이들이 자신의 꿈과 희망을 희생하는 한이 있더라도 침묵하면서 부모에게 사랑과 충성심을 보여주려는 방식이다.

아빠와 내가 소통 없이 보내는 동안, 나는 가끔 가족이나 지인들로부터 아빠에 대한 소식을 듣곤 했다. 내가 자랐고, 우리 가족의 집이 있던 파리 교외에 아직 살고 있는 절친한 친구가 있었다. 아빠는 여전히 거기에 거주하고 있었다. 그녀는 우리가 이야기할 때마다 그 집에 사람이 없는 것 같다고 알려주곤 했다.

"마린! 셔터가 항상 닫혀 있어서 아무도 살지 않는 집처럼 보였어."

"마린! 버려진 집 같았어."

2015년 아빠와 내가 처음으로 다시 만났을 때 아빠가 무척 달라 보여서 놀랐다. 아빠에게서 활력이 사라진 것 같았다. 나는 아빠가 지난 10년 동안 그렇게 생기 없는 집에서 맴돌았던 것에 관해 생각했다. 그렇게 유령처럼 사는 삶은 어떠했을까? 비록 지금은 나와 동생과는 사랑으로 다시 연결되어 만나고 있지만, 이혼이 아빠에게는 여전히 가슴 아픈 일로 남아 있는 것 같았다.

나는 줄곧 아빠가 우리를 버렸음에도 불구하고, 아니 버렸기 때문에 아주 깊이 아빠에게 충성을 다했다. 아빠가 떠나고 나와의 관계를 단절했을 때 아빠의 딸이라는 나의 근본적인 정체성은 단절되고 말았다. 나는 자아감을 잃었다. 그 후로 그것을 회복하려 노력해 왔다. 아빠가 가족 체계 속 자신의 자리를 거부하고 떠나자 가족 체계에는 찢어진 상처가 생겼다. 나는 그 자리를 복구하려 했다. 불행한 결혼으로 아빠의 사랑을 '대체'했을 뿐만 아니라 아빠의 상처를 충성심으로 대체하려 했었다. 나는 깨닫지 못했다. 지난 12년 동안 내가 아빠에게 속해 있다는 것을 증명하기 위해 애를 써 왔다는 것을 말이다. 아빠의 마음이 아프다면 내 마음도 아플 것이다.

우리는 언제나 가족, 특히 부모에 대한 충성심을 잃지 않으려 한다. 치열하고도 맹목적인 내면 아이의 사랑은 우리가 의식적으로 알아차리든 아니든, 가족을 거부하든 포용하든 상관없이 우리 각자의 내면에서 불타오르고 있다. 가족 체계의 잘못된 부분을 바로잡기 위해서는 그것이 잘못되는 한이 있어도, 심지어 자신을 해치게 되더라도 해야 할 일을 하려 할 것이다. 우리는 자신이나 다른 가족의 소속감 회복을 위해 필요한 일은 무엇이든 할 것이다. 물론 우리 각자가 가족 체계에서 가져온 미해결된 문제들은 너무나 특별하고 개별적이며, 너무나 다양하고 많아서 그것들을 완전히 나열하기란 어려울 것이다. 내가 말하려는 것은 그것이 아니다. 부모가 망칠 수도 있었던 방법이나 가족 체계가 무너질 수도 있었던 방법들을 반복해서 말하려는 것이 아니라 부모의 주된 의무가 무엇인지 기억하라는 것이다. 그것은 자녀가 보이고 들리고 인정받고 있다는 것을 확실히 함으로써 자녀의 소속감을 보장해 주는 것이다.

친밀감에 대한 두려움, 헌신에 대한 두려움, 벽 쌓기, 결핍감, 신뢰 부족, 질투, 부정, 상실, 성장 거부 등 인간관계를 취약하게 하거나 관계를 맺지 못하게 하는 성인 역동은 거의 언제나 어린 시절 부모에게 보이고 들리고 인정받는 데 실패했음을 나타낸다. 서열과 서열에 따른 우선권의 위반, 부모의 배우자 노릇하기, 부모의 감정 돌보기, 부모와의 융합, 부모 거부, 유대의 단절을 경험하는 것, 학대의 대상이 되는 것 등도 마찬가지이다. 연인 관계의 문제를 해결하기 위해 찾아오는 내담자들 대부분이 연인과의 문제를 다음과 같은 용어로 표현하는 것은 놀라운 일이 아니다. "나를 보지 않는 것 같아요." "아내는 내가 하는 말을 듣지 않아요." "거부당하는 느낌이 들어요." 이런 말을 나는 셀 수 없을 정도로 많이 듣는다.

나의 내담자 중에는 부모가 이혼 후, 부모 사이에 끼어든 사람이 있었다. 부모는 서로 말을 하지 않았고 예의 바르게 대하지도 않았다. 다섯 살짜리 자녀가 갑자기 부모 사이에 다리 역할을 하면서 어른이 되어야 했다. 그녀의 부모님은 그녀를 있었던 그대로 그들의 자녀나 어린아이의 모습으로 보지 못했다. 이제 성인이 된 그녀는 남편이 자신을 어린아이처럼 대해주길 바라면서 부부 사이에 일어나는 감정 노동의 대부분을 남편에게 떠맡기고 자신은 어린아이가 되고 싶어 했다.

평생을 독신으로 지내며 불행한 삶을 살았던 또 다른 내담자는 다발성 경화증을 앓고 있는 아버지의 보호자로 자랐다. 그녀는 독신이었다. 어떤 의미에서는 이미 관계가 성립되었다고 볼 수 있었던 게 아버지의 배우자 역할을 하고 있었기 때문에 다른 사람은 만날 수가 없었다. 그녀의 내면 아이는 자신의 삶을 온전히 사는 것이 아버지에 대한 배신이라는 죄책감을 가지고 있었다.

대가족의 맏이들에게는 어린 나이에 동생들의 대리 부모가 되어 끝없이 기저귀를 갈아야 하고, 먹이고 돌보는 일을 맡게 되는 역동이 흔히 존재한다. 이들은 성인이 되어 배우자(연인)에게 "내가 하고 싶지 않은 것을 나에게 강요하지 마!"라는 느낌을 주기 쉽다. 숨겨진 의미는 "나는 아주 어려서부터 많은 책임감에 시달려왔기 때문에, 이제는 더 이상 책임지고 싶지 않아." 일 것이다. 이들은 청구서 납부, 집수리, 장보기, 요리하기, 빨래하기 등 상호 책임을 져야 하는 어떠한 상황도 거부하면서 두 사람 사이에 커다란 긴장감을 만들어 낸다.

어른처럼 가족을 부양하기 위해 학교를 그만두거나 학교에 갈 수 없었던 아이들은 종종 일탈이나 경제적 부정을 저지르는 형태로 그들의 분노를 상대에게 전가하는 경우가 있다. 거기에는 "나는 내가 원하는 삶을 살 수 없었어. 그러니 이제는 내가 원하는 것을 해도 돼."라는 마음이 들어있다.

부모와의 관계에서 미해결된 역동은 배우자나 연인에게 어떻게 반응할 것인지를 조건화한다. 자라는 동안 아버지가 당신 말에 귀 기울이지 못했다고 치자. 그리고 어느 날 저녁 배우자가 당신이 하는 말에 주의를 기울이지 않았다고 하자. 그는 하루 종일 직장에서 힘들게 보냈기 때문에 지쳐있을 것이다. 하지만 무의식 수준에서 이런 상황은 마치 어렸을 때 경험했던 거절처럼 느껴질 수 있다. 그 결과 당신은 "당신은 내 말을 한 번도 듣는 법이 없어!"라며 상대에게 폭발적으로 화를 낼 수 있다. 상대에게 이 폭발은 아마 기이하고도 어이없게 보일 것이고, 상처가 되거나 심지어 지치게 할지도 모른다. 이것이 전에도 경험했던 반복되는 싸움이라면, 이 시나리오에서 당신은 실제로 상대에게 화를 낸 것이 아니다. 내면에 있는 어린 소녀나 어린 소년이 아버지에게 느꼈던 상처와 분노를 상대에게 전가하면서 비난하고 있는 것이다. 상대가 부모를 보상해 주거나 당신을 실망스럽게 만든 부모를 대신해 주기를 요구하면서 과거의 책임을 현재에 전가하는 것이다.

나의 내담자 앤의 남편 르네(René)는 3형제 중 막내였다. 그가 자라는 동안 그의 부모님은 항상 딸을 갖고 싶어 했다고 '농담'처럼 말하곤 했었다. 심지어 딸의 이름도 지어놓았었다. 그게 무엇인지 짐작할 수 있겠는가? 그렇다. 르네(Renée)[18]였다. 물론 프랑스에서는 철자를 제외하면 남녀 공용 이름이긴 하다. 그의 부모님은 여전히 그들이 지어놓았던 딸의 이름과 같은 이름을 그에게 지어주었다. 어떤 면에서 그는 자신의 이

18 프랑스에서는 주로 남성형 이름 끝에 'e'를 추가하거나 끝부분을 바꾸어 여성형 이름을 만드는 경우가 흔하다. René(남성), Renée(여성).

름조차 얻지 못한 셈이다. 르네는 자라면서 부모가 무슨 말을 하든 그들이 꿈꾸던 어린 소녀로 태어나지 않은 것에 실망해 있다고 느꼈다. 그는 스스로 부모에게 충분한 존재가 아니라고 생각했다.

르네의 첫사랑이었던 여성은 그를 한 번도 사랑한 적이 없다는 것을 깨달았다고 털어놓음으로써 그의 마음을 아프게 했다. 내가 앤을 처음 만났을 때만 해도 그들의 결혼생활은 썩 좋지 않았다. 그녀는 르네의 의사에 반해 말도 하지 않고 낙태를 했었다. 그들에게는 이미 아들이 하나 있었고, 그 이후 임신했다가 유산한 경험이 있었다. 두 사람은 자녀를 갖는 것에 대해 의논한 뒤 '한 아이로 끝내기'로 결정했었다. 앤이 뜻밖에 임신하자 앤은 르네에게 아이를 원치 않는다고 말했고, 두 사람은 그로 인해 심하게 다투었다. 앤은 결국 이 문제를 혼자서 결정했다. 또다시 르네는 자신을 사랑해야 할 누군가에게 거부당했다고 느꼈다.

"내 씨앗을 거부하는 것은 말 그대로 나를 거부하는 거야."라고 그가 앤에게 말했다.

낙태 이후 르네는 앤의 양육 방식에 대해 지극히 비판적인 태도를 보였다. 그녀는 남편이 아들에게서 엄마를 소외시키고 있다고 느꼈다. 그녀가 아들과 좋은 시간을 보내려고 할 때마다 르네는 그 순간을 방해했다. "당신은 이래야 한다, 저래야 한다. 오! 아들과 기타를 치신다고? 내가 어떻게 하는지 보여줄게. 내가 아들을 음악 학원에 데려다줄게!" 그는 아들이 아빠와 미친 듯이 사랑에 빠지도록, 천천히 하지만 확실히 앤을 밀어내고 있었다. '아빠는 모든 걸 알고 있단다'. 아들은 당연히 아빠를 거부할 수도 없었고, 거부하지도 않았다.

앤과 나는 어떻게 해서 이중 역동이 일어나게 되었는지 이야기를 나누었다. 르네는 한편으로는 아들을 통해 어린 시절의 상처를 회복하려 했고, 다른 한편으로는 그의 아내를 통해 어린 시절의 역동을 재연하고 있었다. 다시 말해 그는 자신이 사랑받을 수 없는 사람이라는 것을 확인하고 동시에 부모님이 옳았다는 것을 확인하기 위해 아내가 그를 거절할 수 있게 가능한 모든 행동을 다 하고 있었다.

물론 해결되지 않은 가족 체계 문제는 부모와의 역동에만 국한되지 않는다. 가족 내에서 여러 세대에 걸쳐 반복되는 얽힘과 패턴은 인간관계에서도 나타나기 마련이다. 여자 친구와 10년째 사귀고 있는 한 내담자가 있었다. 그는 그녀를 깊이 사랑했고 그의 삶에서 그녀 외에 다른 누군가와 함께 하는 것은 상상할 수도 없었다. 그는 그녀와 함께 살 집을 사서, 가정을 꾸릴 준비를 하고 있었다. 그렇지만 그럼에도 그는 결혼할 준비가 되어 있지 않았다. 이것이 그들 사이에 논쟁거리가 되어 여자 친구는 진지하게 그를 떠날 준비를 하고 있었다. 원칙적으로 그는 결혼에 반대하지 않았다. 결혼이 '그냥 서류 한 장일 뿐'이라는 판에 박힌 말에 동의하지도 않았고, 분명히 '결합하는 것'을 두려워하지도 않았다. 그러나 청혼을 생각할 때마다 엄청난 불안감에 휩싸였다. 알고 보니 그의 가족 중 이전 삼 세대에 걸친 모든 사람이 첫 번째 결혼을 이혼으로 끝냈으며, 그 이후 행복한 두 번째 혹은 세 번째 결혼을 이어갔었다. 가족세우기 장에서 그의 진짜 두려움이 드러났다. 그것은 여자 친구와 결혼하면 그 결혼은 필연적으로 그의 첫 번째 결혼이 될 것이기에, 어떻게든 관계를 망치고 실패할 것이라는 두려움이었다. 그녀에게 헌신하는 것 때문이 아니라 그녀를 잃는 것이 두려웠던 것이다. 그것이 그가 그토록 결혼에 저항했던 이유였다.

또 다른 내담자는 자녀를 갖는 문제에 대해 배우자와 부딪혔다. 그녀는 35세였다. 7년 동안 함께 지낸 남편은 아내의 가임기간이 얼마 남지 않아 걱정하고 있었다. 그들은 특별한 어려움 없이 자녀를 키울 수 있을 만큼 직업적으로나 경제적으로 충분히 안정되어 있었다. 하지만 그녀는 자녀를 갖게 되면 '무슨' 일이 일어날 것 같았고, 아이를 돌볼 수 없을 것만 같았다. 남편이 아이를 원했음에도 불구하고, 그가 후회하고 자신을 떠날까 봐 걱정하고 있었다. 이 내담자는 미혼모 출신 집안에서 태어났다. 그녀가 태어났을 때 그녀의 어머니는 십 대였다. 할아버지는 어머니가 태어나고 얼마 지나지 않아 다른 여자로 인해 할머니를 떠났다. 증조할머니는 20대에 세 명의 자녀를 둔 미망인이었다. 이 내담자는 30대 중후반이었다. 행복한 삶을 살고 있었으며, 배우자와 건강한 관계를 맺고 있었다. 아이들을 잘 돌볼 수 있었음에도 불구하고 그녀보다 앞서 살았던 선대 여인들의 운명에 얽혀 있었다.

우리 관계가 어떻게 해서 오래전 과거 역동으로 인해 영향받고 형성되었는가를 생각해 볼 때, 우리는 언제든 이렇게 묻는 것으로 시작을 열 수 있다. 상대(배우자/연인)가 나를 보고 있다고 느끼는가? 상대가 내 이야기를 듣고 있다고 느끼는가? 상대가 나를 인정하고 있다고 느끼는가? 이러한 질문에 대해 하나라도 "아니요"라면 시간을 내어 그 이유를 살펴보고, 그것을 노트에 기록해 보자. 일단 그렇게 한 후 비록 다른 이유가 있더라도, 어린 시절에 그런 경험이 있었는지 스스로에게 질문해 보라. 다시 말해 만약 파트너에게 현재 있는 모습 그대로 소중히 여김을 받고, 인정받고 있다고 느끼지 않는다면 어렸을 때 인정받았었다고 생각하는지 스스로 자문해 보라는 말이다. 아마도 부모님은 정체성의 핵심이라고 느끼는 당신의 관심사에는 별 흥미를 느끼지 않았을지도 모른다. 어쩌면 어린 시절이나 청소년기에 부모님이 당신의 성적인 표현을 거부했거나, 아니면 당신에게 부자연스럽게 느껴지는 특정 성역할을 강요했을 수도 있다. 비록 두 경험이 세부적으로는 다르지만 둘 다 인정받지 못했음을 보여준다.

'내 파트너에 대한 나의 불만은 무엇인가? 내 관계에 대한 불만은 무엇인가?' 하고 스스로에게 질문함으로써 위의 내용을 역으로 추적해 볼 수도 있다. 이러한 질문에 답하는 것은 종종 미해결된 가족 역동에 통찰을 제공할 것이다. 예를 들어, 배우자에게 가장 큰 불만이 감정적으로 소통할 수 없는 것이라면 당신은 배우자가 당신 말에 귀 기울이지 않는다고 느낄 것이다. 당신에게 귀 기울이고 있다는 느낌이란 무엇인가? 어린 시절 누군가가 내 말을 들어준다고 느낀 적이 있었는가? 앞 장에서 부모님을 어떻게 묘사했는지 생각해 보라. 우리가 사용하는 언어가 부모와의 문제에 대한 단서를 제공한다. 어머니와 거리감이 있다고 묘사했는가? 비판적이라고 했는가? 어머니가 이혼한 후 우울해 보인다고 했는가? 연인 관계나 파트너를 묘사하는 방식이 부모 또는 부모와 당신과의 관계를 묘사하는 방식과 얼마나 닮아있는가? 관계에서 당신이 느끼는 가장 큰 두려움은 무엇인가? 그 두려움은 부모와의 역동을 어떤 식으로 반영하고 있는가?

가족 체계의 역동과 우리가 맺고 있는 관계들의 연관성을 밝히는 여정을 따라가는 것은 놀라운 치유가 될 수 있다. 무질서한 가족 체계의 변덕이나 자비에 따라 행동하는 것을 멈추고, 우리의 행위와 행동 방식에 대한 통제권을 되찾을 때 긍정적인 변화의 여정을 시작할 수 있다. 가족 체계를 위해 봉사하는 것이 아니라 우리가 관계를 어떻게 다루는지 볼 수 있고, 우리 관계의 최고 이익에 부합하는 선택을 할 수 있다. 또한 작가가 되어 우리가 쓰지 않은 이야기를 거부하고 우리 관계에 예라고 할 수 있는, 즉 현실을 더 잘 반영하는 이야기를 쓸 수 있도록 스스로에게 힘을 부여할 것이다.

세우기 문장

연인과의 관계는 부모님과의 관계를
치유하는 수단이 아닙니다.
나는 과거가 아닌 현재 가족을 위해 충성합니다.
나는 뒤를 돌아보는 관계가 아니라
앞으로 나아가는 관계에 예 합니다.

연습

관계 목록 – 관계 역동 파악하기

이 연습에서는 과거의 역동으로 인해 우리 관계가 어떻게 영향을 받았는지, 어떻게 형성되었는지를 더 깊고 분명하게 살펴볼 것입니다. 질문에 대한 답을 원하는 만큼 깊이 있게 자세히 기록해보세요. 저는 일단 답을 쓰기 시작하면 갑자기 쓸 말이 얼마나 많은지 놀랄 때가 있다는 것을 알고 있습니다.

현재의 관계부터 시작하세요. 미혼이라면 첫 번째 세트 질문은 건너뛰세요. 과거의 관계에 관한 두 번째 세트 질문의 경우, 지속 기간과 관계없이 자신에게 중요하다고 생각되는 모든 관계 세트를 각각 완성하십시오. 어떤 관계가 진정으로 영향을 미쳤는지 아는 사람은 오직 당신뿐입니다. 심지어 한 달 정도 스쳐 간 만남이라도 우리가 누구이고, 우리가 원하는 것이 무엇인지에 대해 많은 정보를 알려주는 경우가 있습니다.

현재 관계:

- 이 관계를 시작했을 때, 관계에서 기대한 것은 무엇인가요?
- 이 관계를 시작했을 때, 상대에게 바라는 것은 무엇인가요?
- 당신은 상대(배우자/연인)가 당신을 보고 있다고 느끼나요? 그렇지 않다면 왜인가요?
- 당신은 상대가 당신에게 귀 기울이고 있다고 느끼나요? 그렇지 않다면 왜인가요?
- 당신은 상대에게 인정받고 있다고 느끼나요? 그렇지 않다면 왜인가요?
- 이 관계에서 가장 어려운 점은 무엇이라고 느끼나요? 다시 말해, 두 사람 사이에 발생하는 가장 큰 갈등의 원인은 무엇인가요?
- 당신이 가장 부족하다고 느끼는 것은 무엇인가요? 다시 말해, 두 사람 사이에 놓치고 있는 점이 무엇이라고 느끼나요?
- 당신은 특정한 문제에 대해 반복적으로 상대를 비난하고 있나요? 만약 그렇다면 그 문제는 무엇인가요?
- 당신은 상대의 특정한 행위, 행동 방식, 또는 성향에 대해 반복적으로 지적하나요? 만약 그렇다면 그것은 무엇인가요?
- 마지막으로, 전적으로 솔직하게 그리고 어떠한 방어적인 느낌도 내려놓고 답해 보세요: 당신의 상대(연인)는 이 관계에서 가장 부족한 점이 무엇이라고 말할까요?

이전 관계:

- 그 관계를 시작했을 때, 그 관계에 대한 당신의 기대는 무엇이었나요?
- 그 관계를 시작했을 때, 상대에 대한 당신의 기대는 무엇이었나요?
- 상대가 당신을 보고 있다고 느꼈었나요? 그렇지 않다면 이유는 무엇이었나요?

- 상대가 당신에게 귀 기울인다고 느꼈었나요? 그렇지 않다면 이유는 무엇이었나요?
- 상대가 나를 인정한다고 느꼈었나요? 그렇지 않다면 이유는 무엇이었나요?
- 그 관계에서 가장 어려웠던 점은 무엇이었나요? 다시 말해서 두 사람 사이에 발생한 가장 큰 갈등의 원인은 무엇이었나요?
- 당신이 가장 부족하다고 느꼈던 점은 무엇이었나요? 다른 말로, 두 사람 사이에 놓친 것은 무엇이었나요?
- 당신은 특정한 문제에 대해 상대를 반복적으로 비난했나요? 만약 그렇다면, 그것은 무엇이었나요?
- 당신은 상대의 특정한 행위, 행동 방식, 또는 성향에 대해 반복적으로 지적했나요? 만약 그렇다면 그것은 무엇이었나요?
- 당신이 관계를 끝냈나요? 만약 그렇다면 그 이유는 무엇이었나요?
- 상대가 관계를 끝냈나요? 만약 그렇다면 그 이유는 무엇이었나요?

이제 개인적으로 중요하다고 생각되는 모든 관계 질문에 답했으므로 시간을 들여 각각의 관계에 대한 답을 비교해 보세요. 어떤 패턴이 나타나나요? 언제 어떻게 비슷한 대답을 했나요? 중복되는 모든 답변의 목록을 작성해 보세요(예를 들면 "나를 보지 않는다고 느낀 사람: 김 00, 박 00, 이 00"와 같이 작성해 보세요).

다음으로는 부모님과의 역동을 살펴볼 것입니다. 부모님에 대한 세트 질문을 각각 완성해 보세요. 여기서는 '어머니/아버지'를 사용했지만, 만약 동성 부모와 자랐더라도 각각의 세트 질문에 답해 보세요. 부모님 중 한 부모와 관계를 맺었다면 해당 부모에 대해서만 답하십시오. 만약 부모님 역할을 하는 사람 또는 법적 보호자(예: 조부모)와 함께 자랐다면 그들과의 관계 질문에 답해 보세요. 몇 가지 질문은 과거와 현재 모두에 해당하는 질문입니다. 부모님과 연결된 오랜 습관은 고치기 어려울 수 있습니다.

부모와의 관계:

- 자라면서, 어머니/아버지가 당신을 보고 있다고 느꼈나요? 그렇지 않다면 그 이유는 무엇인가요?
- 자라면서, 어머니/아버지가 당신 말에 귀 기울인다고 느꼈나요? 그렇지 않다면 그 이유는 무엇인가요?
- 자라면서 어머니/아버지에게 인정받는다고 느꼈나요? 그렇지 않다면 그 이유는 무엇인가요?
- 관계에서 가장 어려운/ 어려웠던 점은 무엇이었나요? 다시 말해, 부모님과 가장 큰 갈등의 원인은 무엇이었나요?
- 관계에서 가장 부족한/부족했던 점은 무엇이었나요? 다시 말해, 부모님과의 관계에서 놓친 점은 무엇이라고 생각하나요?
- 특정한 문제에 대해 반복적으로 어머니/아버지를 비난했나요? 만약 그렇다면, 그것은 어떤 문제인가요?/문제였나요?

• 어머니/아버지의 특정 행위, 행동 방식, 또는 성향에 대해 반복적으로 지적했나요?/지적하고 있나요? 만약 그렇다면, 그것은 무엇인가요/무엇이었나요?

부모님과의 관계에 대한 답변 중 관계 전반에 걸쳐 나타나는 패턴을 발견할 수 있나요? 어떤 것들이 보이나요? 기록해 보세요. 연인(배우자)에 대한 답변과 부모님에 관한 답변 사이에 중복되는 부분이 있나요? 있다면 기록해 보세요.

성인 관계에서 잠재적으로 나타나는 중복 패턴을 살펴보았으니 이제 부모님 역동과 비교해 보세요. 중복되는 부분이 있는지 스스로에게 자문해 보세요. 이것이 정말 내 연인에 관한 문제인가? 아니면 해결되지 않은 과거 부모와의 문제를 연인에게 투사하고 있는 것인가? 만약 연인(상대)과의 문제가 사실이라면 스스로에게 질문해 보십시오. 과거의 상처를 치유하기 위해 내가 이 상대를 선택한 것인가? 힘들더라도 스스로에게 질문해 보세요. 이 관계가 정말 나에게 최고의 행복을 반영하는가? 만약 내가 이 관계를 통해 과거를 치유하려는 시도를 그만둔다 해도, 남은 부분으로도 충분히 헌신할 만한 가치가 있는 관계인가? 배우자(연인)와 나 사이에 성숙한 사랑의 가능성은 있는가?

관계를 유지하거나 끝내기로 결정하는 것은 지극히 개인적인 선택입니다. 하지만 성숙한 사랑의 자리에서 결정을 내리고, 성숙한 사랑의 자리에서 실천해 나가는 것은 자기 인식에서부터 시작하지 않고는 불가능합니다. 무엇보다도, 관계에 대해 '예'라고 말하는 것은 언제나 그렇듯, 우리가 원하는 대로가 아니라 있는 그대로의 현실을 두려움 없이 인정하는 것에서부터 시작합니다.

'예'라고 말하기

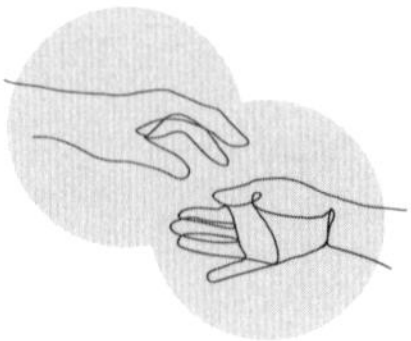

좋은 관계의 토대는 단순히 미해결된 가족 체계의 문제를 인식하고 해결하는 것 이상이 필요하다. 그렇다. 우리가 과거 조상들의 짐을 지지 않으면 바로 지금 여기에 놓인 우리 관계에 진심으로 참여할 수 있다. 하지만 일단 짐을 내려놓고 여기까지 왔다면 다음으로 무엇을 해야 할까? 그것은 예라고 말하는 것이다.

예라고 말하는 것은 쉽지 않다. 예라고 말하는 것은 현실에 동의하는 것이다. 예라고 말하는 것은 성숙한 사랑을 실천하는 것이다. 예라고 말하는 것이 반드시 허락이나 지지를 뜻하는 것은 아니지만, 그렇게 느껴질 수 있어서 저항할 수 있다. 우리가 예라고 말할 때 그것은 '그래, 이것이 진짜 삶이야. 나는 나 자신을 통제할 수는 있어도 다른 사람을 통제할 수는 없어.'라는 의미이다.

좋은 관계를 유지하려면 세 번의 예가 필요하다. 첫째는 상대방이 변하기를 바라는 마음 없이 정확히 있는 그대로 그 사람에게 예라고 말해야 한다. 이것은 100퍼센트 진심을 담아 "나는 당신에게 예 합니다."라고 말하는 것을 의미한다. 그리고 파트너의 과거 연인, 성 경험, 실수, 역사에 대해 예라고 말하는 것을 의미한다. 파트너는 고쳐나가야 할 연구과제가 아니다. 우리가 스스로에게 바라는 것처럼 그들 또한 삶을 살아가면서 변화하고 성장하기를 바랄 수 있다. 하지만 우리가 생각하는 방식처럼 더 즐겁고, 더 잘 받아들이고, 미래 비전에 더 적합하다고 알고 있는 특정한 방식으로 변화하기를 바라는 것과는 다르다. 만약 20대를 여기저기 떠돌며 보낸 연인이 있다고 해보자. 그(그녀)가 당신에게 자신은 여행을 좋아하지만 아이는 원하지 않는다고 말한다면, 결혼 후 마음을 바꾸어 정착할 것이라고 기대할 수 없다. 고향을 떠난 적이 없는 연인이 가족과 가까이 있고 싶다고 말한다면, 전국 어디든 당신이 살고 싶은 도시로 이사하도록 설득할 수 있다고 단정할 수 없다. 만약 상대가 야심이 없거나 아니면 너무 야심적이거나, 일 중독자이거나, 감정적으로 회피하거나, 의존적이거나, 고양이 알레르기가 있거나, 지저분하거나, 결벽증이 있거나 무엇이 됐든 이것이 그들의 모습이다. 그들이 원해서 치료를 받거나 생활 방식을 바꾸거나 깨달음을 얻을 수는 있어도, 당신이 주도하거나 통제하거나 기대할 수는 없다.

두 번째는 파트너의 가족에게 정확히 있는 그대로 예라고 말해야 한다. 이것은 까다로울 수 있다. 파트너는 자신의 가족과 친밀한데 당신이 그들을 좋아하지 않을 때 그것은 분명히 문제가 된다. "마린 선생님! 남편은 사랑하는데 시댁 식구들은 싫어요."라는 말을 나는 몇 번이나 들었다. 이것은 불가능하다. 파트너는 그들 가족 체계의 산물이다. 그 가족을 거부하는 것은 상대를 거부하는 것이다. 파트너는 여전히 어느 정도는 원가족의 고유한 가치관과 신념을 공유하고 있을 것이다. 그러나 만약 파트너가 그(그녀)의 가족을 거부한다고 해도 당신이 그 가족을 거부해도 된다는 의미는 아니다. 파트너가 그들의 가족과 화해하도록 강요하는 일은 절대 당신의 역할이 아니기 때문에 이 부분은 특히 까다롭다. 이것은 가족과 친밀하게 지내는 사람들에게는 어려울 수 있다. 우리는 '아버지와 잘 지내면 더 행복하게 살 수 있을 텐데', 또는 '어떻게 어머니와 진심으로 가까워지고 싶지 않은 사람이 있을 수 있을까?'라고 생각하면서, 우리가 그들의 이야기를 바로잡고 그들 체계의 질서를 회복할 영웅으로 여기기 쉽다. 그것은 우리의 역할이 아니다. 파트너의 가족에게 정확히 있는 그대로 예 하는 것은 파트너의 가족과 그 가족관계에 예라고 하는 것이다.

마지막 세 번째는 자신의 운명과 파트너의 운명에 예라고 말해야 한다. 이것은 파트너와 그 가족에게 있는 그대로 그리고 명확한 눈으로 예라고 말할 때 더 쉽게 할 수 있다. 그렇게 할 때 우리는 현실에 단단히 뿌리를 내리고, 시야는 개이고 앞으로 나아갈 길은 더욱 선명해진다. 때로는 고통스럽더라도 우리 운명과 파트너의 운명에 예라고 말하는 것이 두 사람의 운명이 분리되고 있음을 인정하는 의미일 때가 있다. 두 사람의 운명이 서로에게서 멀어지는 경우에 그렇다.

더 이상 자신이나 상대에게 도움이 되지 않는 관계를 지속시키면서 고통스러워하는 내담자들을 본다. 그 이유는 늘 그렇듯이 혼자인 것에 대한 두려움, 매몰 비용의 오류, 공동 육아, 갈등을 견디지 못하는 것 등 지극히 개인적이면서도 또한 보편적인 것들이다. 하지만 더 이상 우리 운명에 도움이 되지 않는 관계에 머물게 되면 우리는 삶의 주인이 되지 못할 뿐만 아니라 역기능적 역동을 영구화하고 실패를 자초하게 된다. '좋은' 관계를 키워나간다는 것은 사랑과 존중으로 언제 어떻게 관계를 끝낼 것인지 아는 것을 의미한다.

예라고 말하는 것이 어렵다고 말한 바 있다. 심지어 썩 좋지 않은 관계였더라도 사랑과 존중으로 관계를 끝내는 것은 예라고 말하는 것이다. 그것은 파트너와의 관계가 고통스러웠다거나 상대가 당신에게 상처를 주었던 방법에 동의한다는 것이 아니다. 존중이란 함께 공유한 이야기를 존중하는 것을 의미한다. 그것은 관계에서 자신의 역할에 책임지고, 그 관계를 통해 지금의 자리에 도달했음을 인정하는 것이다. 즉 관계를 통해 배운 모든 것, 관계를 통해 얻은 모든 것을 인정한다는 의미이다. 존중하는 마음으로 관계를 끝낼 때 우리는 현실을 받아들이고 우리의 통제력을 넘어서는 다른 사람들을 받아들일 수 있다.

사랑이란 성숙한 사랑을 의미한다. 성숙한 사랑을 할 때 상대를 판단하지 않고 있는 그대로 본다는 것을 기억하라. 그럴 때 우리는 상대의 결점뿐만 아니라 그들이 우리에게 준 것 또한 인정할 수 있다. 사랑으로 관계를 끝내면 이전 상대(혹은 우리 자신)를 비난하지 않고 끊임없는 분노에 휩싸이지 않을 수 있다.

우리가 이전 상대를 더 많이 거부하면 할수록 자신을 더 많이 거부하게 된다. 어떤 이유로 그 사랑을 추구했든 간에 그 시기의 자기를 거부하는 것이다. 우리의 실수를 거부하고 우리의 취약성을 거부하는 것이다. 그리고 우리 고유의 역사를 거부하고 그 역사가 우리에게 물려준 것을 거부하는 것이다. 부모와의 역동도 다르지 않다. 우리가 부모를 더 잘 받아들이고 존중할수록 자신을 더 잘 받아들이고 존중할 수 있다. 관계에 있어서 자신의 과거를 존중하고 먼저 왔던 조상들에 대한 우선권을 더 존중할수록 현재 순간에서 더 잘 뿌리내릴 수 있을 뿐만 아니라, 우리를 존중하고 받아들이는 파트너를 더 잘 선택할 수 있으며, 다음에 맞이할 파트너도 더 존중할 수 있다.

관계를 끝내면서 이전 상대를 사랑과 존중으로 대했다고 생각하지만, 여전히 그들에 대한 뿌리 깊은 분노를 품고 있는 내담자들이 있다. 이것은 가능한 일이 아니다. 사랑과 존중으로 관계를 끝냈다고 하면서도 여전히 그것에 대해 타오르는 분노를 느낄 수는 없다. 당신은 사랑과 존중의 형식만 취했을 것이다. 겉모습은 흠잡을 데 없었을지 모른다. 우리가 이전 상대에게 깊이 화가 나 있다면 여전히 그 관계에 사실상 얽혀 있는 것이며, 그것은 관계가 제대로 끝나지 않았다는 것을 의미한다. 그리고 여전히 이전 관계에 얽혀 있다면 현재의 상대에게 100% 온전히 다가갈 수도, 다음 상대에게 마음을 열 수도 없다. 또 다른 경우는 이전 파트너에게 아무런 감정이 없다고 주장하는 내담자들이 있다. 죄송하지만 이것도 아니다. 우리는 감정으로 이루어져 있다. 우리가 '아무것도 느끼지 않을' 때란 고통으로부터 자신을 보호하기 위한 대처기제가 작동할 때이다. 사랑과 존중으로 관계를 끝낼 때는 아무 감정도 느끼지 않는 것이 아니라 평안함을 느낄 것이다. 과거에 있었던 그대로 평화롭고, 자신의 선택에 평화롭고, 파트너에게서도 평화로움을 느낀다.

여기서 중요한 점은 이별 후 관계는 기술적으로 끝낼 수 있지만, 어떤 관계는 우리 내면에서 꽤 오랫동안 지속된다는 것이다. 결국 관계는 그 관계를 맺은 사람과는 별개이다. 그 관계는 두 사람이 만든 것이다. 그것은 단지 한 사람이 우리 삶에서 떠나거나 우리 삶에서 새로운 역할을 맡는다고 해서 그냥 사라지지 않는다. 궁극적으로 사랑과 존중으로 관계를 끝낸다는 것은 결국 내면에서 끝내는 것이다. 그렇다. 우리는 그 순간에 사랑과 존중으로 모든 것을 끝낼 수 있도록 최선을 다해야 한다. 하지만 평화를 향해 빠르게 나아갈 수 있는 사람은 아무도 없다. 스스로 슬퍼할 수 있도록 허락하고, 있는 그대로를 받아들이며, 성숙한 사랑을 먼저 자신을 향해 확장함으로써 마음의 평안을 위한 공간을 만들어야 한다. 사랑과 존중을 선택하는 당신의 능력은 이전 상대의 행동에 의해 좌우되지 않는다는 점을 기억하라. 많은 사람이 헤어진 후에도 우리를 비참하게 만들기 위해 존재하는 것처럼 보이는 존중도 사랑도 하지 않는 이전 파트너를 경험해 보았을 것이다. 그런 경우에는 경계! 경계를 찾아라. 경계를 설정하라. 아무도 당신이 어떻게 느끼는지 통제할 수 없다.

특별히 고통스러웠던 관계 이후에 주로 나타나는 감정에는 가시지 않는 분노나 감정의 부재가 있다. 나는 두 가지 감정 상태에 놓인 내담자들을 만나기도 하는데, 부정행위가 있었거나 정서적으로 또는 신체적으로 심한 학대가 있었던 경우 특히 그렇다. 이런 경우에는 사랑과 존중으로 관계에서 벗어나는 일이 쉽다고 절대 말하지 않겠다. 거기에 도달하기까지 오랜 시간이 걸릴 수 있다. 그래도 괜찮다. 나도 그런 경험이 있었다. "내가 왜 그래야 하지?"라는 말도 이해할 수 있다. 다음 장에서 트라우마 이후 예라고 말하기, 즉 현실에 동의하는 것에 대해 자세히 살펴보겠다.

이제부터 하는 이야기는 꼭 기억해 주길 바란다. 앞서 이야기했던 대로 사랑과 존중으로 관계를 끝낸다는 것은 우리 자신을 선택하는 것이다. 다시 말해 우리 운명에 예라고 말하는 것이다. 너무나 많은 관계에서 문제는 자신이 아니라 파트너를 선택한다는 사실이다. 우리는 그들을 우선시한다. 이것은 말 그대로 무질서이다. 우리의 시스템 안에서는 우리가 먼저이다. 먼저 자신을 행복하게 만들어라. 그러면 그 행복을 가지고 상대와 나눌 수 있다. 그런데 90%의 경우 훨씬 더 거래적인 방식으로 상대를 우선시한다. 상대를 행복하게 만들면 그들도 우리를 행복하게 해줄 것이라는 희망을 품고 있다. 내가 당신을 바라보면 당신도 나를 바라볼 거야. 내가 당신을 사랑하니 당신도 나를 사랑할 거야. 이것은 사랑이 아니다. 이것은 공동 의존이다.

먼저 자신을 향한 사랑에서 안전감을 느껴야 한다. 파트너에게 자신을 안전하게 해 달라고 요구하기 이전에 스스로 안전하다고 느껴야 한다. 문제는 그 책임을 파트너에게 전가할 때이다. 그렇게 되면 자신의 경계를 알고 이해하는 것으로부터 스스로 멀어지게 된다. 실망할 수밖에 없다는 것은 말할 것도 없다. 서로 다른 가정에서 자랐고 서로 다른 사랑의 표현 방식을 가졌기 때문에, 관계에서 안전감과 보호받고 있다는 느낌도 파트너와는 다를 것이다. 그들의 사랑 표현 방식은 우리에게 생소하게 느껴질 수 있기 때문에 만족스럽지 않을 수 있다. 목표는 서로가 필요한 것에 대한 상호이해와 그것을 충족시키는 지점에 도달하는 것이다. 우리가 있는 그대로 우리 자신을 열어놓기보다 특정한 사랑 표현 방식만을 받아들인다거나 우리의 기준을 따르도록 요구한다면 그 관계는 취약해질 수밖에 없다. 부모가 줄 수 있었던 사랑만으로는 충족되지 못했던 상처받은 내면 아이가 삶을 주도하게 될 것이다. 이것이 바로 우리가 부모를 받아들이고 있는 그대로 예라고 말하는 것이 다시 중요해지는 지점이다. 그렇게 우리의 내면 아이가 견디어 온 상처를 치유하기 위해 노력할 때 자신을 안전하게 지키는 법을 배울 수 있고, 건강한 경계를 설정하는 방법을 배울 수 있다. 먼저 자신을 사랑하고, 먼저 자신을 선택하라.

만약 당신이 스스로에게 안전감과 확신을 느끼지 못하고 있다면 관계 초기에 학대의 징후를 무시했을지 모른다. 이러한 초기 징후는 사소한 방식으로 빠르게 드러나기 때문에 놓치거나 간과하기 쉽다. 어쩌면 파트너가 당신을 모욕했을 수도 있다. "와, 어떻게 그것도 몰라? 정말 바보 같아." 여기에 대한 반응은 당신의 자존감에 달려있다. 스스로에 대해 안전하고 확신을 느끼는 사람은 이렇게 반응할 것이다.

"들어봐, 너는 그걸 바보 같다고 생각할지 모르지만, 나는 네가 나를 존중해줬으면 해."

왜냐하면 그들은 '아니야, 난 바보가 아니야. 단지 뭔가를 이해하지 못했을 뿐이야.'라는 자신감이 있기 때문이다.

이것이 자기 사랑이다. 그들은 자기 자신과 파트너에게 이렇게 말할 것이다.

"잠깐! 이건 내 삶이야. 나는 내 삶을 존중해. 그리고 내 삶을 존중해 달라는 것이 바로 내가 너에게 바라는 바야."

반면 "세상에, 내가 정말 어리석었어. 미안해."라고 대답할 때 우리는 자신을 선택한 것이 아니라 파트너와 그들의 '안전'을 먼저 선택한 것이다.

나의 첫 번째 남편은 내가 젊고 어리고 취약했을 때 완전히 내 발목을 잡았다. 두 달간의 연애는 앞이 보이지 않을 정도의 격렬한 섹스, 꺼지지 않는 열정의 선언, 그리고 누군가가 나를 미친 듯이 사랑하고 있다는 느낌이 뒤섞인 상태였다. 말 그대로 남편의 '사랑'은 광기, 정신이상, 불균형과 불안정이라는 강박에 가까운 성격을 띠고 있었다. 충동적인 라스베이거스에서의 결혼식이 있은 지 몇 달 만에, 남편의 통제적이고 강압적이며 질투 섞인 행동들이 본격적인 폭력으로 나타나기 시작했다. 비록 연애의 시작과 동시에 위험신호 뒤에 또 위험신호가 켜지는 모든 징후가 나타나긴 했지만, 이전에는 경험해 보지 못했던 관계에서 인정받고 싶다는 훨씬 더 큰 내 욕망이 내 눈을 멀게 했다. 그해 초 아빠의 거부로 내 자존감은 완전히 땅에 떨어진 상태였다. 그리고 솔직히 말하자면, 심지어 지난 22년 동안 아빠와 함께 살았음에도 불구하고 아빠는 나에게 수수께끼 같은 존재로 항상 멀게만 느껴졌었다. 두 번째 남편에 관해서는, 처음에는 그의 사랑을 의심조차 하지 않았다. 그의 행동이 이상하다거나 내가 위험에 빠져 있다고 생각하지 못했다. 남편이 나를 선택할 수 있도록 끊임없이 내가 먼저 그를 선택했다. 나는 나 자신을 소중하게 여기거나 지키지 못했다.

남편에게 해결해야 할 미해결된 과제가 있었다는 것이 이제야 이해된다. 그는 세 아들 중 둘째였다. 그가 몹시 사랑했던 중증 장애가 있던 남동생은 12세에 세상을 떠났다. 그는 자라면서 동생을 질투하고 원망했었다. 어린 남동생을 돌보느라 삶의 대부분을 바쳐야 했던 어머니에게는 믿을 수 없을 정도로 화가 나 있었다. 하지만 동생을 잃은 후부터는 슬픔 때문인지 그런 감정을 느끼지 않았다고 한다. 그는 어렸을 때 사고를 당해 병원에 입원했던 이야기를 들려준 적이 있었다. 그가 병원에서 잠이 들었을 때 어머니가 집에 있는 동생을 돌보기 위해 잠시 병원을 떠나야 했었다. 어머니는 침대 머리맡에 쪽지와 함께 그녀가 항상 차고 다니던 팔찌를 벗어놓고는 병원을 떠났다. 쪽지에는 사랑한다는 말과 함께 곧 돌아올 거라고 썼으며, 그가 일어나면 제일 먼저 볼 수 있게 침대 위에 놓고 갔다고 한다. 그가 나에게 그 이야기를 들려주었을 때, 나는 그의 어머니 생각에 너무나 슬펐었다. 아들을 병원에 둔 채로 떠나는 게 얼마나 힘들었을까, 얼마나 가슴 아팠을까, 얼마나 죄책감을 느꼈을까.

하지만 남편은 세월이 이렇게 지났음에도 그것을 용서할 수 없는 배신이라고 생각했다.

“어떤 엄마가 아이를 병원에 혼자 두고 가니? 도대체 어떻게 생긴 엄마길래?”라고 말했다.

내면 깊은 곳에서 남편은 어머니가 그랬던 것처럼 모든 여자가 자신을 배신하고 떠날 것이라고 믿고 있었다. 그는 질투심이 강한 사람이었고, 상대가 떠나주기를 원했다. 그래야 그가 어머니를 거부하고 더 나아가 모든 여성을 거부한 자신이 옳았다는 것을 증명할 수 있기 때문이었다. 우리가 이혼한 지 몇 년 후 그는 나에게 사과하려 했다.

“이제야 당신이 내가 찾던 모든 것이었다는 걸 알게 되었어. 하지만 난 두려웠어.”라고 그가 말했다.

“두려워한 것은 당신이 아니라 당신의 내면 아이였어요. 그때 있었던 일은 당신과 나 사이에 있었던 일이 아니라 당신과 당신 어머니 사이에 있었던 일이었어요.”라고 나는 대답했다.

내가 이런 이야기를 하는 것은 남편을 변호하려는 것이 아니다. 그가 한 일에 대해서는 변명의 여지가 없고, 앞으로도 없을 것이다. 또 우리가 남편을 불쌍히 여겨야 한다고 알려주기 위한 것도 아니다. 전혀 그렇지 않다. 그는 성인이고 자신의 행동에 책임이 있다. 그러나 내가 우리 두 사람을 움직이게 한 역동에 대해 이해하게 되면서 나는 그 관계에 예라고 말할 수 있었다. 그것은 그와 함께 지냈던 것에 대해 느꼈던 나의 수치심을 없애주었다. 그것은 내가 가진 분노를 내려놓을 수 있게 해주었고, 마침내 사랑과 존중으로 관계를 끝낼 수 있게 해주었다. 내 이야기에 대한 존중과 내가 그 관계로부터 얻은 성숙한 사랑을 통해서 그렇게 할 수 있었다. 우리는 미해결된 가족 체계 문제가 서로를 완벽하게 보완하면서 고독과 분노의 순환을 반복하는 상처 입은 두 사람이었다. 거기에 예라고 대답한 것이 앞으로 나아가도록 나 자신을 먼저 선택하게 해주었고, 나 자신을 소중하고 안전하다고 느끼게 해주었다.

비록 당신이 학대받는 관계에 놓인 적이 없더라도, 거의 모든 사람들이 사소한 것부터 심각한 수준에 이르기까지 갈등 관계를 경험하며 살고 있다. 모든 관계에는 때때로 문제가 발생하기 마련이다. 관계의 질이나 상대의 성격과는 아랑곳없이 이러한 문제들은 항상 발생한다. 우리는 그것에 대해 예 해야 한다. 여기서 가장 기본적인 것은 사실상 우리가 그 관계를 맺기로 선택했다는 사실을 받아들여야 한다는 의미이다. 그것은 단지 우연히 일어난 일이 아니다. 관계를 맺는 것에는 항상 책임이 따른다. 비교적 '건강한' 관계에서 이것은 우리도 그 관계의 역기능적인 요소나 갈등하는 지점에 일정 부분 역할을 했다거나 하고 있다는 것을 받아들인다는 의미이다. 비록 직면하기 어렵더라도, 손상된 관계나 해로운 관계에서조차 그 관계가 처음에는 우리에게 얼마나 도움이 되었는지 인정하는 것을 의미한다. 그것은 당신이 그런 대우를 받을만했다는 의미가 아니다. 당신에게 일어난 일을 용인한다는 것도 아니다. 또 파트너의 행동을 변명하자는 것도 아니다. 그것은 단순히 전체 상황을 인정함으로써 미래에 자신을 더 잘 선택할 수 있도록 능력을 갖추자는 의미이다.

삶에 대한 책임은 우리 자신에게 있다. 하지만 어린 시절 일어난 일에 대한 책임은 자신에게 있지 않다. 성인이 되면 인간관계를 포함해서 상당 부분 원하는 것을 스스로 선택할 수 있다. 자기 자각이 부족했을 수도 있고, 얽힘이 있을 수도 있고, 무의식적으로 오래된 상처를 치유하려고 했을 수도 있지만 선택은 여전히 우리 고유의 몫이다. 그것이 우리를 아무리 불편하게 만들더라도 이것은 받아들여야 하는 진실이다. 자신의 책임이라는 진실을 외면한다면 관계가 우리 자신에 대해 가르쳐주는 많은 것들을 놓치게 된다. 또 우리가 진정으로 필요한 것이 무엇인지, 우리가 받아들일 것과 받아들이지 말아야 할 것들이 무엇인지, 자신을 힘들게 하는 피해야 할 행동이 무엇인지, 우리의 동기를 더 잘 이해할 수 있는 자원이 무엇인지 등을 놓치게 된다. 관계에서 아무런 역할도 하지 않았다면 관계로부터 배울 수 있는 것이란 없다. 결국 아무것도 하지 않는다면 배울 수 있는 것이 무엇이 있겠는가?

우리 스스로 책임이 있다는 진실을 외면한다면 자신의 운명에 예라고 말하지 못한다. 우리 자신을 선택하지 못한다. 왜냐하면 현실에 예라고 하지 않았기 때문이다. 그러나 우리가 자신을 선택하는 연습을 많이 하면 할수록 우리는 자신을 더 잘 지키고 소중하다고 느끼게 된다. 그리고 우리가 마땅히 받아야 할 위대한 사랑을 찾고 유지할 가능성은 커진다.

세우기 문장

나는 나의 파트너에게
정확히 있는 그대로 예 합니다.
나는 내 파트너의 가족에게
정확히 있는 그대로 예 합니다.
나는 비록 우리의 운명이 서로 갈라진다 해도
나의 운명과 파트너의 운명에 예라고 말합니다.

연습

함께 한 이야기 존중하기

'무슨 일이 일어나는 데에는 그만한 이유가 있다.'라는 말을 나는 정말 싫어합니다. 나쁜 일들은 이유 없이도 항상 일어나며 그 고통을 덜어줄 만한 것이 전혀 없는 경우도 많습니다. 그렇지만 그 경험이 아무리 고통스럽더라도 모든 경험은 우리 자신에 대해 배울 기회, 타인에 대해 배움 기회, 인간이 되는 것이 무엇인지에 대해 배울 기회를 제공한다고 생각합니다. 우리가 배운 것이 우리를 형성합니다. 인간관계는 배움을 위한 가장 풍부한 자원입니다. 그것이 관계에서 있었던 이야기를 존중해야 한다고 쓴 이유입니다. 관계를 존중한다는 것은 그 관계를 통해 지금의 우리가 있게 되었음을 인정하는 것과 그 관계에서 우리가 배운 모든 것, 그리고 그 관계를 통해 얻은 모든 것을 인정한다는 것을 의미합니다. 그렇다면, 우리는 어디에서부터 시작해야 할까요? 이것이 바로 이 연습의 핵심입니다. 다시 말해, 우리가 맺고 있는 관계들이 우리에게 무엇을 가르쳐주는지에 대해 포괄적으로가 아니라 집중적으로 생각해 볼 수 있는 기회를 제공하는 것입니다. 이것은 더 길고 지속적인 대화를 위한 촉매제가 되도록 하기 위한 것입니다. 특정한 사람과의 관계보다는 전반적인 관계의 역사를 생각하면서 넓은 관점에서 연습해 보시길 권합니다. 그런 말도 있지 않나요? 오늘 못된 놈 한 명을 만났다면 못된 놈을 만난 것이지만, 오늘 못된 놈 세 명을 만났다면 당신이 못된 놈입니다. 패턴, 패턴, 패턴들…. 이것을 찾아내는 것이 바로 가족세우기 치유 작업입니다.

방금 연습했던 관계 목록을 기억하시나요? 그것을 가져오십시오. 좋습니다. 우리가 했던 작업을 이용해서 그것을 당신에게 적용해 볼 것입니다. 이 연습을 진행하는 동안, 여유를 가지고 반응을 적어보세요. 다시 말하지만, 원하는 만큼 그리고 필요한 만큼 깊이 있게 구체적으로 기록해 보세요. 글을 쓰기 시작하면 얼마나 많은 생각이 떠오르는지 놀라게 될지도 모릅니다.

먼저 다음 질문에 대한 답변을 검토해 보세요. '관계를 시작했을 때, 그 관계에서 당신이 기대한 것은 무엇이었습니까?' 여기서 반복되는 주제가 보이시나요? 그것이 무엇인가요? 관계에서 기대하는 것은 우리가 그 관계를 통해 무엇을 하고 싶은지 보여줍니다. 어떤 목적에 도움이 되는지 그 기대 너머에 있는 이유를 알 수 있습니다. 일단 이러한 생각들을 알게 되면 그것이 실제로 우리의 가치에 부합하는지 아닌지를 평가할 수 있습니다.

다음은 '관계에서 가장 어려웠던 점은 무엇이었습니까?'라는 질문에 답을 다시 한번 살펴보십시오. 다시 말해 두 사람 사이에 발생한 가장 큰 갈등의 원인은 무엇이었습니까? 한 명 이상의 파트너와 유사한 갈등을 경험한 적이 있습니까? 그렇다면 그것은 무엇이었습니까? 상대가 바뀌어도 반복되는 비슷한 갈등은 의사소통 방식이나 애착 유형처럼 자신의 약점을 밝혀줄 것입니다.

다음으로, '관계에서 가장 부족하다고 느꼈던 점은 무엇입니까? 다시 말해 두 사람 사이에 놓친 부분은 무엇인가요?'라는 질문에 대한 대답을 검토해 보세요. 예를 들어 그 대답이 육체적인 친밀감, 정서적인 친밀감, 로맨스 등이라면 그것은 사랑을 경험하는 방법에 관한 것입니다. 만약 여기에서 반복되는 주제가 있다면 그것은 '유일하게 올바른 사랑'이라고 상상하는 그런 종류의 사랑을 찾는 중이라는 것을 밝혀줄 것입니다. 어린 시절 부모가 우리에게 주었어야 한다고 느끼는 그 사랑을 말입니다.

판단 없이 자신의 불만족스러운 부분과 마주하는 연습은 용기 있는 행동이며, 스스로 자신의 운명에 예 하는 것입니다. 배움의 기회를 잡는 것은 성장의 기회를 잡는 것이기도 합니다. 그렇게 우리의 신념과 행동 사이의 모든 불일치를 인정하고 받아들임으로써, 그 간격을 좁히고 우리 자신과 일치되는 삶을 힘있게 살아갈 수 있을 것입니다.

Chapter

06

조각에서 전체로

트라우마를 넘어선
가족치료 이야기

생존 본능

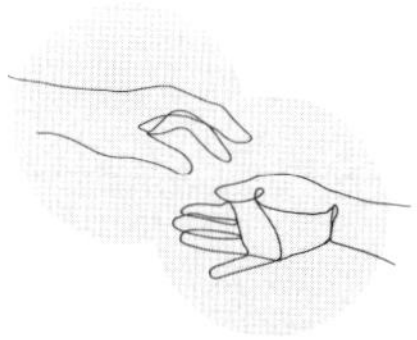

트라우마는 다루기가 매우 까다롭다. 당신이 만약 트라우마를 경험한 적이 있다면 알 것이다. 그것은 우리 동의 없이도 우리가 전혀 예상치 못한 시간에 생각, 감정, 행동은 물론 몸 자체에 불쑥 나타나 자신의 존재를 알리고 심지어 통제하려 한다는 사실을 말이다. 시각, 소리, 냄새 등 수많은 미묘하고도 개별적인 촉발 요소들이 당신이 알고 있는 현재의 시간을 여전히 생생하고 무섭고 피할 수 없다고 느끼는 과거의 시간으로 우리를 데려가 트라우마 반응을 불러일으키게 할 수 있다. 가볍게 표현해도 그런 두려움과 고통을 다시 겪도록 강요받는 일은 매우 불공평하고 끔찍한 일이다.

가족세우기 관점에서, 트라우마는 그 파괴적인 증상들 때문만이 아니라 많은 사람들이 그럭저럭 증상을 관리하면서 어떻게든 살아보려는 특유의 방식으로 인해 우리 행복에 특히 은밀하게 해를 끼친다. 과거를 지우거나 과거로 다시 돌아가려는 충동은 우리가 선택한 미래를 향해 능동적으로 나아가지 못하게 하고, 현재의 삶을 충만하게 사는 것을 방해한다. 어떤 의미에서 트라우마를 안고 사는 것은 자기 자신과 얽혀 있는 것과 같다고 말할 수 있다.

과거를 지우거나 과거로 다시 돌아가려는 욕망은 어떻게든 고치거나 바로잡으려는 욕망이다. 그것은 본질적으로 현실과의 싸움이다. 과거를 바꿀 수 없다는 것을 우리는 잘 알고 있다. 하지만 우리는 여전히 바꿔보려는 욕망에 중독되어 있다. 우리가 갇혀 있는 걸까? 아니다. 가족세우기라는 도구를 활용하면 트라우마와는 별개로 대립적이지 않은 중립적인 방식으로 자신을 정확하게 보는 데 필요한 예리한 명확성을 얻을 수 있다. 일단 도구 키트에 도구를 넣게 되면, 가족세우기의 가장 강력한 '비밀 무기'인 있는 그대로 인정하기라는 도구를 사용할 수 있다. 그것은 현실에 동의하고 아무 도움이 되지 않는 피해자-가해자의 연대로부터 자기 자신을 놓아주는 것이다. 그 결과 깊고도 강력한 치유가 일어난다는 것을 나는 잘 알고 있다. 왜냐하면 내가 그 치유 현장에 여러 분들과 함께 있었기 때문이다. 내가 여기에 '우리가, 우리의, 그리고 우리를'이라고 표현한 것은 진심으로 하는 말이다. 13세에 내가 겪은 강간은 15년 동안 트라우마의 손아귀에 나를 가둬놓았다. 가족세우기가 그것에서 벗어나게 해주었다. 그것은 당신도 벗어나게 할 수 있다.

물론, 트라우마는 극도로 민감한 주제라서 어떤 치료 환경에서든 매우 조심스럽게 다루어져야 한다. 치료사들은 수년간 트라우마를 전문적으로 치료하기 위해 훈련받는다. 가족세우기의 치료 원리는 접근할 수 있는 치유의 무기고에 단 하나의 무기로 구성되어 있지만, 나는 그것이 강력한 무기라는 것을 확신한다. 만약 당신이 트라우마를 경험했다면 트라우마를 다루는 훈련받은 전문가에게 도움을 요청하고, 치유 작업을 보완할 도구로 가족세우기에 참여할 것을 권한다.

부모님이 13세인 나를 런던으로 보냈던 것은 나를 사랑하셨기 때문이다. 3주 간의 언어 몰입 프로그램을 위해 마련된 런던 여행은 나의 미래를 보장하고, 영어를 유창하게 구사하는 사람만이 열 수 있는 문을 열어주기 위한 것이었다. 이중언어를 구사하는 사람이 된다는 것은 프랑스에서의 학문적 직업적 전망을 넓혀줄 뿐만 아니라, 원한다면 언제든 프랑스를 떠날 수도 있다는 것을 의미했다. 나는 해외 어느 곳이든 가서 공부할 수 있고, 언젠가는 미국에 정착해서 일할 수도 있을 것이다. 그리고 나에게 세상은 훨씬 더 넓게 다가올 것이다. 그것이 부모님이 원했던 나에게 기회를 주는 일이었다.

부모님은 프로그램 중반쯤 런던의 한 골목길에서, 어느 평범한 오후에 나이 많은 어떤 학생이 나를 성폭행한 뒤, "너 그거 좋아했잖아."라고 나에게 확신시킬 거라고는 상상도 할 수 없었다. 나는 겨우 몇 달 전에 처음으로 생리를 시작했고, 그때까지도 바비 인형을 가지고 놀았었다. 나를 위해 계획했던 미래가 과거에 의해 강탈당할 줄 부모님은 전혀 알 수 없었다. 그들이 상상하는 것처럼 모든 분야의 문을 열어줄 유창성을 확보하기 위해 해외로 나가 새 삶을 시작했지만, 이후 15년 동안을 런던의 회색 자갈이 깔린 골목길에 꼼짝없이 갇혀서 보내게 되리란 것을 말이다.

내가 말하지 않았기에 부모님은 이 사실을 절대 알지 못했을 것이다. 나는 비록 망연자실 두려웠고, 혼란스러웠고, 부모님이 나를 구해주길 원했고, 적어도 나를 보호해 주길 원했음에도 다른 보통의 아이들과 마찬가지로 나 또한 부모님을 보호하고 싶었다. 그것이 바로 아이들의 맹목적인 사랑이다. 결국 그 성폭력은 인생을 바꿔줄 의도로 부모님께서 선물로 보내주신 여행 중에 발생했다. 그 여행은 나를 향한 그들의 무조건적인 사랑의 표현이었다. 내가 어떻게 그들의 기쁨을 망칠 수 있겠는가? 그렇게 할 수 없었다. 가족 체계에 대한 거의 무의식적인 사랑과 충성심으로 나는 침묵을 지켰다.

내 성폭력 사건은 나 자신에게조차도 가장 어두운 비밀이 되었다. 나는 그 누구에게도 그것에 대해 말하지 않았다. 그 일이 있은 즉시 나는 정신을 잃었다. 전후의 순간들은 내 기억에서 지워졌다. 어떻게 해서 호스트 가족(host family)[19]의 집으로 돌아왔는지, 강간범이 어디로 갔는지 나는 모른다. 내가 기억하는 것이라고는 내 몸을 벗어나 어딘가로 떠돌 때조차도 매일 오후 6시 정각에 부모님께 내가 잘 있다고 통화하던 호스트 가족의 집으로 '가고 있었다는' 것뿐이다. 그것이 내가 수년 동안 내 몸 밖에 존재하게 된 순간이었으며, 내 몸과 성적 존재로부터 해리가 시작된 순간이었다. 순식간에 나는 섹스, 쾌락, 친밀감을 발견할 기회조차 얻지 못한 채, 나 자신을 내 성의 소유자가 아닌 하나의 대상으로 보는 사람이 되었다. 이것이 트라우마의 특징 중 하나이다. 트라우마는 우리를 육체로부터 분리한다. 감각적인 즐거움뿐만 아니라 생명력 그 자체와 연결되는 육체적 연결의 근원을 앗아간다.

여기서 잠깐 시간을 내어 자기 몸에 주의를 기울여 보라. 호흡으로 주의를 가져와 공기가 몸 안을 통과하는 움직임을 느껴보라. 발가락 손가락을 힘주어 구부려보라. 이것은 용기가 필요하며 어려운 동작이다. 어쩌면 잠재적인 촉발을 일으킬 수 있다. 발바닥을 바닥에 단단히 고정하라. 다시 한번 숨을 깊게 쉬고 스트레칭하라. 당신의 심장이 고동치고 있음에 감사하라.

기절했을 당시의 검은 어둠이 그 후 몇 년 동안 그 사건을 완전히 덮어

19 다른 나라에서 온 유학생이 현지에서 머무는 곳으로 숙식을 제공하고 일상을 책임지는 가족을 말한다.

버렸다. 그냥 평범한 십 대인 척, 평범한 젊은 성인의 삶을 사는 척 일상을 꾸려갈 수 있을 때까지 말이다. 나는 그저 '잊을' 때까지 계속해서 괜찮은 척하며 살았다. 폭행과 연결하지 않고, 내 삶을 조각조각 분리한 채 가면을 쓰고 살고 있었다. 하지만 나는 괜찮지 않았다. 폭행의 트라우마는 그것에 대처하는 나의 능력을 압도했다. 처음에는 간신히 그것을 차단했다. 하지만 전형적인 트라우마 반응은 끈질기게 자신의 존재를 드러내려 했다. 나는 정기적으로 떨리는 발작을 일으켰다. 강간이나 성적 학대와 관련한 내용을 접하면 언제나 공포가 내 몸을 사로잡았다. 부정이라는 방어기제는 나를 아프게 한 폭력적이고 강박적인 복수 환상에 의해 종종 구멍이 뚫렸다. 나의 연인 관계는 독하고 학대적이었다. 나는 사춘기와 20대의 대부분을 그저 생존을 위해 노력했을 뿐 충만하게 살지 못했다. 그것이 내가 할 수 있는 최선이었다. 그것이 트라우마와 그 후유증에 시달리는 사람들이 할 수 있는 최선이지 않은가?

가족세우기 촉진자로서 나는 광범위한 트라우마의 사슬에 얽혀 있는 많은 남성과 여성들을 만나왔다. 우리가 알고 있듯이 트라우마는 그 자체로 하나의 사건이 아니라, 자신의 자아감과 안전감을 잔인하게 찢어버린 사건에 대한 반응이다. 그것은 우리의 대처 능력을 압도하고, 무력감 속에 우리를 고립시키며, 인간이 가진 감정의 모든 범위를 느낄 수 있는 능력을 제한한다. 생명을 위협하는 트라우마를 경험한 이후 그 여파를 겪는 동안 우리의 유일한 목표는 생존이 된다.

우리의 동물적 본능은 싸우거나 도망치거나 얼어붙는 세 가지 주요 생존 전략을 갖추고 있다. 상황에 따라 이 세 가지 전략을 서로 다른 시간에 사용할 수도 있지만, 당신이 그런 경험 속에서 싸우든 도망치든 혹은 얼어붙든 상관없이 트라우마는 당신을 그 과거의 품 안에 가두어 놓을 것이다. 그렇게 되면 당신의 생명 에너지는 다시 쓸 수 없는 것을 다시 쓰려는 데에 쓰이게 될 것이다. 과거는 아무리 원한다고 해도 되돌릴 수 없다. 이런 식으로 트라우마는 시간이 흐를수록 미래로 나아가려는 자연적인 생명의 흐름으로부터 우리를 단절시킨다. 그리고 당신은 그 트라우마를 지닌 채 그것을 '바르게 교정'해야 한다고 생각하면서 원래의 경험과 유사한 상황에 이끌려 과거를 순환하게 된다. 예를 들어보자. 힘들거나 학대적인 부모와 관계를 맺고 있는 파트너를 반복해서 찾고 있는 자신을 발견한 경험이 있는가? 그것은 교정 전략이었을 것이다. 그렇지 않으면 다시 트라우마를 경험할 것 같은 두려움에 원래 경험과 조금이라도 유사한 환경이나 상황을 피하려고 할 수 있는 모든 것을 다 할지도 모른다. 당신의 삶을 생각해 보라. 그 상황이 트라우마 상황과 아주 조금이라도 비슷한 징후를 보였기 때문에 평소라면 가졌을 기회를 포기한 경험이 있었는가? 그런 경험을 여행 중에 했는가? 아니면 직장에서? 아니면 사회생활을 하면서? 그것은 회피 전략이었을 것이다. 나는 뉴욕에 살고 있고, EU(European Union, 유럽연합) 시민권자임에도 불구하고 지금까지 한 번도 런던으로 돌아간 적이 없다. 두 가지 전략 모두 행동하기까지의 과정이 반드시 그렇게 간단하지만은 않았을 것이다. 핵심은 잠시 멈추어서 트라우마 증상을 실질적으로 경험하지 않을 때라도, 트라우마가 삶의 가능성을 가르는 선택과 결정에 어떠한 영향을 미치고 있으며, 어떻게 삶을 제한해 왔는가를 생각해 보는 것이다.

트라우마는 우리를 삶의 흐름으로부터 단절시킨다. 왜냐하면 그것은 우리를 다른 사람들로부터 분리하는 방식을 가졌기 때문이다. 나는 나의 성폭력 경험에 대해 아무에게도 말하지 않았다. 내가 그랬던 것처럼 나와 함께 치유 작업을 했던 많은 남성과 여성들 또한 어떠한 대가를 치르더라도 그들의 충격적인 경험을 비밀로 여겼다. 하지만 침묵을 지키면 그 대가는 항상 자신에게 돌아온다. 심지어 '평범한' 삶으로 돌아가거나 생존을 위해 '일상으로 돌아가기'를 시도할 때조차도 잠재의식과 몸은 협력하기를 거부하고 잊기를 거부한다. 잠재의식은 싸우거나 도망치거나 혹은 얼어붙는 전략을 계속 사용하고, 신체는 이런 종류의 높은 경계 속에 사는 것에 대해 심각한 스트레스를 느낀다. 가족세우기는 통합적 모델이다. 그래서 나는 내담자의 말에 귀를 기울일 뿐 아니라 이런 종류의 스트레스를 가리키는 신체적 징후들을 주의 깊게 관찰한다. 끊임없이 방을 훑어보는 눈, 가까이 있는 대상과 상관없이 분노로 꽉 움켜쥔 주먹, 방어 자세에서 보이는 구부정한 등받이의 굴곡 같은 것들이 그 예이다. 내담자들은 자기 몸의 습관을 눈치채지 못할 수 있는데 나는 매일 그들을 본다.

지금 다시 한번 점검해 보자. 지금 당신의 자세는 어떤가? 근육이 긴장되어 있지는 않은가? 손은 무엇을 하고 있는가? 할 수 있다면 잠시 시간을 내어 적극적으로 긴장을 풀고 몸을 느슨하게 이완해 보라.

머지않아 몸과 마음은 과부하를 다스리기 위해 악몽, 회상하기, 그리고 떨림에서 질병까지 신체적인 증상들을 만들어 낼 것이다. 이러한 순간에 사람들은 종종 알코올이나 마약, 그리고 자신을 위험에 빠뜨리는 자가 치료로 고통을 무디게 하려 할 것이다. 하지만 첫 번째 복용량이나 복용의 효과가 사라지면 유일한 해결책은 다음 섭취량을 두 배로 늘리는 것이며, 이것은 당연히 점진적으로 일상생활을 유지하거나 충실하게 살아가는 것을 매우 어렵게 만드는 악순환에 빠지게 할 것이다.

비록 트라우마를 경험하는 모든 사람이 자가 치료를 하거나 자신에게 해로운 행동을 하는 것은 아니다. 하지만 정신적 트라우마는 특별한 방법으로 오랫동안 그 영향력을 관리하지 않으면 여전히 삶에 심각한 지장을 초래할 수 있다. 관리하는 방법의 하나는 단지 감정을 차단하는 것이다. 트라우마의 여파를 겪는 동안 일상생활을 하면서 겪는 어려움은 삶으로부터의 철수와 심각한 불안 그리고 우울증으로 이어질 수 있다는 것이다.

당신이 우울증에 걸렸을 가능성을 부인하기 전에, 우울증은 고통받는 사람들에게 늘 뚜렷한 모습으로 나타나지 않는다는 점을 알아야 한다. 트라우마가 일으키는 강력한 감정은 상상을 초월할 수 있기 때문이다. 나는 일반적으로 무감각과 자기소외의 또 다른 형태인 강한 감정을 두려워하게 된 내담자들을 본다. 예를 들어 강간 후 몇 년 동안 나는 말할 때 극도로 조심스러웠다. 말이란 자기를 표현하는 주요 수단 중 하나이기 때문이다. 진실을 드러내지 않기 위해서 그리고 가족이나 친구 또는 나 자신에게 상처 주지 않기 위해서 나는 말을 통제해야만 했다. 근본적으로 나의 진짜 자기는 침묵했고, 나는 완전한 삶을 살지 못했다. 그것은 거의 10년 동안 경험했던 우울증으로 나를 몰아넣는 또 다른 해리 행위였다. 하지만 내가 우울증을 겪는 동안, 심지어 증상이 나타나고 있을 때조차도 우울증은 나에게도 타인에게도 명확하게 드러나지 않았다.

심지어 엄청난 고통으로 힘겨움을 겪는데도 건강하게 보이는 내담자들에게서 이런 현상을 자주 발견한다. 나의 내담자 중에는 '부러워할 만한 여행과 풍요로운 삶'이라는 인스타그램을 운영하는 30세의 요가 강사이자 영양사가 있었다. 그녀의 부모님은 10년 사이에 두 분이 모두 암으로 돌아가셨다. 어머니는 그녀가 18세였을 때, 아버지는 28세였을 때였다. 어머니가 돌아가신 후 건강을 돌보기 위한 그녀의 여정이 시작되었다. 초기에는 요가와 여행에만 관심이 있었다. 그러다가 점점 더 제한적인 식단에 관심을 가졌고, 결국 유동식과 단식의 열렬한 추종자가 되었다. 그녀는 눈에 띄게 말랐으나 직업 때문에 가족들이나 친구들은 이것을 평범하게 받아들였다. 사회 문화가 그녀의 마른 외모를 긍정적인 성취로 강화해 주었기 때문에 겉으로는 건강하게 보였다. 시간이 지나면서 나는 그녀가 극단적인 단식 주의자인 것을 알았다. 그녀는 한꺼번에 한 달씩 격월로 단식했다. 그녀의 극도로 마른 모습은 부모님 삶의 마지막 모습에 대한 반영이었다. 그녀는 '건강한' 생활로 위장된 죽음을 선택하면서 부모님 뒤를 따라 천천히 자진해서 자신으로부터 멀어지고 있었다. 동시에 그녀는 부모님의 질병과 죽음이라는 트라우마를 재연하고 있었다. 비록 식이요법과 운동에 집착하면서 그것을 '교정'하려고 했지만 아이러니하게도 그녀의 몸과는 분리되고 있었다.

나와 세션을 진행한 또 다른 내담자는 그녀가 '재시도할' 가능성, 즉 관계를 통해 트라우마 역동을 재연할 수 있을 것 같은 관계에 끌렸던 여성이었다. 그녀는 매우 성공적인 디자이너였고 자신을 완전히 통제하고 있었다. 그녀가 진짜 문제를 공유하기까지는 몇 번의 세션을 거쳐야 했다. 그녀는 30대 중반이었지만 60대 70대의 남성들과만 데이트를 즐겼다. 그녀는 그들과 일반적인 성관계를 갖지 않았음에도 불구하고, 이 남성들은 그녀를 '공주처럼' 대했다고 나에게 말했다. 어떤 경우에도 성이나 가정을 꾸리는 것에는 특별히 관심이 없었다. 하지만 이제는 자신과 비슷한 나이의 사람들과 데이트할 가능성에 대해 고려하기 시작했다. 가족세우기를 준비하는 과정에서 아버지가 어렸을 때 그녀를 성추행했다는 사실이 밝혀졌다. 어떤 의미에서 그녀보다 두 배나 나이 많은 남성들과의 관계는 그녀의 내면 아이와 아버지를 화해시키고, 이전 관계를 '교정'하기 위한 전략이었던 것이다. 그녀가 만나는 나이 많은 남성들과의 관계가 거래적이긴 했지만, 전통적인 의미에서 말하는 거래는 아니었다. 물질적인 상품과 성을 교환하는 대신 그녀는 아버지뻘인 어른에 의해 지켜지고 보호받는다는 느낌과 그녀의 젊음을 교환하고 있었다.

모든 경우에 있어서, 트라우마는 늘 트라우마가 발생한 순간으로 되돌아가는 닫힌 고리 안에 우리를 가둔다. 트라우마의 신체적인 징후들이 너무나 자주 나타남에도 불구하고, 거기에는 자아와 몸으로부터 분리되는 느낌, 정체되는 느낌, 운명에 대해 비난받는 느낌이 있다. 당신은 생존 모드에 놓인다. 치유의 첫걸음은 단순히 살아남기 위한 선택이 아니라 적극적으로 자신을 선택하는 것이고, 현재를 선택하는 것이며 잘살기를 선택하는 것이다. 몸과 다시 연결하는 선택은 외견상 대수롭지 않아 보이지만, 실제로는 이러한 선택에 있어 무엇보다 중요한 단계이다. 몸과 다시 연결되면 해리를 거부하게 되고, 해리에 대항해서 맞설 때 생존 모드에서 빠져나오기 시작한다. 당신은 당신의 몸에 대해 더 이상 고도의 경계 태세를 취할 필요가 없으며, 긴장을 놓아버리고 부담을 떨쳐내고 느긋해질 수 있음을 마침내 가르쳐줄 수 있다. 그것은 당신이 안전하다는 것을 안다는 것이다. 무엇이 당신에게 즐거움을 주는가? 당신은 언제 가장 몸에 집중한다고 느끼는가? 방금 갓 세탁한 면 티셔츠가 피부에 닿을 때? 뜨거운 온천물에 몸을 담글 때? 바람결에 닿는 머릿결을 느낄 때? 사랑하는 동물을 쓰다듬을 때? 격렬한 운동을 하며 흘러내리는 땀방울을 느낄 때? 당신이 발견한 가장 맛있는 초콜릿 한 조각을 먹을 때? 맨발로 풀밭을 걸을 때? 그것이 무엇이든 지금 당장 책 읽기를 멈추고 그것을 실천해 보라. 그렇지 않으면 그것을 실천할 약속을 잡아 보라. 그런 다음 다시 한번 실천해 보기 바란다. 자신을 선택하고 자기 몸을 선택하고 생존을 넘어서겠다고 다짐하라.

세우기 문장

나는 삶을 선택합니다.
나는 회복을 선택합니다.
나 자신을 치유하는 일이 내가 가장 우선 해야 할 일입니다.

연습

사랑의 거울 – 삶을 선택하기

트라우마는 우리가 자신을 진정으로 보는 것을 어렵게 할 수 있습니다. 왜냐하면 우리에게 일어났던 일에 관한 이야기(narrative)와, 그 이야기의 영향력을 관리하기 위해 의도된 메커니즘으로 둘러싸여 있기 때문입니다. 이 연습의 목표는 크지 않지만 강력합니다. 이 연습은 자기 자신을 사랑스럽게 바라보면서 중립적인 자세로, 일어난 사실에 대해 재진술하면서 치유를 스스로 선택할 수 있도록 허용하는 것입니다. 당신에게 무슨 일이 일어났는지 기록하고, 가능하면 거울에 비친 당신의 모습을 보면서 기록한 것을 소리내어 읽어보십시오. 이 시간은 온전히 자기 자신과 함께 할 것입니다. 원할 때는 언제든 멈출 수 있습니다. 서두를 것 없습니다. 멈출 때는 실제의 몸과 거울에 비친 모습을 연결해 보세요. 팔을 쓰다듬고 맥박을 느끼고 눈동자를 들여다보십시오. 깊게 호흡한 뒤 가슴에 차오르는 공기를 느껴보십시오. 당신은 여전히 여기에 있고 심장은 뛰고 있으며 지금 이 순간 당신의 육체는 현존합니다.

당신은 당당히 살아 있습니다. 마칠 때는 앞의 세우기 문장을 반복하며 마무리할 수 있습니다.

있는 그대로 동의하기

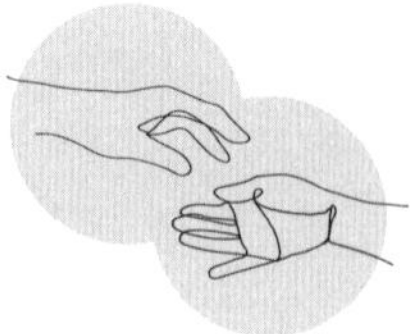

가족세우기의 목표는 우리가 겪은 트라우마의 심각성을 줄이는 것이 아니라 과거 얽힘에서 풀려나도록 돕는 것이다. 과거에 대한 집착에서 해방되면, 자신의 삶에 예라고 말할 수 있으며, 삶의 흐름으로 다시 들어갈 수 있다. 우리가 과거로부터 해방되는 첫 단계는 있는 그대로를 인정하는 것이다. 이것은 우리에게 일어난 일을 인정한다는 의미이다. 우리가 무언가를 인정할 때는 그것에 주의를 기울인다. 그것이 없었던 것처럼 하지 않는다. 인정한다는 것은 듣는 것을 의미한다. 고통을 듣고 기억을 듣고 감정에 귀를 기울인다. 그렇게 그것을 존중하는 것이다. 그리고 있는 그대로 동의하는 것이며, 일어난 일을 받아들이는 것이다. 이것은 우리에게 벌어진 일이라는 것과 어떤 것도 그 현실을 대체할 수 없다는 것을 인정한다는 의미이다. 있는 그대로 현실에 동의하는 것은 가족세우기의 기본 원리 중 하나이다. 있는 그대로에 동의하는 것이 트라우마와 관련해서는 특히 혼란스러울 수 있다. 저항이 일어나는 것은 당연하다. 어떻게 그런 끔찍한 일을 받아들일 수가 있겠는가? 현실을 있는 그대로 인정한다는 말은 우리에게 일어난 일이 일어났어야 한다는 것에 동의한다는 의미가 아니다. 정확하게는 일어난 일에 대한 우리 감정에 동의하지 않는다는 것이다. 다시 말해서 우리가 돌이킬 수 없을 정도로 손상된 삶을 살아가는 슬프고 상처받은 사람이라는 것에 동의하지 않는 것이다. 그것은 일어난 일에 대한 느낌이지 사실이 아니다. 현실과 논쟁하는 대신 현실을 인정하는 것이다. 트라우마를 경험한 많은 사람이 '나에게 그런 일은 일어나지 말아야 했어.'라고 주장하면서 현실과의 논쟁에 휘말린다. 당연히 그런 일은 일어나지 말았어야 한다. 하지만 실제로는 일어났다. 트라우마 반응의 대부분은 과거를 바꾸고자 하는 욕망과 관련이 있다. 하지만 현실은 우리가 그 과거를 바꿀 수 없다는 것이다. 우리는 현실에 동의해야만 한다. 동의하지 않는다면 우리의 소망과 두려움이 우리의 인식을 방해할 것이다. 현실에 동의할 때, 단순히 있는 그대로를 인정할 수 있다. 사실에 관한 이야기(narrative)에 초점을 맞추는 것이 아니라, 사실 그 자체에 초점을 맞춘 것이다. 일어날 수도 있었거나, 일어났어야만 했거나, 일어나지 말았어야 하는 것에 초점을 맞추지 않는다. '왜 일어났을까?'에 대한 답을 찾으려는 시도를 포기하게 되면 자유로운 인식의 명료함이 생겨난다. 나에게 일어났던 일이 곧 나는 아니다. 그것은 단지 하나의 경험일 뿐이다.

이것이 있는 그대로 동의하기의 힘이며 약속이다. 이것은 트라우마의 경험으로부터 우리를 분리하기 때문에, 트라우마의 굴레에서 벗어나 자유로울 수 있다. 현실에 동의할 때 자기중심성에서 벗어나며, 그 사건을 개인화하지 않는다. 일어난 일은 우리에 관한 일이 아니다. 그것은 우리에게 벌어진 하나의 사건이다. 그렇다. 그것은 세상을 바라보는 방식에 영향을 주는 하나의 경험이다. 우리의 한 단면으로, 단지 수많은 경험 중 하나일 뿐이다. 그 경험이 우리가 누구인지 규정하지 않는다.

마음 근육을 키우기 위해 매일매일 별로 중요하지 않은 일상의 일들에 대해 있는 그대로 동의하는 연습을 해볼 수 있다. 우리가 알고 있는 사람 중에서 복잡하긴 하지만 트라우마적이지 않은 관계에 있는 누군가를 대상으로 진지하게 연습해 보라. 부모나 이전 애인, 친구, 형제자매가 될 수도 있다. 목적을 위해서 그렇게 하는 것에 안전함을 느껴야 한다. 그 사람의 사진을 보거나 그 사람의 이미지를 마음속에 떠올리고 이렇게 말해보라. "당신을 나의 [가족]으로 인정합니다. 나는 당신을 나의 [가족]으로 받아들입니다. 나는 우리 사이에 일어났던 일에 동의합니다." 이 과정이 의미하는 바가 진정으로 무엇인지 기억하라. 현실은 그것이 아무리 형편없더라도 결코 틀리는 법이 없다. 여기에서는 그 가족이 진짜 우리 가족이라는 것을 인정했다는 것이다. 그 현실을 어떻게 느끼든 상관없이 그녀[그]가 우리의 가족이라는 현실을 받아들인 것이다. 그리고 그 과정에서 펼쳐지거나 일어났던 일의 현실에 동의한 것이다. 그것은 실제로 일어났으며 돌이킬 수 없는 사실이라는 것에 대한 동의이다. 현실을 바꾸려는 모든 노력 끝에, 결국 포장된 이야기로 덧씌우는 일 없이 진실을 단순히 말하는 것만으로도 일종의 안도감을 느낄 수 있다.

나는 트라우마의 영향력을 과소평가하지 않는다. 내 삶에서 15년이라는 기간 동안 트라우마의 영향으로 고통받아왔다. 하지만 우리가 현실 그대로의 모습에 동의한다면, 이는 자신을 향한 엄청난 존중의 행위를 한 것이 된다. 가족세우기는 우리에게 가족 체계 안에 있는 다른 이들의 운명도 존중하라고 요구한다. 심지어 힘든 운명을 가진 사람들까지도 우리 자신의 운명을 존중해야 하는 것처럼 존중하라고 요구한다.

우리가 우리 운명을 존중할 때, 다시 말해 우리의 현실을 있는 그대로 인정하고 현실에 동의할 때, 아무런 까닭 없이 우리에게 들려준 그 카드로 우리만의 운명을 개척할 자유를 얻는다. 우리가 우리 이야기의 작가이다. 우리의 다양한 운명은 그 이야기들의 구성 요소일 뿐이다. 그 이야기를 어떻게 구성하고 형성해 나갈 것인지는 우리 손에 달려있다. 나의 내담자 중 한 명은 수년간 글쓰기를 가르쳐온 작가였다. 그녀는 우리가 동의하기와 운명의 개념에 관해 이야기하던 중 깨달음을 얻었다고 했다.

"아하! 이건 마치 내가 학생들에게 글쓰기 과제를 줄 때와 같아요. 제시된 인물이나 문맥이 같고, 같은 상황에서 시작하지만 각각의 학생들은 모두 다른 이야기를 써냅니다."

우리의 미래는 아직 쓰여 지지 않았다. 우리가 우리 삶의 작가이다. 과거와의 영원한 싸움에 갇혀 있게 되면 미래 가능성은 포기해야 한다. 가족세우기는 있는 그대로 현실에 동의하는 것으로 과거가 현재에 미치는 영향력을 줄이도록 돕는다. 가족세우기는 일어난 사건의 중요성을 축소하는 것이 아니다. 그 사건을 앞으로 남은 삶에 영향을 주는 맥락으로 보기보다는 그것을 우리 삶의 더 큰 맥락 안에 다시 위치시켜서 진행 중인 트라우마의 영향력을 줄이는 것으로 치유를 돕는다.

트라우마는 삶에서 일어났던 사실이다. 그러나 반드시 평생의 형벌이 될 필요는 없다. 우리는 트라우마를 결코 잊지 못할 것이다. 그렇다고 잊어야만 하는 것도 아니다. 우리는 환경이 보여주는 것 이상이다. 행복은 그 영혼의 성취물이다. 나의 경우, 있는 그대로 현실에 동의한 것이 내 이야기에서 근본적인 평화를 가져오게 했다. 내가 성취한 명료한 인식은 새로운 현실을 비춰주었다. 더 잘 표현한다면, 그것은 나에게 항상 그곳에 존재하고 있던 현실을 명확하게 볼 수 있게 해주었다. 트라우마가 나를 규정하는 것이 아니라 내가 나를 규정하는 사람이다. 과거의 현실을 판단 없이 받아들임으로써 나는 그 마법에서 풀려났고 새로운 이야기를 쓸 수 있는 자유의 몸이 되었다.

트라우마가 우리를 규정하지 않는다. 우리를 규정하는 사람은 바로 우리 자신이다. 트라우마와의 싸움을 멈추고 현실과 투쟁하는 것을 멈추어라. 우리는 '이길' 수 없다. 트라우마는 사라지지 않을 것이다. 있는 그대로 현실에 항복하라. 사랑과 수용으로 놓아주고 최종적으로 이 사건을 과거에 그것이 있던 자리에 원래대로 있게 놓아주라. 두려움, 수치심, 죄책감, 분노에서 벗어나라. 운명의 길에서 마주치는 장애물에도 불구하고, 아니 어쩌면 그 장애물로 인해 주체성을 가진 힘 있는 개인으로 계속해서 성장을 향해 나아가고 있는 자신을 명확하게 바라보라.

세우기 문장

나는 더 이상 현실과 맞서지 않을 것입니다.
나는 있는 그대로 동의합니다.
내가 겪은 트라우마가 나를 규정하지 않습니다.
내가 나를 규정하는 사람입니다.
나는 무너지지 않았습니다.
나는 이전보다 더 나를 더 사랑합니다.

연습

새로운 시각 새로운 이야기 – 이야기 재구성하기

이 연습은 글쓰기 교사인 나의 내담자로부터 영감을 받았습니다. 그녀는 동일한 프롬프트[20]가 주어졌음에도 학생들이 각각 세상을 보는 그들만의 특별한 관계 렌즈를 통해 여과된 다른 이야기를 쓴다는 것을 관찰했습니다. 학생들은 그들의 문화, 교육, 경험 그리고 그동안 영향 받은 다양한 것들을 한데 모아 같은 원재료로부터 독특한 이야기들을 만들었습니다. 다시 말해 그들의 이야기는 그들이 세상을 보는 시각에 따라 달랐습니다.

트라우마는 삶의 시각에 영향을 끼치는 많은 요인 중 하나일 뿐입니다. 예를 들어, 당신이 자신을 어떻게 보는지, 삶의 방향을 어떻게 이해하는지, 그것이 주변 세상과 자신과의 관계를 어떻게 중재하는지 하는 것들입니다. 충격적인 트라우마 사건은 다시 쓸 수 없습니다. 다시 쓰려

20 프롬프트(prompt)는 주로 컴퓨터 창에 사람의 반응이나 행동을 유도하거나 자극하기 위해 주어지는 질문, 또는 지시를 말한다. 최근에는 인공지능이 이해하고 반응할 수 있도록 사용자가 입력하는 지시문 또는 질문을 말한다.

는 것은 현실과 논쟁하는 것입니다. 하지만 같은 전제조건이라도, 우리가 우리 자신을 어떻게 보고 어떻게 삶의 방향을 이해하는지에 따라서 오래된 이야기를 포기하고 새로운 이야기를 재구성하는 기술을 쌓아갈 수 있습니다. 그 기술은 부정적인 인식을 긍정적으로 전환하는 전제조건의 해석에 달려있습니다. 관점을 바꾸어 다른 렌즈를 통해 보는 방법을 배울 수 있습니다. 이 기술은 트라우마와 같은 사건들을 통합하고 받아들이는 데뿐만 아니라 개인적, 직업적, 학업적 실패와 성공 같은 많은 종류의 경험을 개인적 발전의 원천으로 재구성하는 데 도움을 줍니다. 이러한 경험들은 우리가 필요로 하는 것에 대한 명확성을 높이고, 자기 지식을 심화시키며 우리를 성장하게 합니다.

이 연습은 관점 전환을 위해 가볍게 제시되었습니다. 이것은 기술을 축적하는 것이 전부입니다. 트라우마와 관련된 일에서 무거운 짐을 들어올리기 위한 마음 근육을 키우기 위해서는 현재의 일상에서 쉽게 접할 수 있는 낮은 단계부터 시작할 수 있습니다. 우선 종이를 세로로 세 칸 나누십시오. 그리고 당신을 힘들게 하는 일상 속 만성화된 문제에 대해 생각해 보십시오. 이제 첫 번째 칸에는 '문제', 두 번째 칸에는 '관점', 세 번째 칸에는 '대안'이라고 표시합니다.

첫 번째 칸에서 당면한 주제를 사실 기반으로 간략하게 정의하십시오. 예를 들면 '나는 연봉이 높은 명망 있는 직업을 가지고 있지만, 그 일에서 더 이상 몰입감이나 성취감을 느끼지 못한다.'와 같습니다. 두 번째 칸에는 계속해서 자신의 감정에 초점을 맞추면서 그 상황을 바라보는 현재의 관점을 표현하십시오. 예를 들어 '이 경력을 쌓는데 너무 많은 시간을 투자해서 지금 진로를 바꾸기에는 너무 늙은/투자한 것 같다.'입니다. 세 번째 칸에는 그 상황에 대한 세 가지 대안을 쓰세요. 여기서 친구 또는 가족과 함께 할 수 있다면 도움이 될 것입니다. 예를 들면, '1. 내가 정말로 이 직업군에서 불행한 것인지 아니면 이 특정한 직업으로 인해 불행한지 이번이 탐구할 기회이다. 2. 시간은 무슨 일이 있어도 흐를 것이고, 2~3년 후에는 더 나이가 들 것이다. 어쩌면 여전히 불행할 수도 있다. 차라리 학교로 돌아가거나/ 새로운 기술을 배우거나/ 직업 훈련을 받는 게 나을 것이다. 3. 직업에 대한 애착은 외부에서 인정하는 명성으로 인한 것이지 개인적이고 내적인 가치에서 비롯된 것은 아니다.'

이제 대안적 관점 중 하나를 선택하십시오. 앞으로 3일 동안 거의 주문처럼 그것을 마음에 가까이 두고 연습하십시오. 잠에서 깰 때나 잠들기 전, 그리고 문제가 발생할 때마다 그 대안적 관점을 잠깐씩 마음에 되새길 수 있습니다. 3일이 지난 후 스스로 다음과 같이 점검해 보십시오. 관점이 어떻게 바뀌었는가? 어떤 교훈을 얻었는가? 현재 상황에 대해 다르게 말할 수 있는 이야기가 있는가?

비난 내려놓기

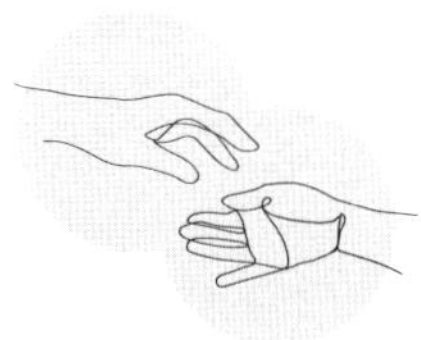

용서가 트라우마를 치유하는 열쇠 중 하나라는 말을 우리 모두 들어왔거나 들어보았을 것이다. 용서를 정의하는 요소에 대해서는 여러 가지 견해가 있다. 하지만 나는 치유 문화가 용서를 다른 사람을 위해 행하는 행위로써뿐 아니라 분노를 해소하고 자신을 위한 삶을 살게 하는 봉사 행위로써 용서를 지지한다고 말하는 것이 공정하다고 생각한다. 이론에 따르면, 용서를 통해 과거에 일어났던 일에 대한 집착을 내려놓고, 더 이상 자신에게 해를 끼친 사람에게 집중하지 않고 현재에 전념하는 자유를 누리는 존재가 될 수 있다고 한다. 표면적으로는 있는 그대로 동의하는 것과 크게 달라 보이지 않는다.

나 역시 그와 같은 말을 들었다. 치유의 여정 중 가족세우기를 만나기 전까지는 나를 폭행한 남자를 용서하려고 몇 번이나 시도했었다. 나는 용서가 치유를 위한 수단이 될 수 있기를 바랐다. 용서는 이전이나 지금이나 종교에서는 말할 것도 없고, 현재 대중 심리학에서도 매우 유행하는 전제이며, 심리치료사에 의해 상처받은 영혼의 보양제로 많이 추천되는 개념이다.

당신은 용서가 어떻게 느껴졌는가? 솔직히 나는 용서와 씨름하느라 힘들었다. 한마디로 정확하게 짚어내기가 어려웠다. 가해자를 용서할 때 내가 그에게 무엇을 보장해 주어야 하는가? 책이나 잡지에서 읽었던 용서와 관련된 연습, 영적인 활동에서 접했던 '놓아 주기', 강간범에게 '사랑 보내기', '그를 예전의 어린 소년으로 보기'와 같은 연습도 해보았다. 하지만 아무리 노력해도 아무리 용서하려고 안간힘을 써도, 내 마음은 결코 평온하지 못했다. 내 마음은 끝없이 꼬리를 무는 생각으로 가득했다. 마치 내가 그 사건을 영원히 처리하지 못할 것처럼 원망스러웠고, 속이 불편했다. 무엇보다도 내가 역할 연기를 하는 사람처럼 느껴졌고, 갇혀 있는 것처럼 불편했다. 어떤 면에서 나는 좀 그랬다. 용서는 '더 큰 사람'으로 살아가라는, 더 작은 누군가에게 가치 있는 무언가를 줄 수 있는 힘 있는 강한 사람으로 살아가라는 요구처럼 느껴졌다.

핵심을 들여다보면, 용서는 행동이라기보다는 역동이다. 그것은 강력한 역동이다. 용서하려면 피해자인 옳은 사람과 가해자인 그른 사람이 있어야 한다. 옳은 사람만이 그른 사람을 용서할 힘이 있다. 한 사람은 권력을 쥐고 있고 다른 사람은 권력이 없다. 용서에 대한 나의 불안과 불편함은, 그 당시에는 몰랐지만, 이러한 역동과 밀접하게 관련되어 있었다.

내가 '더 큰 사람'으로 존재하면서 느꼈던 불편감, 갇혀 있다는 그 느낌은 내가 실제로 갇혀 있었기 때문이었다.

부당한 존재가 되는 경험은 우리를 옳은 사람으로 만든다. 그러나 '옳음'과 함께 오는 용서의 힘에 집착하는 것은 가해자가 행한 해악에 대한 집착을 새롭게 할 뿐이다. 그것은 트라우마에 활력을 불어넣고 우리를 계속 갇혀 있게 만든다. 이것은 용서가 있는 그대로 동의하는 것과 정반대인 이유이다. 용서는 비난을 전제로 한다. 반면, 우리가 있는 그대로에 동의할 때 우리는 도덕적 판단을 보류한다. 다시 말하지만, 이것은 일어난 일을 용인한다는 의미가 아니다. 일어났던 일에 대한 나의 이야기(narrative)를 포기하고 그것들로부터 해방되는 것을 의미한다. 비난을 내려놓는 것은 가해자를 비난에서 벗어나게 하는 것이 아니다. 비난에 대한 우리의 집착을 놓아버리는 것이다. 우리 자신이 그 역동에서 벗어나는 것이다. 가해자는 여전히 자기가 한 일에 대한 많은 책임이 있다. 하지만 그들의 운명은 우리의 책임이 아니다. 그렇다고 해서 정의를 추구하거나 권력에 진실을 말할 수 없다거나 하지 말아야 한다는 뜻이 아니다. 유사한 범죄나 학대가 다른 사람들에게 일어나지 않도록 미래를 위해 봉사하되 그 결과는 통제할 수 없다는 이해와 동의로써 그렇게 해야 한다는 것이다.

비난하는 체계에서 자신을 놓아주면 자신의 운명은 물론 자신을 해롭게 한 사람의 운명도 존중할 수 있다. 좋다. 깊이 숨을 한번 들이쉬자. 이것은 분명 그들이 한 일을 용인한다는 의미가 아니다. 이것은 타인의 운명은 책임질 수 없다는 것을 인정하고 받아들인다는 의미이다. 그 사람의 행동으로 인한 어떠한 결과도 우리는 책임지지 않겠다는 의미이다. 그들의 운명은 우리 영역 밖에 있음을 인정하는 것이다. 이것을 인정하면 더 이상 가해자에게 얽히지 않고, 운명의 여정에서 가해자를 끌어안고 가는 부담을 내려놓을 수 있다. 짐을 내려놓으면 얼마나 더 가벼워질까? 얼마나 더 자유로워질까? 더 이상 그런 무거운 짐을 짊어지려는 수고를 하지 않는다면 앞으로 얼마나 더 많은 에너지를 축적할 수 있을까?

우리는 각자 자기 자신에 대해서만 책임을 질 수 있다. 이것은 현실에 동의하는 것에 포함되는 개념이다. 가해자의 선택에서 비롯된 행동이 전적으로 그들에게 속하듯이, 우리 행동이나 우리의 선택은 우리의 것이다. 우리가 얽힘에 갇히거나 운명의 시련에 처할 수도 있겠지만, 그럼에도 우리에게는 자유의지가 있다. 이것이 이 일에서 얻을 수 있는 아름다움이다. 자신이 한 일을 책임지도록 요구하는 것은 그렇게 할 수 있는 주체성이 우리에게 있다는 것과 선택권 또한 우리에게 있다는 사실을 밝혀준다. 그것은 우리의 힘을 회복하게 할 것이다.

어린 시절부터 아버지로부터 학대를 받았던 40대 여성 내담자가 있었다. 그녀와 마찬가지로 그녀의 어머니도 아버지에게 학대를 당했다. 그런데 어머니는 딸의 문제에는 전혀 개입하지 않았다. 어머니는 혼전에 딸을 임신했다. 이것이 아버지를 '화나게 했고', 그 때문에 '억지로' 결혼하게 된 아버지는 어머니를 학대하기 시작했다. 40대가 되어서도 그 내담자는 말 그대로 어머니의 운명이 자신의 책임이라고 믿으며 어머니를 공감하고 동일시했다. 자신을 지켜주지 못한 어머니를 원망하면서도 어머니에게는 선택의 여지가 없었다고 생각했다. 그녀는 가해자인 아버지 문제를 해결하는 데 집중하고자 했기 때문에 어머니를 용서하고 싶어 했다. 하지만 함께 치유 작업을 하는 동안 그녀의 아버지뿐만 아니라 어머니도 가해자라는 걸 인정하게 되었다. 현실에 동의하고 어머니의 운명을 존중하게 되면서 그녀의 세우기 문장도 바뀌었다.

"나는 어머니 결정에 대한 책임이 과거에도 없었으며 지금도 없습니다. 그것은 어머니의 선택이었습니다. 어머니가 나를 보호하지 않기로 선택했던 것입니다. 내가 살아있기 때문에 치러야 할 대가는 없습니다." 그녀는 어머니를 용서한 게 아니라 있는 그대로 인정했다. 어머니의 선택권을 인정한 것은 우리 모두에게 선택권이 있다는 것을 강조하면서 그녀를 자유롭게 했다.

용서에 들어있는 힘의 불균형은 가족 체계에서 피해자-가해자 역동을 강화하고 얽힘을 영구화할 뿐만 아니라, 있는 그대로 현실에 동의하는 것을 더 어렵게 만든다. 어떤 의미에서 피해자와 가해자가 상호작용 할 때마다 에너지적 유대감을 형성하고, 그 유대감이 아무리 주변적인 것이라 할지라도 서로의 확대 가족 체계의 일부가 되어간다(가해자가 가족일 경우 그 역할에 포함된 가족으로써의 권리는 상실하더라도 가족 체계에서 자신의 자리를 잃어버리는 일은 없다. 기억하라, 만약 그런 사람이 배제되어 가족 체계에 '구멍'이 생기면, 다른 사람이 그 사람의 자리를 대신하도록 이끌려 그 역동을 재생산할 것이다). 피해자-가해자 간 역동의 불균형은 무질서를 낳는다. 우리가 알다시피 가족 체계는 질서를 추구한다.

피해자-가해자 간 역동에 얽히게 되면 우리는 차례로 더 많은 무질서를 만들어 내면서 거의 항상 가해자를 배제하는 것으로 소속의 규칙을 위반하게 된다. 체계가 제대로 작동하려면 체계 안에 있는 모든 사람, 심지어 살인자 강간범 학대자를 포함한 모든 사람들을 그들의 자리에 받아들여야만 평화로울 수 있다. 어쩌면 이렇게 생각할 수도 있겠다. '하지만 선생님! 우리에게 해를 끼친 사람들을 어떻게 받아들일 수 있나요?' 그 순간 이 책을 던져버리고 싶은 유혹을 느낄지 모른다. 하지만 이해한다. 이렇게 한번 생각해 보라. 평화는 질서의 또 다른 형태다. 평화는 싸움이 없고 소란스러움이 없는 상태이다. 우리가 어떤 사람을 차단하려고 하면 그 사람은 더 큰 소리로 자신의 존재를 알리려고 할 것이다. 그들은 자신이 하는 이야기가 들리기를 원한다. 제외된 사람을 인정하고 받아들일 때 그들의 욕구는 충족되고 그들의 목소리는 힘을 잃는다. 체계의 모든 가족이 제자리에 있을 때 우리는 평화를 느끼고, 체계는 정상으로 회복된다.

가족 체계에서 각각의 구성원들은 그들이 무슨 짓을 했든 그 체계에 속할 권리가 있다는 것을 기억하라. 당신에게 해를 끼친 누군가를 따뜻하게 껴안아야 한다는 의미가 아니다. 다시 말하지만, 이것은 용서에 관해 이야기하려는 것이 아니다. 그들이 존재하는 현실을 인정하는 것을 의미한다. 예를 들어 세우기 장에서 피해자가 "나는 당신을 용서합니다."라는 말은 하지 않아야 한다. 대신 "나는 당신을 봅니다."라고 말해야 한다. 그것이 있는 그대로에 대한 깊은 존중의 표현이다. 그것이 자신의 운명을 받아들이는 것이다. 가해자가 그들의 죄책감과 수치심을 짊어지고 가야 한다. 그것은 우리의 문제가 아니다. 이와 같은 방법으로 당신은 평화를 되찾을 것이다.

확대된 가족 체계에 가해자를 포함하는 일이 매우 불편하게 느껴진다는 것을 알고 있다. 하지만 소속될 권리는 가치 중립적이라는 점을 기억하라. 가족 체계를 하나의 구조라고 생각해 보자. 그 가족 체계의 통합성은 체계의 각 구성 요소에 달려 있다. 각 구성 요소를 제거하면 통합성은 손상된다. 결국에는 그 체계에 심각한 문제가 발생하거나 심지어 체계가 무너질 수도 있다. 제외된 사람들은 잃어버린 구성 요소와 같다. 우리가 그들을 다시 포함할 때, 즉 모두가 제자리에 있을 때 질서는 회복된다. 우리가 올바른 위치에 있다면 더 이상 서로 얽히지 않는다. 그렇게 되면 안도감과 함께 피해자와 가해자 사이의 유대는 끊어진다.

확대 가족 체계의 일부로 가해자를 적절한 자리에서 볼 수 있을 때, 우리 삶에서 가해자의 존재라는 있는 그대로의 현실을 암묵적으로 인정할 수 있다. 현실의 그림은 이제 완성되었다. 그것에 완전히 동의할 수 있도록 권한을 부여하면 그림은 더 명확해진다. 현실을 있는 그대로 인정할 수 없는 상황에서 있는 그대로 동의하기란 정말 어렵다. 자신의 확대 가족 체계 안에 가해자의 자리를 인정할 수 있을 때, 우리의 관심은 그들 숙명에서 우리 운명으로 전환될 것이다. 그렇게 연습하기 위해 우리는 지평선 너머 우리 뒤에 멀리 떨어진 과거의 한 지점에 서 있는 가해자를 시각화할 수 있다. 그들은 그들의 자리인 거기에 있다. 그들을 인정한다. 그리고 우리는 우리의 자리에 있다. 둘은 완전히 분리된다.

나의 경험으로 볼 때, 나의 확대 가족 체계 안에서 가해자가 올바른 위치에 있는 것을 본 이후, 있는 그대로 동의하는 나의 능력은 의미 있게 깊어졌다. 15년 동안 나는 가해자와 나 사이의 유대감을 키워왔다. '켜짐'에 갇히는 과각성 상태와 '꺼짐'에 갇히는 무기력 사이를 오가면서 끝없는 복수 환상을 경험했다. 이것은 내가 강간범에게 가하고자 하는 처벌에만 국한된 것이 아니었다. 나는 모든 남자에게 상처를 주고 싶었고 파괴하고 싶었다. 나에게 분노와 불신의 감정을 불러왔던 모든 남자는 나의 가해자 대리인 역할로 등장했다. 구분되지 않은 동질 집단으로서, 그들은 일종의 방어막 기능을 하면서 나를 폭행한 실제 인물을 보는 내 능력을 흐리게 만들었다. 이것은 나에게 그를 직접 보거나 인정할 필요 없이 나를 '안전하게' 지켜주었다.

있는 그대로 현실에 동의하면서, 가해자를 올바른 위치에 위치시키고 가해자를 인정하고 난 이후에 나는 이해하게 되었다. 복수나 분노로는 어떠한 의미 있는 것도 만들 수 없다는 것을. 내가 할 수 있는 일이란 분노와 공격성을 더 소모하는 것뿐이라는 것을. 나는 삶을 전쟁으로 인식하며 고통을 무기로 휘두르는 비통함에 젖은 사람이 되고 싶지 않았다. 나는 내 고통이 나를 규정하지 않는다는 것을 알게 되었다. 그것은 내가 아니었다. 그것은 오래전에 일어났던 상황의 산물이었다. 내 경우에는 그것이 나의 진정한 목적을 드러내려 했던 것 같다.

있는 그대로 현실에 동의하는 것은 어렵다. 하지만 그것은 또한 믿을 수 없을 정도로 용기 있는 일이며 깊은 치유이기도 하다. 자신을 치유하고, 가족 체계의 질서를 회복하는 과정은 뒤따르는 후손에게 관용과 사랑을 전해주는 행위이다. 가족 체계는 항상 완전함과 질서를 추구한다는 것과, 또 그렇게 하기 위해 체계가 사용하는 주된 방법이 그 체계를 더욱 혼란에 빠트린다는 것을 우리는 알고 있다. 그것이 바로 얽힘이다.

피해자와 가해자는 쌍생의 에너지이다. 우리가 피해자 에너지에 매달려 있다면 우리는 가족 체계의 질서를 무너뜨리는 불균형을 부채질하여 후대의 누군가가 균형을 바로잡기 위해 얽혀들게 할 수 있다. 그리하여 그들이 우리를 대신해 행동하도록 이끌리는 순환을 만들게 될 것이다. 우리가 가해자를 경멸한다면 사실 부지불식간에 자녀나 손자녀를 가해자로 만드는 것이다. 그들은 자기가 얽혀 있는 사람을 대신해 복수를 추구하면서 자기의 분노가 정당하다고 느끼는 후손들이다. 우리는 또한 배제를 통해서 가해자 에너지를 영속화한다. 아시다시피 사라진 가족 구성원은 얽힘의 가장 큰 원인 중 하나이다. 사라진 가족 구성원은 체계의 구조적 약점이 된다. 가족 체계는 제외된 가족을 다음 세대 구성원으로 대체할 것이다. 대체된 구성원은 제외된 사람과 동일시되어 그 사람의 자리에 이끌려 들어가 그를 대신함으로써 체계의 취약성을 복구하려 할 것이다. 또는 트라우마의 결과를 바꾸기 위해 트라우마와 유사한 시나리오를 다시 경험하게 될 아이와 얽힘을 만들어 내면서 피해자의 에너지를 전달할 수 있다. 얽힘은 여러 면에서 세대 간 트라우마 반응과 유사하다. 처리되지 못하고 인식되지 못한 것은 무엇이든 다시 떠오를 것이다. 우리가 있는 그대로를 인정하고 그것에 동의할 때, 다시 말해 자신의 가족 체계에 가해자를 포함할 때, 폭력의 순환을 끊을 수 있고, 그것이 만들어 내는 트라우마를 미리 방지할 수 있다. 이것이 우리의 아이들과 우리 아이들의 아이들에게 줄 수 있는 놀라운 선물이다.

무엇보다도 이것은 자기 자신에게 줄 수 있는 놀라운 선물이다. 용서할 수 없는 것은 용서할 수 없는 것이다. 하지만 우리는 우리의 장엄한 운명을 받아들이면서 가해자를 그들의 운명에 맡겨두는 선택을 할 수 있다. 우리 것이 아닌 책임이며 우리가 관리할 필요가 없는 비난이라는 무거운 짐을 벗어버리고, 그 무게에서 벗어나 우리가 선택한 방향으로 새롭고 우아하게 나아갈 수 있다. 우리는 모두 희망찬 미래를 내다보며 현재의 순간을 평화롭게 맞이하는 삶의 자유와 기쁨을 누릴 자격이 있다.

세우기 문장

나에게 일어났던 일은 나의 잘못이 아닙니다.
내 마음은 편안합니다.
당신은 그곳에 있고, 나는 여기에 있습니다.
나는 안전합니다.

연습

앞으로 나아가는 삶 - 미래 다지기

이것은 단순한 연습이라기보다는 삶의 근본적인 전진 운동과 생성 에너지를 연결하고 키워나가는 당신의 능력을 주장하고 굳건히 하기 위한 상징적 행위입니다. 이것을 실행할 수 있는 몇 가지 방법이 여기 있습니다. 이것들은 모두 자연에 기반을 둔 것입니다.

- 많은 도시에는 당신이 참여할 수 있는 공동 정원이 있습니다. 여기에 참여하는 것은 손에 흙을 묻히고, 말 그대로 삶의 순환 속에 자신을 맡길 수 있는 환상적인 방법일 뿐만 아니라, 당신보다 더 큰 지역 사회와 연결하는 방법이기도 합니다. 이것은 체계적 관점을 연습할 수 있는 아주 좋은 방법입니다.

- 녹색식물을 가꾸기 위해 어딘가로 가고 싶지 않은가요? 실내용 식물을 선택하고 돌보는 것은 집안에서 치유와 성장을 향한 당신의 약속을 시각적으로 상기시켜 주기에 좋은 방법입니다.

- 만약 당신이 원예에 소질이 없다면, 나무를 심는 단체에서 자원봉사를 해보세요. 일회성으로 끝날 수도 있지만, 보람을 느낀다면 매년 하게 될 수도 있습니다.

- 자원봉사에 참여할 시간이 없으신가요? 그렇다면 당신의 이름이나 조상의 이름으로 나무를 심어줄 자선단체에 기부를 해보세요. '지금 결제하기' 버튼을 클릭하는 순간, 나무가 세상 밖으로 나와 튼튼하게 성장할 것입니다. 그 모습을 상상해 보세요. 당신이 어디를 가든지 어디에 있든지 그 나무는 거기에 있을 것입니다.

치유는 믿음의 행위

나의 내담자는 나의 영웅들이다. 가족세우기는 자신에 대해 더없는 솔직함을 요구한다. 만들어 낸 이야기(narrative)를 버리고 있는 그대로 현실을 인정하는 솔직함으로 치유에 전념하기 위해서는 대단한 용기가 필요하다. 왜냐하면 치유란 모든 것이 괜찮고 모든 나쁜 감정이 사라지는 종착역이 아니기 때문이다. 그것은 하나의 과정이며 자신의 그림자를 마주하지 않고는 걸어갈 수 없는 여정이다. 치유하려면 용기가 필요하다. 해로운 패턴과 중독적 행동으로 상처를 입더라도 익숙하고 편안하기에 우리는 안전하다고 느낀다. 변화를 시도하고 미지의 세계에 맞서기보다는 갇혀 있는 편이 훨씬 쉽다. 치유의 길에 나서기로 한 선택은 대담한 도전이다. 그것은 두려움에 맞서는 지혜의 행위이며 스스로에 대한 믿음의 행위이다. 또한 그것은 당신이 그려나가야 할 미지의 미래를 감싸 안는 행위이다.

가족세우기 치유 여정은 자신의 삶에 주인의식을 갖는 과정이다. 최고 주체자가 되어 행하는 행위가 치유이다. 치유는 "나는 성인입니다. 나는 내 삶에 책임이 있습니다. 내 삶은 내가 책임지겠습니다."라고 말하는 것이다.

결국 치유란 자신이 무엇을 원하고 무엇을 원하지 않는지 아는 것이며, 원하지 않는 것을 버리고 원하는 것을 가져오는 데 필요한 일을 기꺼이 하는 것이다. '좋아, 내가 벌인 일은 내가 처리하겠어.' 이렇게 말하는 것은 정말 근사한 표현이다. 이것은 마치 자신이 훨씬 더 나은 대접을 받을만한 자격이 있다는 것을 아는 것과 같다. 이것은 자신이 위대하다는 것을 인정한 것이며, 먼저 자신을 선택한 것이고 희망을 선택한 것이다. 언제나 새로운 예약이 들어올 때마다 나는 이미 그 사람이 더 크고 더 아름답고 더 나은 삶으로 향하고 있다는 것을 알고 있다.

비록 당신과 나는 만난 적이 없지만 당신 역시 나의 영웅이다. 이 책을 선택한 순간, 당신은 먼저 자신을 선택한 것이다. 당신은 희망을 선택했으며, 다르게 살기로, 더 자유롭게 살기로, 더 나다운 삶을 살기로 선택한 것이다.

치유를 선택하기에 너무 늦은 때란 없다. 나는 많은 내담자들이 인생의 다양한 단계에서 그들의 여정을 막 떠나는 것을 지켜볼 수 있는 대단한 특권을 누려왔다. 내담자 캐리가 자신의 운명을 받아들인 일 또한 내게 깊은 울림을 주었다. 캐리는 60세에 나를 찾아왔다. 성인이 된 그녀의 딸이 내 워크숍에 참가한 뒤였다. 그녀가 치료법에 대해 궁금하다고 말하긴 했지만 거의 회의적이었고 자신이 여기서 무엇을 하고 있는지 확신이 없어 보였다. 캐리는 네 명의 자녀 중 유일한 딸이었다. 그녀의 부모님은 아일랜드 이민자였는데, 매우 독실한 가톨릭 신자였으며 두 분 다 매우 금욕적인 분이었다. 아버지는 극도로 권위적이었고, 전업주부였던 어머니는 남편과 집안의 왕자들 같았던 세 오빠를 위해 모든 집안일을 했다. 캐리의 역할은 주로 어머니를 도와 집안일과 남자들 시중을 드는 것이었다. 그녀는 고등학교 졸업 후 대학을 가지 않고, 어머니가 그랬던 것처럼 이른 나이에 결혼해서 딸 둘과 아들 넷, 여섯 명의 자녀를 두었다.

내가 캐리를 만났을 때, 그녀는 남편과 결혼 35년 차였다. 캐리는 그무렵 집을 떠나 살고 있는 자녀들 이야기를 했는데, 특히 딸들과의 관계가 힘들다고 말했다. 딸들을 깊이 사랑했기 때문에 그것은 그녀를 매우 불행하게 했다. 딸들은 모두 아버지가 너무 엄격하고 통제가 심해서 캐리가 개입해야 했었다고 생각했다. 하지만 그녀는 개입하지 않았다. 그녀가 깍지 낀 손가락을 바라보며 말했다.

"집안에서 내 목소리는 힘이 없었어요."라며 말을 이어갔다.

"나는 아이들을 위해 모든 것을 했어요. 남편은 나를 도와준 적이 없어요. 그는 돈을 벌어다 주긴 했어요. 하지만 그와 감정을 나누지는 않았어요. 나는 최선을 다했다고 생각하지만 내 아이들, 특히 딸들에게는 무언가 다른 것을 주고 싶어요."

2년여 동안 캐리는 용기를 내어 어린 시절과 문화적 유산을 조화시켜 나갔다. 깊이 뿌리박힌 무언가로부터 자유로워지려면 많은 용기가 필요하다. 그녀는 모성애를 넘어 여성성의 본질을 받아들일 수 있었고, 감정적인 면에서도 주도적으로 자신의 진짜 감정을 표현할 수 있게 되었다. 그녀가 아일랜드인 유산의 장점을 받아들이고, 여성으로서의 진정한 본질을 활용하면서 부모님과 부모님이 주신 것을 받아들이는 모습을 지켜보는 일은 참으로 아름다웠다. 딸들과의 관계도 극적으로 변했다. 마침내 서로에게 이야기할 수 있었고, 정서적 친밀감으로 연결될 수 있었다. 어떤 면에서 그것은 캐리가 한 번도 적극적으로 선택한 적 없다고 느꼈던 정체성인 모성애와의 화해같아 보였다. 그리고 이전에는 그녀의 삶에 부과된 제한 때문에 한탄하기만 했었던 여성성과의 화해이기도 했다. 그녀는 딸들과 함께 여성들이 어떻게 하면 위대한 무언가를 창조할 수 있을지 찾아나가고 있었다. 그리고 이제는 남편에게 종속된 존재가 아니라 자신이 가족의 중심적인 역할을 하고 있다고 느꼈다. 그녀가 취약성을 보여주면서 남편과의 관계도 바뀌었다. 캐리는 마침내 자유롭게 생각과 감정을 표현하고, 모든 차원에서 자신을 여성으로 경험하면서 온전한 자기 자신이 되어가기 시작했다. 캐리가 내 연구실에 나타난 순간 그녀는 치유를 선택했고, 희망을 선택했고, 자유를 선택했다.

치유는 자유를 의미한다. 치유는 자신만의 기준, 신념, 가치관을 바탕으로 자신이 진정으로 원하는 삶을 만들 수 있는 자유를 의미한다. 모든 사람을 기쁘게 하지 못한다고 해서 두려워하지 마라. 다른 사람과 다르게 생각하거나 다르게 느낀다는 이유로 거절당하거나 버림받을까 봐 두려워하지 마라. 치유는 자기 사랑이다. 치유는 그가 누구든 진정한 자기와 미친 듯이 사랑에 빠지는 일이다. 치유는 마음이 편안하고, 자기 자신에게 확신이 있으며, 영혼 수준에서 소속감을 경험하는 것이다.

우리는 모두 소속되기를 원한다. 가족세우기가 아름다운 이유는 인간에게 이 욕구가 얼마나 자연스럽고, 얼마나 보편적이며, 얼마나 인간적인 것인지 보여주는 방식이다. 우리는 어린아이로서, 갓난아기로서 가장 먼저 소속을 확보해야 한다는 것을 알고 있다. 우리의 생존은 거기에 달려있다. 소속되지 않으면 우리 모습은 보이지 않고, 목소리는 들리지 않으며, 존재는 인정받지 못한다. 거부나 제외는 자아를 지우는 것이다. 치료사로 보낸 10년 동안 나는 거의 모든 문제나 고민, 해로운 행동들의 원인은 소속감으로 거슬러 올라간다는 것을 분명하게 보았다.

불행하게도 우리는 때로 소속감을 단절시키는 트라우마를 경험하거나, 우리를 보고 듣고 인식하지 못하는 부모나 양육자를 만나기도 한다. 그러나 아이들은 영리하다. 그들은 자신이 필요한 것을 채우기 위해 무엇이든 할 것이다. 어렸을 때 당신은 보이고, 들리고, 인정받기 위해, 다시 말해 소속되기 위해 할 수 있는 다른 방법들을 찾았을 것이다. 어쩌면 아버지가 우울증을 앓고 있었기 때문에 광대가 되었거나, 엄마가 술중독이어서 조력자나 상호 의존하는 관계가 되었을지도 모른다. 이런 방식으로 우리는 다른 사람들에게서 우리의 가치를 확보해 왔을 것이다.

그리고 이 부분이 치유 과정 중 가장 까다롭고 무섭고 용기가 필요한 부분인데, 치유 행위가 역설적으로 자기 가치를 위협하는 것으로 받아들여질 때이다. 치유 과정에서 당신은 실제로 저항을 경험할 것이다. 아마도 이 글을 읽으면서 이미 경험했을 수 있다. 그러나 이러한 저항의 순간이 바로 성장의 신호이다. 그것은 내면에서 싹트고 있는 변화를 분명히 보여준다. 그 변화는 우리가 알고 있는 소속감에 위협으로 느껴지기 때문에 두려움을 느낀다. 소속감을 지키기 위해 의존해 왔던 메커니즘들, 예를 들어, 중독, 식이장애, 강박적 소비, 일중독, 학대적인 관계 등에서 벗어나기 시작할 때, 당신은 사랑하는 사람들을 멀리 해야 하는 위험을 무릅쓰거나 혹은 무릅써야 할 것처럼 느낄 수 있다. 또 그들이 더 이상 우리를 받아들이지 않을 것처럼 느낄 수도 있다. 서로에 대한 사랑과 존중을 통해 건강한 소속감을 회복하기로 선택할 때 '과연 우리 가족이 그러한 방식을 받아줄까?' 하고 생각할 수 있다. 그 순간 '젠장, 내가 계속 이렇게 해나갈 수 있을까? 아니야, 가족들이 새로운 방식을 받아들이지 못할지도 몰라. 두려워, 여기서 그냥 그만둘까?'라고 느낄 수 있다.

이것은 지극히 정상적이다. 아니 정상 그 이상이다. 실제로 꽤 흔한 일이다. 두려워해도 괜찮다. 치유의 측면에서 당신이 행해왔던 모든 것은 당신의 내면 아이를 위한 것이었다는 점을 기억하라. 가족의 이야기와 가족 체계의 무질서로부터 자유롭기 위해서는 용기가 필요하다.

"그래요, 나는 더 나은 사람이 되고 싶어요! 나는 더 나은 기분을 느끼고 싶습니다. 나는 나 자신을 치유하고 싶고, 나 자신을 확장하고 싶어요. 나는 내 인생을 꽃피우고 싶습니다. 나는 더 잘 살고 싶고, 성공하고 싶습니다."라고 기꺼이 큰소리칠 수 있는 배짱이 있어야 한다. 그러려면 많은 용기가 필요하다.

그것이 바로 치유는 자기 자신과 미친 듯이 사랑에 빠지는 일이라고 내가 말했던 이유이다. 자기 자신을 사랑할 때 비로소 자신을 선택할 수 있다. 완전히 일치되고 행복하기 위해서는 우리 자신을 사랑해야 한다. 그것 외에는 다른 방법이 없다. 물론, 내가 자신을 사랑해야 한다고 말할 때는 다시는 절대 자기 의심을 하지 않을 거라는 말이 아니다. 매일 매일 "오! 나는 나를 사랑해, 나는 나를 사랑해, 나는 나 자신을 사랑해." 라고 생각하면서 다니지는 않을 것이다. 우리에게는 여전히 좋은 날도 그렇지 않은 날도 있을 것이고, 때로는 엉망인 날도 있을 것이다. 하지만 우리는 언제든 그 힘과 용기를 되찾고 행복으로 돌아갈 것이다. 어려운 결정 앞에 처하게 되면, 최고 이익에 부합하는 선택을 할 것이다. 자신을 선택함으로써 상황을 해결할 능력을 갖춘다는 것을 알기 때문에 항상 자신을 선택할 것이다.

나의 치유 여정은 아버지와의 관계, 남자와의 관계, 내 몸과의 관계, 내 성적 욕구와의 관계, 사랑 그 자체와의 관계를 치유하기 위해 오직 나 자신을 사랑하기로 한 선택과 관련된 것이었다. 내가 어릴 때 읽었던 "그 후로 오래오래 행복하게 살았습니다."의 의미는 30세 이전에 백마 탄 왕자님을 만나 결혼해 두세 명의 아이를 낳고, 커다란 개와 말들을 키우며 사는 것이었다. 그런데 과연…. 그렇게 흘러가지는 않았다. '그런 운명의 상대'를 만나보지도 못한 채 나의 서른은 안개 속으로 사라졌다. 내가 가족세우기 여정을 막 시작했을 때, 나는 그런 어린 소녀의 환상을 이미 끝냈다고 생각했다. 솔직히 말하면 사랑받고 있다는 느낌과 누군가가 나를 원하고 있다는 느낌을 받으려면 파트너가 필요하다는 뿌리 깊은 신념에 여전히 사로잡혀 있었다. 오랜 세월 치유 작업을 했음에도 여전히 어려웠다. 하지만 가족세우기에 참여한 것이 사랑은 나로부터 시작된다는 현실을 깨닫도록 도와주었다. 13세에 겪었던 성폭행의 트라우마는 나의 몸과 나 자신을 내 것이 되지 못하게 단절시켰다. 나는 살아남기 위해 해리되었고 감정을 마비시켰다. 나는 단지 어린아이였다. 그러나 돌이켜보면 얼마나 강인했는지 놀라울 따름이다. 내 인생에서 가장 힘들고 특별했던 그 시기에 내가 어떻게 그렇게 회복력을 발휘해 왔었는지 지금은 알 수 있다. 트라우마가 무엇인지 그 자체를 인정하고, 있는 그대로 현실을 완전히 인정할 수 있게 되었을 때, 나는 나 자신을 분명히 보기 시작했다. 그것이 가족세우기를 통해 내가 받은 가장 큰 선물 중 하나이다. 회복력을 인정하고 축복했던 것이 나 자신을 존중하도록 해주었고, 내가 누구인지 변명하지 않고 있는 그대로 나를 존중하고 받아들이게 해주었다. 나는 항상 나를 더 작게 만들어야 한다는 압박을 느껴왔다. 이제는 당당하게 나다운 나로 살고 있다.

나의 행복, 당신의 행복, 우리의 행복은 파트너나 특정한 종류의 직업, 이상적인 외모에 있지 않다. 그것은 삶을 사랑하는 것이며, 삶이 중요하다는 것을 아는 일이다. 그렇기에 당신 삶도 소중하고 당신도 소중하다. 만약 자신을 포기하거나 자신의 의지에 반하는 일을 한다면, 일시적으로 치워놓았거나 수면 아래 가라앉혀 놓았을지 모르는 어려움이나 불편감들은 언제든 다시 떠오를 것이다. 우리는 영원히 그림자로부터 도망칠 수 없다. 이것이 이 작업의 아름다움이다. 있는 그대로 현실을 인정할 때, 우리는 우리 그림자에 빛을 비추게 된다. 그러면 그림자는 사라지고, 그림자 주변의 수치심도 사라진다. 오히려 그것은 자신의 강점 중 하나가 될 것이다. 우리의 그림자인 저항은 어떤 면에서는 자신을 보호하기 위해 존재한다는 점을 아는 것은 도움이 된다. 나의 경우 표면 아래 있던 많은 분노와 공격성이 인간관계에서 드러나곤 했다. 나는 그것이 부끄러웠다. 그래서 그것을 더 억누르려고 했다. 그러나 그것은 그저 나를 방어하는 방어기제일 뿐이었다. 나는 상처받는 것이 두려워서 감정적으로 먼저 공격했다. '네가 나를 상처 주기 전에 내가 먼저 너를 아프게 할 거야.' 이면에 존재하는 사랑에 대한 두려움 때문에 나는 나를 보호하고 있었다. 그 분노에 빛을 비추고 그것을 인정했던 것이 나에게 그것을 이해하고 활용할 수 있는 길을 열어주었다. 우리가 치유를 선택하고 어둠과 맞서기로 선택할 때 빛을 받아들일 수 있으며, 자신에 대한 공감과 우리 행동 이면에 숨겨진 동기들에 대한 통찰을 얻을 수 있다. 그것이 변화의 시작이다.

당신을 먼저 선택하는 것은 결코 이기적인 것이 아니다. 내가 생각하기에 이기적인 것은 브런치나 점심 또는 저녁에 매번 자기 문제를 꺼내놓고 지인들과 가족들을 만날 때마다 그들에게 하소연하는 것이다. 정말 많은 사람들이 끊임없이 피해자로 나타나 억울하고 부당한 일을 겪었다고 장황하게 이야기하고 있지 않은가? 그것은 정말 피곤한 일이다. 그런 것이 이기적이다. 불평하기는 쉽다. 다른 사람을 비난하고 환경을 탓하기는 훨씬 더 쉽다. 물론 나도 가끔 그러긴 하지만 이제는 꽤 빨리 나를 알아차린다. 내가 책임지겠어. 그리고 멈추어서 스스로에게 묻는다. 네가 정말 원하는 것이 뭐야? 뭘 해내고 싶은 거야? 허튼 소리는 그만하자.

지금 여기 있는 나와 이상적인 나 사이의 유일한 장벽은 부정적인 생각의 흐름, 즉 해가 되는 생각들로 끊임없이 자기 자신을 비난하는 것이다. 가족세우기는 비난할 틈을 주지 않는다. 그것이 내가 초기에 그토록 강하게 끌렸던 부분이다. 촉진자로서 누군가가 그들의 이야기를 한다고 해서 반드시 해결책을 찾고 싶어 하는 것은 아니라는 점을 안다. 그 이야기는 핑계일 수도 있고, 중독이나 그밖에 아무것도 아닐 수 있다. 누군가가 자신의 느낌이나 감정, 감각에 대해 말하기 시작할 때는 그 사람이 마침내 방어막 층을 벗길 준비가 된 사람이라는 것을 알 수 있다. 이제 해로운 생각들, 낡고 지겨운 옛날이야기에 대고 말할 때이다. '저기 있잖아요. 정말 정말 고마워요. 하지만 우리 여기서 끝내기로 해요. 나는 나를 선택할 거예요.'

치유는 당신의 과거와 현재 사이의 화해이다. 그것은 과거에 있었던 것과 지금 있는 그대로 사이의 순수한 화해이다. 치유는 한때 분리되었던 것을 다시 하나로 모으는 것을 의미한다. 그리고 그것은 사람들 자신을 의미한다. 타인의 자극을 통해 나는 나 자신을 더 잘 알아간다. 친구, 동료, 상사, 가족, 애인, 아이들과의 관계 역동을 통해 나는 나를 더 잘 알아간다. 우리는 어떤 상황에서든 서로에게 치유의 한 부분으로 존재한다. 치유 과정에서 우리는 혼자가 아니다. 내가 치유되면 나는 당신에게 나의 치유를 제공한다. 우리는 본보기를 보임으로써 서로를 이끌어간다. 이것이 아름다운 것이다. 우리는 함께 치유된다.

치유는 분명 평생 지속되는 과정임이 틀림없다. 그렇다. 그것은 쉽지 않다. 용기가 필요한 것도 사실이다. 하지만 재미있다. 자신을 알고 이해하는 것은 재미있고 즐거운 일이다. 자신을 아는 것이 두렵지 않아야 한다. 그것은 어쩌면 자신의 즐거움을 위해 스스로에게 줄 수 있는 가장 값진 투자 중 하나일 것이다. 일을 하되 하면서 삶을 즐겨라. 결국은 당신의 삶을 최대한 충실하게 살고, 두려움 없이 내면으로 들어갈 때 그것이 의미 있다. 자신을 믿고 도전하라. 다시 시작하는 것을 두려워할 필요는 없다. 왜냐하면 그것이 다음 모험이 될 것이기 때문이다. 우리는 치유를 지나치게 복잡하게 그리고 과도하게 생각하는 경향이 있다. 하지만 내담자들과 치유의 과정을 겪으면 겪을수록, 치유는 실로 단순함을 통해 일어난다는 것을 알 수 있었다. 우리가 자신에게 솔직해질 때, 우리의 감정을 말로 표현할 수 있고, 원하는 삶에 대해 책임지며, 삶에서 일어났던 일을 인정할 수 있고, 가족들을 있는 그대로 받아들이고 존중할 수 있다. 치유는 우리 자신을 있는 그대로 미친 듯이 사랑할 때 일어난다.

모든 사람은 행복할 자격이 있다. 모든 사람은 그들의 상처를 치유할 자격이 있고, 누구나 자신의 미래를 낙관하고 희망을 품을 충분한 자격이 있다. 자신을 믿어라. 언제나 내 안에 가능한 해결책이 있다는 것을 믿어라. 자신을 믿는 한 막다른 길은 없다. 프랑스 레지스탕스의 일원이었던 내가 가장 좋아하는 시인 르네 샤르는 다음과 같이 말했다.

'우리에게 기회를 주고, 우리 행복을 단단히 부여잡고, 위험을 향해 당당히 앞으로 나아가라. 우리가 나아간 길을 보면서 그들이 뒤따라올 것이다.'(Impose ta chance, serre ton bonheur et va vers ton risque. A te regarder, ils s'habitueront.)

트라우마를 넘어선

가족치료 이야기

초판 1쇄 인쇄일 2026년 1월 8일
초판 1쇄 발행일 2026년 1월 16일

지은이	마린 세레네(Marine Sélénée)
옮긴이	박도경
펴낸이	한선희
편집/디자인	이보은 박재원 안솔비 근지은
마케팅	정찬용 정진이
영업관리	한선희 정구형
책임편집	근지은
펴낸곳	국학자료원 새미(주)
등록일	2005 03 15 제 395-3240000251002005000008 호
	경기도 고양시 덕양구 권율대로 656 원흥동 클래시아 더 퍼스트 1519, 1520호
	Tel 02)442-4623 Fax 02)6499-3082
	www.kookhak.co.kr
	kookhak2010@hanmail.net
ISBN	979-11-6797-285-9 *03180
가격	20,000원